2026 소방 공채·경채시험 완벽반영

합격률 76%로 검증된
소방합격을 위한
당연한 선택

말랑말랑 소방관계법규

끝장회독 빈칸/OX

2026년 개정 법령 및
조문 완벽 반영

―――

단원별 핵심 키워드만 엄선한
빈칸 및 OX 문제

―――

핵심개념 총정리로 요약 및
복습, 암기까지 완성

기본편

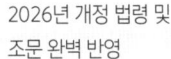
모두소 말랑말랑 소방관계법규
동영상 강의 · 무료 강의 · 해설 강의 · 다양한 학습 | www.modoofire.com

말랑말랑
소방관계법규

끝장회독
빈칸/OX

....

초판발행　2021년 08월 11일
개정 4판　2025년 07월 17일

편저자　정태성
발행인　양승윤
발행처　㈜용감한컴퍼니
등록번호　제2016-000098호
전화　070-4603-1578
팩스　070-4850-8623
이메일　book@bravecompany.io
ISBN　979-11-6743-621-4
정가　24,000원

이 책은 ㈜용감한컴퍼니가 저작권자와의 계약에 따라 발행한 것이므로
본사의 허락 없이는 어떠한 형태나 수단으로도 이 책의 내용을 이용하지 못합니다.
잘못된 책은 구입처에서 교환해 드립니다.

이 책의 목차

말랑말랑 소방관계법규 끝장회독 빈칸/OX

PART 01	소방기본법	05
PART 02	소방시설공사업법	23
PART 03	위험물안전관리법	39
PART 04	소방의 화재조사에 관한 법률(화재조사법)	67
PART 05	소방시설 설치 및 관리에 관한 법률(소방시설법)	77
PART 06	화재의 예방 및 안전관리에 관한 법률(화재예방법)	107

정태성 말랑말랑 소방관계법규
www.modoofire.com

합격률 76%로 검증된 소방합격을 위한 당연한 선택

PART 1

소방기본법

PART 01 · 소방기본법

CHAPTER 01 · 총칙

제1조 (목적)

이 법은 화재를 [　　　]·[　　　]하거나 [　　　]하고 화재, [　　　]·재해, 그 밖의 위급한 상황에서의 [　　　]활동 등을 통하여 국민의 생명·신체 및 재산을 보호함으로써 공공의 [　　　] 및 [　　　]와 [　　　]에 이바지함을 목적으로 한다.

제2조 (정의)

① "소방대상물"이란 건축물, 차량, 항해 중인 선박, 선박 건조 구조물, 산림, 그 밖의 인공 구조물 또는 물건을 말한다. ○ ✕

② "관계지역"이란 소방대상물이 있는 장소 및 그 이웃 지역으로서 화재의 예방·경계·진압, 구조·구급 등의 활동에 필요한 지역을 말한다. ○ ✕

③ "관계인"이란 소방대상물의 [　　　]·[　　　] 또는 [　　　]를 말한다.

④ "소방본부장"이란 시·도에서 화재의 예방·경계·진압·조사 및 구조·구급 등의 업무를 담당하는 기관의 장을 말한다. ○ ✕

⑤ "소방대"란 화재를 진압하고 화재, 재난·재해, 그 밖의 위급한 상황에서 구조·구급 활동 등을 하기 위하여 소방공무원, 의무소방원, 자체소방대원으로 구성된 조직체를 말한다. ○ ✕

⑥ "소방대장"이란 소방본부장 또는 소방서장 등 화재, 재난·재해, 그 밖의 위급한 상황이 발생한 현장에서 소방대를 지휘하는 사람을 말한다. ○ ✕

제3조 (소방기관의 설치 등)

① 시·도의 화재 예방·경계·진압 및 조사, 소방안전교육·홍보와 화재, 재난·재해, 그 밖의 위급한 상황에서의 구조·구급 등의 업무(이하 "소방업무"라 한다)를 수행하는 소방기관의 설치에 필요한 사항은 [대통령령, 행정안전부령]으로 정한다.

② 소방업무를 수행하는 소방본부장 또는 소방서장은 그 소재지를 관할하는 [시·도지사, 시·군·구청장]의 지휘와 감독을 받는다.

③ 제2항에도 불구하고 [국무총리, 소방청장](는)은 화재 예방 및 대형 재난 등 필요한 경우 시·도 소방본부장 및 소방서장을 지휘·감독할 수 있다.

④ 시·도에서 소방업무를 수행하기 위하여 소방청장 직속으로 소방본부를 둔다. ○ ×

제4조 (119종합상황실의 설치와 운영)

① 소방청장, 소방본부장 및 소방서장은 화재, 재난·재해, 그 밖에 구조·구급이 필요한 상황이 발생하였을 때에 신속한 소방활동을 위한 정보의 수집·분석과 판단·전파, 상황관리, 현장 지휘 및 조정·통제 등의 업무를 수행하기 위하여 119종합상황실을 설치·운영할 수 있다. ○ ×

② 제1항에 따른 119종합상황실의 설치·운영에 필요한 사항은 [대통령령, 행정안전부령]으로 정한다.

③ 소방청장, 소방본부장 또는 소방서장은 신속한 소방활동을 위한 정보를 수집·전파하기 위해 종합상황실에 "소방력 기준에 관한 규칙"에 의한 [   ]을 배치하고, 소방청장이 정하는 [   ]을 갖추어야한다.

④ 다음은 소방서의 종합상황실의 경우는 소방본부의 종합상황실에, 소방본부의 종합상황실의 경우는 소방청의 종합상황실에 각각 보고하여야 경우이다. 빈칸을 채우시오.
  ㉠ 사망자가 [   ]인 이상 발생하거나 사상자가 [   ]인 이상 발생한 화재
  ㉡ 이재민이 [   ]인 이상 발생한 화재
  ㉢ 재산피해액이 [   ]원 이상 발생한 화재
  ㉣ 항구에 매어둔 총 톤수가 [   ]톤 이상인 선박에서 발생한 화재
  ㉤ 연면적 [   ]제곱미터 이상인 공장에서 발생한 화재
  ㉥ 지정수량의 [   ]배 이상의 위험물의 제조소·저장소·취급소에서 발생한 화재
  ㉦ 층수가 [   ]층 이상인 건축물에서 발생한 화재
  ㉧ 층수가 [   ]층 이상이거나 객실이 [   ]실 이상인 숙박시설에서 발생한 화재

제4조의2 (소방정보통신망 구축·운영)

① [소방청장, 소방본부장, 소방서장, 시·도지사](은)는 119종합상황실 등의 효율적 운영을 위하여 소방정보통신망을 구축·운영할 수 있다.
② [소방청장, 소방본부장, 소방서장, 시·도지사](은)는 소방정보통신망의 안정적 운영을 위하여 소방정보통신망의 회선을 이중화할 수 있다. 이 경우 이중화된 각 회선은 서로 다른 사업자로부터 제공받아야 한다.
③ 제1항 및 제2항에 따른 소방정보통신망의 구축 및 운영에 필요한 사항은 [대통령령, 행정안전부령]으로 정한다.

제4조의3 (소방기술민원센터의 설치·운영)

① [소방청장, 소방본부장, 소방서장]은 소방시설, 소방공사 및 위험물 안전관리 등과 관련된 법령해석 등의 민원을 종합적으로 접수하여 처리할 수 있는 기구(이하 이 조에서 "소방기술민원센터"라 한다)를 설치·운영할 수 있다.
② 소방기술민원센터의 설치·운영 등에 필요한 사항은 [대통령령, 행정안전부령]으로 정한다.
③ 소방청장 또는 소방본부장은 「소방기본법」 제4조의2제1항에 따른 소방기술민원센터를 소방청 또는 소방서에 각각 설치·운영한다. ○ ×
④ 소방기술민원센터는 센터장을 [포함, 제외]하여 [   ]명 이내로 구성한다.
⑤ [소방청장, 소방본부장, 소방서장]은 소방기술민원센터의 업무수행을 위하여 필요하다고 인정하는 경우에는 관계 기관의 장에게 소속 공무원 또는 직원의 파견을 요청할 수 있다.
⑥ ④부터 ⑤까지에서 규정한 사항 외에 소방기술민원센터의 설치·운영에 필요한 사항은 소방청에 설치하는 경우에는 소방청장이 정하고, 소방본부에 설치하는 경우에는 시·도지사가 정한다. ○ ×

제5조 (소방박물관 등의 설립과 운영)

① 소방의 역사와 안전문화를 발전시키고 국민의 안전의식을 높이기 위하여 [소방청장, 시·도지사](는)은 소방박물관을, [소방청장, 시·도지사](는)은 소방체험관을 설립하여 운영할 수 있다.
② 제1항에 따른 소방박물관의 설립과 운영에 필요한 사항은 [대통령령, 행정안전부령]으로 정하고, 소방체험관의 설립과 운영에 필요한 사항은 행정안전부령으로 정하는 기준에 따라 [시·도의 조례, 시·도의 규칙](으)로 정한다.
③ 소방청장은 소방박물관을 설립·운영하는 경우에는 소방박물관에 소방박물관장 1인과 부관장 1인을 두되, 소방박물관장과 부관장은 소방공무원중에서 소방청장이 임명한다. ○ ×
④ 소방박물관에는 그 운영에 관한 중요한 사항을 심의하기 위하여 [   ]인 이내의 위원으로 구성된 운영위원회를 둔다.

시행규칙 [별표 1]

소방체험관의 설립 및 운영에 관한 기준

① 소방체험관 중 소방안전 체험실로 사용되는 부분의 바닥면적의 합이 900제곱미터 이상이 되어야 한다.   ○ ×

② 다음은 소방체험관에 반드시 갖추어야 하는 체험실을 모두 고르면?

　　㉠ 화재안전 체험실　　㉡ 전기안전 체험실　　㉢ 가스안전 체험실
　　㉣ 자동차안전 체험실　㉤ 기후성 재난 체험실　㉥ 지질성 재난 체험실
　　㉦ 응급처치 체험실

③ 시·도지사는 체험교육 운영인력에 대하여 체험교육과 관련된 지식·기술 및 소양 등에 관한 교육훈련을 연간 12시간 이상 이수하도록 하여야 한다.   ○ ×

③ 소방체험관의 장은 체험교육의 운영결과, 만족도 조사결과 등을 기록하고 이를 2년간 보관하여야 한다.   ○ ×

④ 소방체험관의 장은 소방체험관에서 발생한 사고로 인한 이용자 등의 생명·신체나 재산상의 손해를 보상하기 위한 보험 또는 공제에 가입하여야 한다.   ○ ×

⑤ 체험실별 체험교육을 총괄하는 교수요원의 자격 (단, 모두 소방공무원이다.)
　　㉠ 소방 관련학과의 [학사, 석사, 박사] 학위 이상을 취득한 사람
　　㉡ 「소방기본법」 제16조 또는 제16조의3에 따른 소방활동이나 생활안전활동을 [　　]년 이상 수행한 경력이 있는 사람

제6조 (소방업무에 관한 종합계획의 수립·시행)

① [소방청장, 시·도지사](는)은 화재, 재난·재해, 그 밖의 위급한 상황으로부터 국민의 생명·신체 및 재산을 보호하기 위하여 소방업무에 관한 종합계획을 [5년마다, 매년] 수립·시행하여야 하고, 이에 필요한 재원을 확보하도록 노력하여야 한다.

② [소방청장, 시·도지사](는)은 관할 지역의 특성을 고려하여 종합계획의 시행에 필요한 세부계획을 [5년마다, 매년] 수립하여 [소방청장, 시·도지사]에게 제출하여야 한다.

③ 그 밖에 종합계획 및 세부계획의 수립·시행에 필요한 사항은 [대통령령, 행정안전부령]으로 정한다.

> **시행령 제1조의 4 (세부계획 추진실적 등의 평가)**
>
> ① [소방청장, 시·도지사]은 재난·재해, 그 밖의 위급한 상황으로부터 국민의 생명·신체 및 재산을 보호하기 위하여 세부계획 수립의 적절성, 세부계획 추진실적 등에 대하여 정기적으로 평가할 수 있다.
>
> ② 소방청장은 제1항에 따른 평가를 하려는 경우 다음 연도의 평가계획을 [   ]까지 시·도지사에게 통지해야 한다.
>
> ③ 제2항에 따라 통지를 받은 시·도지사는 전년도 세부계획 추진실적 등을 [   ]까지 소방청장에게 제출해야 하고, 소방청장은 제1항에 따른 평가결과를 [   ]까지 시·도지사에게 통보해야 한다.

제7조 (소방의 날 제정과 운영 등)

① 국민의 안전의식과 화재에 대한 경각심을 높이고 안전문화를 정착시키기 위하여 매년 [   ]을 소방의 날로 정하여 기념행사를 한다.

② 소방의 날 행사에 관하여 필요한 사항은 소방청장 또는 소방본부장이 따로 정하여 시행할 수 있다. ○ ×

③ 소방청장은 소방행정 발전에 공로가 있다고 인정되는 사람만 명예직 소방대원으로 위촉할 수 있다. ○ ×

CHAPTER 02 · 소방장비 및 소방용수시설 등

제8조 (소방력의 기준 등)

① 소방기관이 소방업무를 수행하는 데에 필요한 인력과 장비 등(이하 "소방력"(消防力)이라 한다)에 관한 기준은 [대통령령, 행정안전부령, 따로 법률](으)로 정한다.
② [소방청장, 시·도지사, 소방본부장 또는 소방서장](는)은 제1항에 따른 소방력의 기준에 따라 관할구역의 소방력을 확충하기 위하여 필요한 계획을 수립하여 시행하여야 한다.
③ 소방자동차 등 소방장비의 분류·표준화와 그 관리 등에 필요한 사항은 [대통령령, 행정안전부령, 따로 법률]에서 정한다.

제9조 (소방장비 등에 대한 국고보조)

① 국가는 소방장비의 구입 등 시·도의 소방업무에 필요한 경비의 전부를 보조한다. ○ ×
② 제1항에 따른 보조 대상사업의 범위와 기준보조율은 [대통령령, 행정안전부령, 따로 법률](으)로 정한다.
③ 다음 중 국고보조 대상 사업의 범위를 모두 고르면?
　　가. 소방헬리콥터 및 소방정　　　　　　　　나. 소방순찰차
　　다. 소방전용통신설비 및 전산설비　　　　　라. 방열복
　　마. 소방관서용 청사의 대수선　　　　　　　바. 소방용수시설
④ 국고보조산정을 위한 기준가격에서 수입물품은 정부고시가격으로 정한다. ○ ×
⑤ 국고보조산정을 위한 기준가격에서 정부고시가격 또는 조달청에서 조사한 해외시장의 시가가 없는 물품은 2 이상의 공신력 있는 물가조사기관에서 조사한 가격의 최저가격으로 정한다. ○ ×

제10조 (소방용수시설의 설치 및 관리 등) [⑥에서 말하는 소화전에서 승하강식 소화전을 제외한다]

① 소방용수시설이란 소화전, 상수도소화용수설비, 저수조를 말한다. ○ ×
② 소방청장은 소방용수시설을 설치하고 유지·관리하여야 한다. ○ ×
③ 「수도법」 제45조에 따라 소화전을 설치하는 일반수도사업자는 관할 소방서장과 사전협의를 거친 후 소화전을 설치하여야 하며, 관할 소방서장이 그 소화전을 유지·관리하여야 한다. ○ ×
④ 시·도지사는 100세대 이상의 아파트에 비상소화장치를 설치하고 유지·관리해야 한다. ○ ×
⑤ 소방용수시설과 비상소화장치의 설치기준은 [대통령령, 행정안전부령, 따로 법률](으)로 정한다.
⑥ 지하에 설치하는 소화전 또는 저수조의 경우 소방용수표지에서 맨홀 뚜껑은 지름 648밀리미터 이상의 것으로 하고, 맨홀뚜껑 부근에는 노란색 반사도료로 폭 15센티미터의 선을 그 둘레를 따라 칠한다. ○ ×

⑦ 지상에 설치하는 소화전, 저수조 및 급수탑의 경우 소방용수표지의 안쪽 문자는 [   ]색, 바깥쪽 문자는 [   ]색으로, 안쪽 바탕은 [   ]색, 바깥쪽 바탕은 [   ]색으로 하고, 반사재료를 사용해야 한다.

⑧ 소방용수시설을 주거지역·상업지역 및 공업지역에 설치하는 경우에 소방대상물과의 보행거리를 100미터 이하가 되도록 한다. ◯ ✕

⑨ 소화전은 상수도와 연결하여 지하식 또는 지상식의 구조로 하고, 소방용호스와 연결하는 소화전의 연결금속구의 구경은 60밀리미터로 한다. ◯ ✕

⑩ 급수탑의 급수배관의 구경은 100밀리미터 이상으로 하고, 개폐밸브는 지상에서 0.8미터 이상 1.5미터 이하의 위치에 설치하도록 한다. ◯ ✕

⑪ 다음은 저수조의 설치기준에 대한 설명이다. 빈칸에 알맞은 내용을 쓰시오.
  ㉠ 지면으로부터의 낙차가 [   ] 이하일 것
  ㉡ 흡수부분의 수심이 [   ] 이상일 것
  ㉢ 흡수관의 투입구가 사각형의 경우에는 한 변의 길이가 [   ] 이상, 원형의 경우에는 지름이 [   ] 이상일 것

⑫ 소방본부장 또는 소방서장은 원활한 소방활동을 위하여 소방용수시설에 대한 조사를 연 1회 이상 실시하여야 한다. ◯ ✕

제11조 (소방업무의 응원)

① [소방청장, 시·도지사, 소방본부장 또는 소방서장](는)은 소방활동을 할 때에 긴급한 경우에는 이웃한 [소방청장, 시·도지사, 소방본부장 또는 소방서장]에게 소방업무의 응원(應援)을 요청할 수 있다.

② 제1항에 따라 소방업무의 응원을 위하여 파견된 소방대원은 응원을 요청받은 소방본부장 또는 소방서장의 지휘에 따라야 한다. ◯ ✕

③ [소방청장, 시·도지사, 소방본부장 또는 소방서장](는)은 제1항에 따라 소방업무의 응원을 요청하는 경우를 대비하여 출동 대상지역 및 규모와 필요한 경비의 부담 등에 관하여 필요한 사항을 행정안전부령으로 정하는 바에 따라 이웃하는 [소방청장, 시·도지사, 소방본부장 또는 소방서장](과)와 협의하여 미리 규약(規約)으로 정하여야 한다.

④ 소방업무의 상호응원협정에 포함되어야 하는 내용으로 옳지 않은 것은?
  ㉠ 응원출동의 요청방법   ㉡ 구조·구급업무의 지원
  ㉢ 화재의 예방·경계·진압활동   ㉣ 화재조사활동

제11조의2 (소방력의 동원)

① [소방청장, 시·도지사, 소방본부장 또는 소방서장](는)은 해당 시·도의 소방력만으로는 소방활동을 효율적으로 수행하기 어려운 화재, 재난·재해, 그 밖의 구조·구급이 필요한 상황이 발생하거나 특별히 국가적 차원에서 소방활동을 수행할 필요가 인정될 때에는 각 시·도지사에게 행정안전부령으로 정하는 바에 따라 소방력을 동원할 것을 요청할 수 있다.

CHAPTER 04 · 소방활동 등

제16조의 2 (소방지원활동) vs 제16조의 3 (생활안전활동)

① 소방지원활동을 모두 고르시오.

　㉠ 산불에 대한 예방·진압 등 지원활동
　㉡ 사회재난에 따른 급수·배수 및 제설 등 지원활동
　㉢ 단전사고 시 비상전원 또는 조명의 공급의 지원활동
　㉣ 집회·공연 등 각종 행사 시 사고에 대비한 근접대기 등 지원활동
　㉤ 붕괴, 낙하 등이 우려되는 고드름, 나무, 위험 구조물 등의 제거활동
　㉥ 소방시설 오작동 신고에 따른 조치활동
　㉦ 끼임, 고립 등에 따른 위험제거 및 구출 지원활동
　㉧ 위해동물, 벌 등의 포획 및 퇴치 지원활동
　㉨ 군·경찰 등 유관기관에서 실시하는 훈련지원 활동
　㉩ 화재, 재난·재해로 인한 피해복구 지원활동

② 소방대원은 소방지원활동 및 생활안전활동(이하 "소방지원활동등"이라 한다)을 한 경우 소방지원활동등 기록지에 해당 활동상황을 상세히 기록하고, 소속 소방관서에 [　　]년간 보관해야 한다.

③ 소방본부장은 소방지원활동등의 상황을 종합하여 연 [　　]회 소방청장에게 보고해야 한다.

제16조의 4 (소방자동차의 보험 가입 등)

① [소방청장, 시·도지사, 소방본부장 또는 소방서장](는)은 소방자동차의 공무상 운행 중 교통사고가 발생한 경우 그 운전자의 법률상 분쟁에 소요되는 비용을 지원할 수 있는 보험에 가입하여야 한다.

② 시·도지사는 제1항에 따른 보험 가입비용의 일부를 지원할 수 있다. ○ ×

제17조 (소방교육·훈련)

① 소방청장, 소방본부장 또는 소방서장은 수방업무를 전문적이고 효과적으로 수행하기 위하여 소방대원에게 필요한 교육·훈련을 실시할 수 있다. ○ ×

② 다음 중 소방청장, 소방본부장 또는 소방서장이 화재를 예방하고 화재 발생 시 인명과 재산피해를 최소화하기 위하여 소방안전에 관한 교육과 훈련을 실시할 수 있는 사람으로 옳지 않은 것은?

　㉠ 어린이집의 영유아　　㉡ 유치원의 유아
　㉢ 학교의 학생　　　　　㉣ 홀로사는 노인

③ 현장지휘훈련 대상자인 소방공무원으로 옳은 것은?
   ㉠ 소방교   ㉡ 소방감   ㉢ 소방경   ㉣ 소방장
④ 소방대원에 대한 교육·훈련의 횟수는 2년마다 1회이고 기간은 2주 이상이다. ○ⅹ
⑤ 교육·훈련의 종류 및 대상자, 그 밖에 교육·훈련의 실시에 필요한 사항은 [대통령령, 행정안전부령, 따로 법률](으)로 정한다.

제17조의 2 (소방안전교육사)

① 소방청장은 제17조제2항에 따른 소방안전교육을 위하여 소방청장이 실시하는 시험에 합격한 사람에게 소방안전교육사 자격을 부여한다. ○ⅹ
② 소방안전교육사는 소방안전교육의 기획·진행·분석·평가 및 홍보업무를 수행한다. ○ⅹ
③ 제1항에 따른 소방안전교육사 시험의 응시자격, 시험방법, 시험과목, 시험위원, 그 밖에 소방안전교육사 시험의 실시에 필요한 사항은 행정안전부령으로 정한다. ○ⅹ
④ 「간호법」 제4조에 따라 간호사 면허를 취득한 후 간호업무 분야에 1년 이상 종사한 사람은 소방안전교육사 시험에 응시할 수 있다. ○ⅹ
⑤ 「의용소방대 설치 및 운영에 관한 법률」 제3조에 따라 의용소방대원으로 임명된 후 [   ]년 이상 의용소방대 활동을 한 경력이 있는 사람은 소방안전교육사 시험에 응시할 수 있다.
⑥ 「응급의료에 관한 법률」 제36조제3항에 따라 2급 응급구조사 자격을 취득한 후 응급의료 업무 분야에 1년 이상 종사한 사람은 소방안전교육사 시험에 응시할 수 있다. ○ⅹ
⑦ 소방공무원으로 [   ]년 이상 근무한 경력이 있는 사람이거나 중앙소방학교 또는 지방소방학교에서 [   ]주 이상의 소방안전교육사 관련 전문교육과정을 이수한 사람은 소방안전교육사 시험에 응시할 수 있다.
⑧ 「소방시설 설치 및 관리에 관한 법률」 제25조에 따른 소방시설관리사 자격을 취득한 사람은 소방안전교육사 시험에 응시할 수 있다. ○ⅹ

제17조의 3 (소방안전교육사의 결격사유)

다음 중 소방안전교육사의 결격사유에 해당하지 않는 것을 모두 고르면?
① 피한정후견인
② 금고 이상의 실형을 선고받고 그 집행이 끝나거나(집행이 끝난 것으로 보는 경우를 포함한다) 집행이 면제된 날부터 2년이 지나지 아니한 사람
③ 금고 이상의 형의 집행유예를 선고받고 그 유예기간이 지난 사람
④ 법원의 판결 또는 다른 법률에 따라 자격이 정지되거나 상실된 사람

제17조의 5 (소방안전교육사의 배치)

다음 중 소방안전교육사 배치대상으로 옳은 것을 모두 고르면?

① 소방청: 2명 이상

② 대한소방공제회: 2명 이상

③ 소방본부: 1명 이상

④ 한국소방산업공제조합: 2명 이상

⑤ 한국소방안전원(시·도지부): 1명 이상

제17조의 6 (한국119청소년단)

① 국가나 지방자치단체는 한국119청소년단에 그 조직 및 활동에 필요한 시설·장비를 지원할 수 있으며, 운영 경비와 시설비 및 국내외 행사에 필요한 경비를 보조해야 한다. ○ ×

② 한국119청소년단에 관하여 이 법에서 규정한 것을 제외하고는 「민법」 중 사단법인에 관한 규정을 준용한다. ○ ×

③ 한국119청소년단의 정관 또는 사업의 범위·지도·감독 및 지원에 필요한 사항은 [대통령령, 행정안전부령, 따로 법률](으)로 정한다.

제18조 (소방신호)

① 화재예방, 소방활동 또는 소방훈련을 위하여 사용되는 소방신호의 종류와 방법은 [대통령령, 행정안전부령, 따로 법률](으)로 정한다.

② 다음 설명을 보고 소방신호의 이름을 적으시오.

㉠ [   ] : 훈련상 필요하다고 인정되는 때 발령

㉡ [   ] : 화재가 발생한 때 발령

㉢ [   ] : 소화활동이 필요없다고 인정되는 때 발령

㉣ [   ] : 화재예방상 필요하다고 인정되거나 화재위험경보시 발령

③ 다음은 소방신호의 방법에 대한 설명이다. 빈칸을 채우시오.

신호방법 종별	타종신호	싸이렌신호
경계신호	[ ]	[ ]초 간격을 두고 [ ]초씩 [ ]회
발화신호	[ ]	[ ]초 간격을 두고 [ ]초씩 [ ]회
해제신호	[ ]	[ ]분간 [ ]회
훈련신호	[ ]	[ ]초 간격을 두고 [ ]분씩 [ ]회

제19조 (화재 등의 통지)

① 업무시설이 밀집한 지역은 화재로 오인할 만한 우려가 있는 불을 피우려는 사람은 시·도의 조례로 정하는 바에 따라 관할 소방본부장 또는 소방서장에게 신고하여야 한다. ○ X

② 위험물의 저장 및 처리시설이 있는 지역은 연막(煙幕) 소독을 하려는 자는 시·도의 조례로 정하는 바에 따라 관할 소방본부장 또는 소방서장에게 신고하여야 한다. ○ X

③ 공장·창고가 밀집한 지역은 화재로 오인할 만한 우려가 있는 불을 피우려는 사람은 시·도의 조례로 정하는 바에 따라 관할 시·도지사에게 신고하여야 한다. ○ X

④ 그 밖에 시·도의 조례로 정하는 지역 또는 장소는 연막(煙幕) 소독을 하려는 자는 시·도의 조례로 정하는 바에 따라 관할 시·도지사에게 신고하여야 한다. ○ X

제20조 (관계인의 소방활동)

다음 중 관계인의 소방활동 사항으로 옳지 않은 것은?
① 소방대가 현장에 도착할 때까지 불을 끄거나 불이 번지지 아니하도록 필요한 조치
② 소방대가 현장에 도착할 때까지 경보를 울리는 조치
③ 소방대가 현장에 도착할 때까지 대피를 유도하는 등의 방법으로 사람을 구출하는 조치
④ 소방대가 현장에 도착할 때까지 화재조사를 실시

제21조 (소방자동차의 우선통행 등)

① 모든 차와 사람은 소방자동차(지휘를 위한 자동차와 구조·구급차를 포함)가 화재진압 및 소방용수를 확보하기 위하여 출동을 할 때에는 이를 방해하여서는 아니 된다. ○ X

② 이 법에 따른 사항을 제외하고는 소방자동차의 우선 통행에 관하여는 「자동차관리법」에서 정하는 바에 따른다. ○ X

③ 소방자동차가 화재진압 및 구조·구급 활동을 위하여 출동하는 경우에 한하여 사이렌을 사용할 수 있다. ○ X

제21조의2 (소방자동차 전용구역 등)

① 「건축법」제2조제2항제2호에 따른 대통령령으로 정하는 공동주택은 소방본부장 또는 소방서장이 제16조제1항에 따른 소방활동의 원활한 수행을 위하여 공동주택에 소방자동차 전용구역을 설치하여야 한다. ○ X

② 소방자동차 전용구역에 차를 주차하거나 전용구역에의 진입을 가로막는 등의 방해행위를 한 자에게는 100만원 이하의 벌금에 처한다. ○ X

③ 전용구역의 설치 기준·방법, 방해행위의 기준, 그 밖의 필요한 사항은 [대통령령, 행정안전부령, 따로 법률](으)로 정한다.

④ 소방자동차 전용구역을 설치해야 하는 공동주택 중 세대수가 [   ] 이상인 아파트의 건축주는 소방활동의 원활한 수행을 위하여 소방자동차 전용구역을 설치하여야 한다.

⑤ 소방자동차 전용구역을 설치해야 하는 공동주택 중 [   ] 이상의 기숙사의 건축주는 소방활동의 원활한 수행을 위하여 소방자동차 전용구역을 설치하여야 한다.

⑥ 전용구역 노면표지의 외곽선은 빗금무늬로 표시하되, 빗금은 두께를 [   ]로 하여 [   ] 간격으로 표시한다.

⑦ 전용구역 노면표지 도료의 색채는 [   ]을 기본으로 하되, 문자(P, 소방차 전용)는 [   ]으로 표시한다.

제21조의 3 (소방자동차 교통안전 분석 시스템 구축·운영)

① [소방청장, 소방본부장, 소방서장]은 대통령령으로 정하는 소방자동차에 행정안전부령으로 정하는 기준에 적합한 운행기록장치를 장착하고 운용하여야 한다.

② [소방청장, 소방본부장, 소방서장]은 소방자동차의 안전한 운행 및 교통사고 예방을 위하여 운행기록장치 데이터의 수집·저장·통합·분석 등의 업무를 전자적으로 처리하기 위한 시스템을 구축·운영할 수 있다.

③ [소방청장, 소방본부장, 소방서장]은 소방자동차 교통안전 분석 시스템으로 처리된 자료를 이용하여 소방자동차의 장비운용자 등에게 어떠한 불리한 제재나 처벌을 하여서는 아니 된다.

④ 소방자동차 교통안전 분석 시스템의 구축·운영, 운행기록장치 데이터 및 전산자료의 보관·활용 등에 필요한 사항은 [대통령령, 행정안전부령]으로 정한다.

제23조 (소방활동구역의 설정), 제24조 (소방활동 종사명령), 제25조 (강제처분 등)

① 소방대장은 전기·가스·수도·통신·교통의 업무에 종사하는 사람은 소방활동구역에 출입하는 것을 제한할 수 있다. ◯ ✕

② 소방대장은 소방활동구역 안에 있는 소방대상물의 소유자·관리자 또는 점유자가 소방활동구역에 출입하는 것을 제한할 수 있다. ◯ ✕

③ [소방청장, 시·도지사, 소방본부장, 소방서장, 소방대장](는)은 사람을 구출하거나 불이 번지는 것을 막기 위하여 필요할 때에는 화재가 발생하거나 불이 번질 우려가 있는 소방대상물 및 토지를 일시적으로 사용하거나 그 사용의 제한 또는 소방활동에 필요한 처분을 할 수 있다.

④ 소방활동 종사 명령에 따라 소방활동에 종사한 소방대상물의 관계인은 시·도지사로부터 소방활동의 비용을 지급받을 수 있다. ◯ ✕

제24조 (소방활동 종사명령), 제25조 (강제처분 등), 제26조 (피난명령), 제27조 (위험시설 등에 대한 긴급조치)

아래의 내용을 보고 설명하는 내용을 적으시오.

㉠ 소방활동 종사 명령 ㉡ 강제처분 등
㉢ 피난명령 ㉣ 위험시설 등에 대한 긴급조치

① 소방본부장, 소방서장 또는 소방대장은 소방활동을 위하여 긴급하게 출동할 때에는 소방자동차의 통행과 소방활동에 방해가 되는 주차 또는 정차된 차량 및 물건 등을 제거하거나 이동시킬 수 있다.

② 소방본부장, 소방서장 또는 소방대장은 화재, 재난·재해, 그 밖의 위급한 상황이 발생하여 사람의 생명을 위험하게 할 것으로 인정할 때에는 일정한 구역을 지정하여 그 구역에 있는 사람에게 그 구역 밖으로 피난할 것을 명할 수 있다.

③ 소방본부장, 소방서장 또는 소방대장은 화재, 재난·재해, 그 밖의 위급한 상황이 발생한 현장에서 소방활동을 위하여 필요할 때에는 그 관할구역에 사는 사람 또는 그 현장에 있는 사람으로 하여금 사람을 구출하는 일 또는 불을 끄거나 불이 번지지 아니하도록 하는 일을 하게 할 수 있다.

④ 소방본부장, 소방서장 또는 소방대장은 화재 진압 등 소방활동을 위하여 필요할 때에는 소방용수 외에 댐·저수지 또는 수영장 등의 물을 사용하거나 수도(水道)의 개폐장치 등을 조작할 수 있다.

⑤ 소방본부장, 소방서장 또는 소방대장은 화재 발생을 막거나 폭발 등으로 화재가 확대되는 것을 막기 위하여 가스·전기 또는 유류 등의 시설에 대하여 위험물질의 공급을 차단하는 등 필요한 조치를 할 수 있다.

CHAPTER 07 · (제 7장의 2) 소방산업의 육성·진흥 및 지원 등

제39조의 5 (소방산업과 관련된 기술개발 등의 지원)

① 국가는 소방산업과 관련된 기술(이하 "소방기술"이라 한다)의 개발을 촉진하기 위하여 기술개발을 실시하는 자에게 그 기술개발에 드는 자금의 일부를 출연하거나 보조해야 한다. ○ ×

CHAPTER 08 · 한국소방안전원

제40조 (한국소방안전원의 설립 등)

① 소방기술과 안전관리기술의 향상 및 홍보, 그 밖의 교육·훈련 등 행정기관이 위탁하는 업무의 수행과 소방 관계 종사자의 기술 향상을 위하여 한국소방안전원을 소방청장의 동의를 받아 설립한다.

② 안전원에 관하여 이 법에 규정된 것을 제외하고는 「민법」 중 사단법인에 관한 규정을 준용한다.

제40조의 2 (교육계획의 수립 및 평가 등)

① 소방청장은 소방기술과 안전관리의 기술향상을 위하여 매년 교육 수요조사를 실시하여 교육계획을 수립하고 안전원장의 승인을 받아야 한다.

② 평가위원회는 위원장 1명을 포함하여 7명 이하의 위원으로 성별을 고려하여 구성하고, 위원장은 위원 중에서 호선(互選)한다.

제41조 (안전원의 업무)

다음 중 안전원의 업무로 가장 옳지 않은 것은?

① 소방기술과 안전관리에 관한 교육 및 조사·연구
② 소방기술과 안전관리에 관한 각종 간행물 발간
③ 소방기술 및 소방산업의 국제 협력을 위한 조사·연구
④ 그 밖에 회원에 대한 기술지원 등 정관으로 정하는 사항

제43조 (안전원의 정관)

① 안전원의 정관에는 주된 사무소 및 대표자의 소재지가 포함되어야 한다.

제44조 (안전원의 운영 경비)

다음 중 안전원의 운영 및 사업에 소요되는 경비의 재원으로 충당하는 것이 아닌 것은?

① 소방기술과 안전관리에 관한 교육 및 조사·연구의 업무 수행에 따른 수입금
② 자산운영수익금
③ 그 밖의 부대수입
④ 소방기술과 안전관리에 관한 각종 간행물 발간에 따른 수입금

제44조의2 (안전원의 임원)

① 안전원에 임원으로 원장 1명을 포함한 [   ]명 이내의 이사와 [   ]명의 감사를 둔다.
② 제1항에 따른 원장과 감사는 [   ]이 임명한다.

제49조의2 (손실보상)

① 생활안전활동에 따른 조치로 인하여 손실을 입은 자는 손실보상의 대상이 된다. ○ ×
② 강제처분 제2항 또는 제3항으로 인하여 손실을 입은 자는 손실보상의 대상이 되고, 제3항에 해당하는 경우로서 법령을 위반하여 소방자동차의 통행과 소방활동에 방해가 된 경우도 포함한다. ○ ×
③ 피난 명령을 위반하여 손실을 입은 자는 손실보상의 대상이 된다. ○ ×
④ 손실보상을 청구할 수 있는 권리는 손실이 있음을 안 날부터 [   ]년, 손실이 발생한 날부터 [   ]년간 행사하지 아니하면 시효의 완성으로 소멸한다.
⑤ 소방청장등은 손실보상심의위원회의 심사·의결을 거쳐 특별한 사유가 없으면 보상금 지급 청구서를 받은 날부터 [   ]일 이내에 보상금 지급 여부 및 보상금액을 결정하여야 한다.
⑥ 소방청장등은 결정일부터 [   ]일 이내에 행정안전부령으로 정하는 바에 따라 결정 내용을 청구인에게 통지하고, 보상금을 지급하기로 결정한 경우에는 특별한 사유가 없으면 통지한 날부터 [   ]일 이내에 보상금을 지급하여야 한다.
⑦ 손실보상위원회의 위원장은 위원 중에서 호선한다. ○ ×
⑧ 「고등교육법」 제2조에 따른 학교에서 법학 또는 행정학을 가르치는 부교수 이상 재직한 사람은 손실보상위원회의 위원이 될 수 있다. ○ ×
⑨ 판사·검사 또는 변호사로 5년 이상 근무한 사람은 손실보상위원회의 위원이 될 수 있다. ○ ×
⑩ 위촉되는 위원의 임기는 2년으로 한다. 다만, 보상위원회가 해산되는 경우에는 그 해산되는 때에 임기가 만료되는 것으로 한다. ○ ×
⑪ 보상위원회의 사무를 처리하기 위하여 보상위원회에 간사 [   ]을 두되, 간사는 소속 소방공무원 중에서 [소방청장, 소방본부장, 시·도지사, 소방서장]이 지명한다.

CHAPTER 10 · 벌칙

① 정당한 사유 없이 소방용수시설 또는 비상소화장치를 사용하거나 소방용수시설 또는 비상소화장치의 효용을 해치거나 그 정당한 사용을 방해한 사람은 5년 이하의 징역 또는 5천만원 이하의 벌금에 처한다. ☐ O ☐ X

② 정당한 사유 없이 관계인이 소방대가 현장에 도착할 때까지 사람을 구출하는 조치 또는 불을 끄거나 불이 번지지 아니하도록 하는 조치를 하지 아니한 경우, 200만원 이하의 벌금에 처한다. ☐ O ☐ X

③ 정당한 사유 없이 소방대가 물의 사용이나 수도의 개폐장치의 사용 또는 조작을 하지 못하게 하거나 방해한 자는 100만원 이하의 과태료를 부과한다. ☐ O ☐ X

④ 화재 또는 구조·구급이 필요한 상황을 거짓으로 알린 사람은 200만원 이하의 과태료를 부과한다. ☐ O ☐ X

⑤ 소방대가 화재진압·인명구조 또는 구급활동을 위하여 현장에 출동하거나 현장에 출입하는 것을 고의로 방해하는 행위를 한사람은 5년 이하의 징역 또는 5천만원 이하의 벌금에 처한다. ☐ O ☐ X

정태성 말랑말랑 소방관계법규
www.modoofire.com

합격률 76%로 검증된 소방합격을 위한 당연한 선택

PART 2

소방시설공사업법

PART 02 · 소방시설공사업법

CHAPTER 01 · 총칙

제1조 (목적)

이 법은 소방시설공사 및 소방기술의 관리에 필요한 사항을 규정함으로써 [소방시설업, 소방시설관리업]을 건전하게 발전시키고 소방기술을 [혁신, 진흥]시켜 화재로부터 공공의 [안녕, 안전]을 확보하고 [   ]함을 목적으로 한다.

제2조 (정의)

① 소방시설업이란 소방시설설계업, 소방시설공사업, 소방시설감리업, 방염처리업을 말한다. ○ ×
② [   ] : 소방시설공사에 관한 발주자의 권한을 대행하여 소방시설공사가 설계도서와 관계 법령에 따라 적법하게 시공되는지를 확인하고, 품질·시공 관리에 대한 기술지도를 하는 영업
③ "감리원"이란 소방시설공사업자에 소속된 소방기술자로서 해당 소방시설공사를 감리하는 사람을 말한다. ○ ×
④ "발주자"란 소방시설의 설계, 시공, 감리 및 방염(이하 "소방시설공사등"이라 한다)을 소방시설업자에게 도급하는 자를 말한다. 또한 수급인으로서 도급받은 공사를 하도급하는 자를 포함한다. ○ ×
⑤ [   ] : 설계도서에 따라 소방시설을 신설, 증설, 개설, 이전 및 정비하는 영업

제2조의2 (소방시설공사등 관련 주체의 책무)

① [소방청장, 발주자, 소방시설업자]은(는) 소방시설공사등의 품질과 안전이 확보되도록 소방시설공사등에 관한 기준 등을 정하여 보급하여야 한다.
② [소방청장, 발주자, 소방시설업자]은(는) 소방시설이 공공의 안전과 복리에 적합하게 시공되도록 공정한 기준과 절차에 따라 능력 있는 소방시설업자를 선정하여야 하고, 소방시설공사등이 적정하게 수행되도록 노력하여야 한다.
③ [소방청장, 발주자, 소방시설업자]은(는) 소방시설공사등의 품질과 안전이 확보되도록 소방시설공사등에 관한 법령을 준수하고, 설계도서·시방서(示方書) 및 도급계약의 내용 등에 따라 성실하게 소방시설공사등을 수행하여야 한다.

CHAPTER 02 · 소방시설업

제4조 (소방시설업의 등록)

① 특정소방대상물의 소방시설공사등을 하려는 자는 업종별로 자본금(개인인 경우에는 자산 평가액을 말한다), 기술인력 등 대통령령으로 정하는 요건을 갖추어 [   ]에게 소방시설업을 등록하여야 한다.

② 소방시설공사업의 등록을 하려는 자는 기준을 갖추어 소방청장이 지정하는 금융회사 또는 「소방산업의 진흥에 관한 법률」 제23조에 따른 소방산업공제조합이 별표 1에 따른 자본금 기준금액의 100분의 [   ] 이상에 해당하는 금액의 담보를 제공받거나 현금의 예치 또는 출자를 받은 사실을 증명하여 발행하는 확인서를 시·도지사에게 제출하여야 한다.

③ 시·도지사는 접수일부터 [   ]일 이내에 협회를 경유하여 소방시설업 등록증 및 소방시설업 등록수첩을 신청인에게 발급해 주어야 한다.

④ [소방시설공사업, 소방시설설계업, 소방공사감리업]을 등록 하려고 하는 사람은 「공인회계사법」 제7조에 따라 금융위원회에 등록한 공인회계사 등이 신청일 전 최근 [   ]일 이내에 작성한 자산평가액 또는 소방청장이 정하여 고시하는 바에 따라 작성된 기업진단 보고서를 첨부하여 제출하여야 한다.

⑤ 소방시설업의 등록신청 서류가 첨부서류(전자문서를 포함한다)가 첨부되지 아니한 경우에는 [   ]일 이내의 기간을 정하여 이를 보완하게 할 수 있다.

시행령 [별표 1] (소방시설업의 업종별 등록기준 및 영업범위)

① 전문 소방시설설계업은 주된 기술인력이 소방기술사 또는 기계분야와 전기분야의 소방설비기사 각 1명(기계분야 및 전기분야의 자격을 함께 취득한 사람 1명) 이상과 보조기술인력이 2명 이상 필요하다. ○ ×

② 소방공무원으로 재직한 경력이 [   ]년 이상인 사람으로서 자격수첩을 발급받은 사람은 소방시설공사업의 보조기술인력이 될 수 있다.

③ 소방시설공사업의 등록하려고 하는 사람은 자본금(자산평가액)이 [   ]원 이상 필요하다.

④ 방염처리업의 종류로는 섬유류 방염업, 실내장식물 방염업, 합판·목재류 방염업이 있다. ○ ×

⑤ 다음 중 소방시설설계업의 기계분야에 속하는 것을 모두 고르면?

㉠ 인명구조기구 ㉡ 제연설비
㉢ 통합감시시설 ㉣ 연결살수설비
㉤ 무선통신보조설비 ㉥ 소화수조
㉦ 저수조 ㉧ 비상조명등

제5조 (등록의 결격사유)

다음 중 소방시설업을 등록할 수 없는 사람은?

① 피한정후견인
② 「위험물안전관리법」에 따른 금고 이상의 실형을 선고받고 그 집행이 끝나거나(집행이 끝난 것으로 보는 경우를 포함한다) 면제된 날부터 2년이 지나지 아니한 사람
③ 「화재의 예방 및 안전관리에 관한 법률」에 따른 금고 이상의 형의 집행유예를 선고받고 그 유예기간이 지난 사람
④ 등록하려는 소방시설업 등록이 취소된 날부터 3년이 지난 사람

제6조 (등록사항의 변경신고)

① 소방시설업자는 제4조에 따라 등록한 사항 중 행정안전부령으로 정하는 중요 사항을 변경할 때에는 행정안전부령으로 정하는 바에 따라 [시·도지사, 소방청장]에게 신고하여야 한다.
② 소방시설업자는 등록사항이 변경된 경우에는 변경일부터 [   ]일 이내에 소방시설업 등록사항 변경신고서에 변경사항별로 서류를 첨부하여 협회에 제출하여야 한다.
③ 등록사항의 변경신고사항은 소방시설업자는 상호(명칭) 또는 영업소 소재지, 기술인력, 자본금이다. ○ X
④ 기술인력이 변경된 경우, 소방시설업 등록증 및 등록수첩, 기술인력 증빙서류를 첨부하여 협회에 제출하여야 한다. ○ X
⑤ 변경신고 서류를 제출받은 협회는 등록사항의 변경신고 내용을 확인하고 [   ]일 이내에 제출된 소방시설업 등록증·등록수첩 및 기술인력 증빙서류에 그 변경된 사항을 기재하여 발급하여야 한다.
⑥ ⑤에도 불구하고 영업소 소재지가 등록된 시·도에서 다른 시·도로 변경된 경우에는 제출받은 변경신고 서류를 접수일로부터 [   ]일 이내에 해당 시·도지사에게 보내야 한다.
⑦ 협회는 등록사항의 변경신고 접수현황을 매월 말일을 기준으로 작성하여 다음 달 [   ]일까지 별지 제7호의2서식에 따라 시·도지사에게 알려야 한다.

제6조의2 (휴업·폐업 등의 신고)

① 소방시설업자는 휴업·폐업 또는 재개업 신고를 하려면 휴업·폐업 또는 재개업일부터 [   ]일 이내에 소방시설업 휴업·폐업·재개업 신고서(전자문서로 된 신고서를 포함한다)에 서류(전자문서를 포함한다)를 첨부하여 협회를 경유하여 [시·도지사, 소방청장]에게 제출하여야 한다.
② 폐업신고를 한 자가 소방시설업 등록이 말소된 후 [   ] 이내에 같은 업종의 소방시설업을 다시 등록한 경우 해당 소방시설업자는 폐업신고 전 소방시설업자의 지위를 승계한다.
③ ②에 따라 소방시설업자의 지위를 승계한 자에 대해서는 폐업신고 전의 소방시설업자에 대한 행정처분의 효과가 승계되지 않는다. ○ X

제7조 (소방시설업자의 지위승계)

① 소방시설업자가 사망한 경우 그 상속인 등은 종전의 소방시설업자의 지위를 승계하려는 경우에는 그 상속일, 양수일 또는 합병일부터 [ ]일 이내에 행정안전부령으로 정하는 바에 따라 그 사실을 [시·도지사, 소방본부장 또는 소방서장]에게 신고하여야 한다.

제8조 (소방시설업의 운영)

① 소방시설업자가 소방시설공사등을 맡긴 특정소방대상물의 관계인에게 지체 없이 그 사실을 알려야 하는 사유로 옳지 않은 것은?
  ㉠ 소방시설업자의 지위를 승계한 경우
  ㉡ 소방시설업의 등록취소처분 또는 영업정지처분을 받은 경우
  ㉢ 휴업하거나 폐업한 경우
  ㉣ 과태료 처분을 받은 경우

제9조 (등록취소와 영업정지 등)

① 소방시설업자의 1차 등록 취소사유로 옳은 것을 모두 고르면?
  ㉠ 거짓이나 그 밖의 부정한 방법으로 등록한 경우
  ㉡ 다른 자에게 등록증 또는 등록수첩을 빌려준 경우
  ㉢ 소방시설공사등의 업무수행의무 등을 고의 또는 과실로 위반하여 다른 자에게 상해를 입히거나 재산 피해를 입힌 경우
  ㉣ 등록 결격사유에 해당하게 된 경우
  ㉤ 등록을 한 후 정당한 사유 없이 1년이 지날 때까지 영업을 시작하지 아니하거나 계속하여 1년 이상 휴업한 때
  ㉥ 소속 소방기술자를 공사현장에 배치하지 아니하거나 거짓으로 한 경우
  ㉦ 영업정지 기간 중에 소방시설공사등을 한 경우

② 다음은 소방시설업의 행정처분에 대한 설명이다. 빈칸에 들어갈 단어를 고르시오.
  ㉠ 영업정지 처분기간 중 영업정지에 해당하는 위반사항이 있는 경우에는 종전의 처분기간 [만료일, 만료일의 다음날]부터 새로운 위반사항에 대한 영업정지의 행정처분을 한다.
  ㉡ 위반행위의 차수에 따른 행정처분기준은 최근 [ ]년간 같은 위반행위로 행정처분을 받은 경우에 적용한다. 이 경우 기준 적용일은 위반사항에 대한 [적발한 날, 행정처분일]과 그 처분 후 다시 [적발한 날, 행정처분일]을 기준으로 한다.

제10조 (과징금처분)

① [   ](은)는 영업정지가 그 이용자에게 불편을 주거나 그 밖에 공익을 해칠 우려가 있을 때에는 영업정지처분을 갈음하여 [   ] 이하의 과징금을 부과할 수 있다.

CHAPTER 03 · 소방시설공사 등

제1절 설계

제11조 (설계)

① 소방시설설계업을 등록한 자(이하 "설계업자"라 한다)는 이 법이나 이 법에 따른 명령과 화재안전기준에 맞게 소방시설을 설계하여야 한다. 다만, 「소방시설 설치 및 관리에 관한 법률」 제18조제1항에 따른 [**중앙, 지방**]소방기술심의위원회의 심의를 거쳐 소방시설의 구조와 원리 등에서 특수한 설계로 인정된 경우는 화재안전기준을 따르지 아니할 수 있다.

② 성능위주설계를 할 수 있는 자의 기술인력은 소방기술사 2명 이상이다. ○ X

제2절 시공

[시행령] 별표 2 (소방기술자의 배치기준 및 배치기간)

1. 소방기술자의 배치기준

소방기술자의 배치기준	소방시설공사 현장의 기준
가. 행정안전부령으로 정하는 특급기술자인 소방기술자(기계분야 및 전기분야)	1) 연면적 [ ]제곱미터 이상인 특정소방대상물의 공사 현장 2) 지하층을 [제외한, 포함한] 층수가 [ ]층 이상인 특정소방대상물의 공사 현장
나. 행정안전부령으로 정하는 고급기술자 이상의 소방기술자(기계분야 및 전기분야)	1) 연면적 [ ]제곱미터 이상 [ ]제곱미터 미만인 특정소방대상물(아파트는 제외한다)의 공사 현장 2) 지하층을 [제외한, 포함한] 층수가 [ ]층 이상 [ ]층 미만인 특정소방대상물의 공사 현장

다. 행정안전부령으로 정하는 중급기술자 이상의 소방기술자(기계분야 및 전기분야)	1) [　　　　　　　　　] 또는 [　　　　　]가 설치되는 특정소방대상물의 공사 현장 2) 연면적 [　　　]제곱미터 이상 [　　　]제곱미터 미만인 특정소방대상물(아파트는 제외한다)의 공사 현장 3) 연면적 [　　　]제곱미터 이상 [　　　]제곱미터 미만인 아파트의 공사 현장	
라. 행정안전부령으로 정하는 초급기술자 이상의 소방기술자(기계분야 및 전기분야)	1) 연면적 [　　　]제곱미터 이상 [　　　]제곱미터 미만인 특정소방대상물(아파트는 제외한다)의 공사 현장 2) 연면적 [　　　]제곱미터 이상 [　　　]제곱미터 미만인 아파트의 공사 현장 3) 지하구(地下溝)의 공사 현장	
마. 법 제28조제2항에 따라 자격수첩을 발급받은 소방기술자	연면적 [　　　]제곱미터 미만인 특정소방대상물의 공사 현장	

제13조 (착공신고) [단, ③~⑭의 특정소방대상물에서 제조소등과 다중이용업소는 제외한다.]

① 소방시설공사업자는 소방시설공사를 하려면 해당 소방시설공사의 [착공 전, 착공 3일 전]까지 소방시설공사 착공(변경)신고서를 첨부하여 [시·도지사, 소방본부장 또는 소방서장]에게 신고하여야 한다.

② 소방본부장 또는 소방서장은 착공신고 또는 변경신고를 받은 날부터 [　　　]일 이내에 신고수리 여부를 신고인에게 통지하여야 한다.

③ 특정소방대상물에 옥내·옥외소화전설비를 증설하는 공사는 착공신고 대상이다. ○×

④ 특정소방대상물에 스프링클러설비등을 신설하는 공사는 착공신고 대상이다. ○×

⑤ 특정소방대상물에 비상경보설비를 신설하는 공사는 착공신고 대상이다. ○×

⑥ 특정소방대상물에 설치된 소방시설등을 구성하는 것 중 전부 또는 일부를 개설(改設), 이전(移轉) 또는 정비(整備)하는 공사로서 착공신고 대상이 아닌 것은?
　㉠ 수신반　　　　　　　　　㉡ 동력제어반
　㉢ 음향장치　　　　　　　　㉣ 소화펌프

⑦ 특정소방대상물에 설치된 소방시설등을 구성하는 것의 전부 또는 일부를 개설(改設), 이전(移轉) 또는 정비(整備)하는 공사는 고장 또는 파손 등으로 인하여 작동시킬 수 없는 소방시설을 긴급히 교체하거나 보수하여야 하는 경우에도 착공신고를 하여야 한다. ○×

⑧ 특정소방대상물에 연결송수관설비를 신설하는 공사는 착공신고 대상이다. ○×

⑨ 특정소방대상물에 자동화재탐지설비의 경계구역을 증설하는 공사는 착공신고 대상이다. ○×

⑩ 특정소방대상물에 스프링클러설비등의 헤드를 증설하는 공사는 착공신고 대상이다. ○×

⑪ 특정소방대상물에 유도등을 신설하는 공사는 착공신고 대상이다. ○×

⑫ 특정소방대상물에 소화용수설비(소화용수설비를 「건설산업기본법 시행령」 별표 1에 따른 기계설비·가스공사업자 또는 상·하수도설비공사업자가 공사하는 경우는 포함)를 신설하는 공사는 착공신고 대상이다. ○ ×
⑬ 특정소방대상물에 호스릴옥내소화전설비를 신설하는 공사는 착공신고 대상이다. ○ ×
⑭ 특정소방대상물에 화재알림설비의 경계구역을 증설하는 공사는 착공신고 대상이다. ○ ×

제14조 (완공검사)

① 공사업자는 소방시설공사를 완공하면 [시·도지사, 소방본부장 또는 소방서장]의 완공검사를 받아야 한다.
② 공사업자가 소방대상물 일부분의 소방시설공사를 마친 경우로서 전체 시설이 준공되기 전에 부분적으로 사용할 필요가 있는 경우에는 그 일부분에 대하여 소방본부장이나 소방서장에게 완공검사(이하 "부분완공검사"라 한다)를 신청할 수 있다. ○ ×

[시행령] 제5조 (완공검사를 위한 현장확인 대상 특정소방대상물의 범위)

① 종교시설은 소방본부장이나 소방서장이 소방시설공사가 공사감리 결과보고서대로 완공되었는지를 현장에서 확인할 수 있다. ○ ×
② 운수시설은 소방본부장이나 소방서장이 소방시설공사가 공사감리 결과보고서대로 완공되었는지를 현장에서 확인할 수 있다. ○ ×
③ 지하구는 완공검사를 위한 현장확인 대상 특정소방대상물의 범위에 속한다. ○ ×
④ 위락시설은 완공검사를 위한 현장확인 대상 특정소방대상물의 범위에 속한다. ○ ×
⑤ 창고시설은 소방본부장이나 소방서장이 소방시설공사가 공사감리 결과보고서대로 완공되었는지를 현장에서 확인할 수 있다. ○ ×
⑥ 수련시설은 소방본부장이나 소방서장이 소방시설공사가 공사감리 결과보고서대로 완공되었는지를 현장에서 확인할 수 있다. ○ ×
⑦ 물분무등소화설비(호스릴 방식의 소화설비를 포함한다)가 설치되는 특정소방대상물은 완공검사를 위한 현장확인 대상 특정소방대상물의 범위에 속한다. ○ ×
⑧ 옥외소화전설비가 설치되는 특정소방대상물은 완공검사를 위한 현장확인 대상 특정소방대상물의 범위에 속한다. ○ ×
⑨ 간이스프링클러가 설치되는 특정소방대상물은 완공검사를 위한 현장확인 대상이다. ○ ×
⑩ 연면적 [   ]제곱미터 이상이거나 [   ]층 이상인 특정소방대상물(아파트는 [포함, 제외]한다)은 완공검사를 위한 현장확인 대상 특정소방대상물의 범위에 속한다.
⑪ 가연성가스를 제조·저장 또는 취급하는 시설 중 [지하에 매설된, 지상에 노출된] 가연성가스탱크의 저장용량 합계가 [   ]톤 이상인 시설은 완공검사를 위한 현장확인 대상 특정소방대상물의 범위에 속한다.

제15조 (공사의 하자보수 등)

① 관계인은 하자보수보증 기간에 소방시설의 하자가 발생하였을 때에는 공사업자에게 그 사실을 알려야 하며, 통보를 받은 공사업자는 [　　　]일 이내에 하자를 보수하거나 보수 일정을 기록한 하자보수계획을 관계인에게 서면으로 알려야 한다.

② 소방본부장이나 소방서장은 관계인에게 하자보수를 이행하지 아니하는 경우 등을 통보를 받았을 때에는 [중앙, 지방]소방기술심의위원회에 심의를 요청하여야 하며, 그 심의 결과 인정할 때에는 시공자에게 기간을 정하여 하자보수를 명하여야 한다.

③ 다음 중 하자보수 보증기간이 3년인 것을 모두 고르면?
  ㉠ 스프링클러설비　　㉡ 비상콘센트설비　　㉢ 비상방송설비
  ㉣ 유도등　　　　　　㉤ 무선통신보조설비　㉥ 자동화재탐지설비
  ㉦ 비상조명등　　　　㉧ 간이스프링클러설비

제3절 감리

제16조 (감리)

① 소방공사감리업을 등록한 자가 소방공사를 감리할 때 수행하여야 하는 업무로 옳지 않은 것을 모두 고르면?
  ㉠ 소방시설등의 설치계획표의 적법성 검토
  ㉡ 완공된 소방시설의 시공능력평가
  ㉢ 설계업자가 작성한 시공 상세 도면의 적합성 검토
  ㉣ 실내장식물의 불연화(不燃化)와 방염 물품의 적합성 검토
  ㉤ 소방용품의 위치·규격 및 사용 자재의 적합성 검토
  ㉥ 소방시설의 유지·관리
  ㉦ 공사업자가 한 소방시설등의 시공이 설계도서와 화재안전기준에 맞는지에 대한 지도·감독

② 상주공사감리 대상에 대한 설명이다. 빈칸을 채우시오.
  ㉠ 연면적 [　　　]제곱미터 이상의 특정소방대상물(아파트는 제외)에 대한 소방시설의 공사
  ㉡ 지하층을 [제외한, 포함한] 층수가 [　　　]층 이상으로서 [　　　] 이상인 아파트에 대한 소방시설의 공사

제17조 (공사감리자의 지정 등)

① 소방본부장 또는 소방서장은 특정소방대상물에 대하여 자동화재탐지설비, 옥내소화전설비 등 대통령령으로 정하는 소방시설을 시공할 때에는 소방시설공사의 감리를 위하여 감리업자를 공사감리자로 지정하여야 한다. ○ X

② 통합감시시설을 신설 또는 개설하는 특정소방대상물은 공사감리자 지정대상 특정소방대상물의 범위에 해당한다. ○ X

③ 연소방지설비를 신설·개설하거나 살수구역을 증설하는 특정소방대상물은 공사감리자 지정대상 특정소방대상물의 범위에 해당한다. ○ X

④ 호스릴 방식의 물분무등소화설비를 신설·개설하거나 방호·방수 구역을 증설하는 특정소방대상물은 공사감리자 지정대상 특정소방대상물의 범위에 해당한다. ○ X

⑤ 자동화재속보설비를 신설 또는 개설하는 특정소방대상물은 공사감리자 지정대상 특정소방대상물의 범위에 해당한다. ○ X

⑥ 연결송수관설비를 신설·개설하거나 송수구역을 증설하는 특정소방대상물은 공사감리자 지정대상 특정소방대상물의 범위에 해당한다. ○ X

⑦ 비상콘센트설비를 신설·개설하거나 전용회로를 증설하는 특정소방대상물은 공사감리자 지정대상 특정소방대상물의 범위에 해당한다. ○ X

⑧ 캐비닛형 간이스프링클러설비를 신설·개설하거나 방호·방수 구역을 증설하는 특정소방대상물은 공사감리자 지정대상 특정소방대상물의 범위에 해당한다. ○ X

⑨ 화재조기진압용 스프링클러설비를 신설·개설하거나 방호·방수 구역을 증설하는 특정소방대상물은 공사감리자 지정대상 특정소방대상물의 범위에 해당한다. ○ X

⑩ 특정소방대상물의 관계인은 공사감리자가 변경된 경우에는 변경일부터 [   ]일 이내에 소방공사감리자 변경신고서를 첨부하여 소방본부장 또는 소방서장에게 제출하여야 한다.

⑪ 소방본부장 또는 소방서장은 공사감리자 지정신고 또는 변경신고를 받은 날부터 [   ]이내에 신고수리 여부를 신고인에게 통지하여야 한다.

제18조 (감리원의 배치 등)

① 상주 공사감리 대상인 경우 소방시설용 배관(전선관을 포함)을 설치하거나 매립하는 때부터 소방시설의 성능시험 때까지 소방공사감리현장에 감리원을 배치할 것 ○ X

② 일반 공사감리 대상인 경우 감리원은 [   ]회 이상 소방공사감리현장에 배치되어 감리할 것.

③ 일반 공사감리 대상인 경우 1명의 감리원이 담당하는 소방공사감리현장은 [   ]개 이하로서 감리현장 연면적의 총 합계가 [   ]제곱미터 이하일 것

④ 일반 공사감리 대상인 아파트의 경우에는 연면적의 합계에 관계없이 1명의 감리원이 [   ]개 이내의 공사현장을 감리할 수 있다.

⑤ 소방공사감리업자는 소방공사감리현장에 배치하는 경우에는 소방공사감리원 배치통보서에, 배치한 감리원이 변경된 경우에는 소방공사감리원 배치변경통보서에 필요한 서류를 첨부하여 감리원 배치일부터 [   ]일 이내에 소방본부장 또는 소방서장에게 알려야 한다.

■ 시행령 [별표 4]

소방공사 감리원의 배치기준 및 배치기간(제11조 관련)

1. 소방공사 감리원의 배치기준

감리원의 배치기준		소방시설공사 현장의 기준
책임감리원	보조감리원	
가. 행정안전부령으로 정하는 특급감리원 중 [ ]	행정안전부령으로 정하는 [ ]감리원 이상의 소방공사 감리원(기계분야 및 전기분야)	1) 연면적 [ ]제곱미터 이상인 특정소방대상물의 공사 현장 2) 지하층을 [포함, 제외]한 층수가 [ ]층 이상인 특정소방대상물의 공사 현장
나. 행정안전부령으로 정하는 특급감리원 이상의 소방공사 감리원(기계분야 및 전기분야)	행정안전부령으로 정하는 [ ]감리원 이상의 소방공사 감리원(기계분야 및 전기분야)	1) 연면적 [ ]제곱미터 이상 [ ]제곱미터 미만인 특정소방대상물(아파트는 제외한다)의 공사 현장 2) 지하층을 [포함, 제외]한 층수가 [ ]층 이상 [ ]층 미만인 특정소방대상물의 공사 현장
다. 행정안전부령으로 정하는 고급감리원 이상의 소방공사 감리원(기계분야 및 전기분야)	행정안전부령으로 정하는 [ ]감리원 이상의 소방공사 감리원(기계분야 및 전기분야)	1) [ ] 또는 [ ]가 설치되는 특정소방대상물의 공사 현장 2) 연면적 [ ]제곱미터 이상 [ ]제곱미터 미만인 아파트의 공사 현장
라. 행정안전부령으로 정하는 중급감리원 이상의 소방공사 감리원(기계분야 및 전기분야)		연면적 [ ]제곱미터 이상 [ ]제곱미터 미만인 특정소방대상물의 공사 현장
마. 행정안전부령으로 정하는 초급감리원 이상의 소방공사 감리원(기계분야 및 전기분야)		1) 연면적 [ ]제곱미터 미만인 특정소방대상물의 공사 현장 2) [ ]의 공사 현장

제19조 (위반사항에 대한 조치)

① 감리업자는 감리를 할 때 소방시설공사가 설계도서나 화재안전기준에 맞지 아니할 때에는 [   ]에게 알리고, [   ]에게 그 공사의 시정 또는 보완 등을 요구하여야 한다.

② 감리업자는 공사업자가 제1항에 따른 요구를 이행하지 아니하고 그 공사를 계속할 때에는 행정안전부령으로 정하는 바에 따라 [관계인, 소방본부장이나 소방서장]에게 그 사실을 보고하여야 한다.

제20조 (공사감리 결과의 통보 등)

감리업자는 소방공사의 감리를 마쳤을 때에는 [   ]일 이내에 그 감리 결과를 그 특정소방대상물의 [   ], 소방시설공사의 [   ], 그 특정소방대상물의 공사를 감리한 [   ]에게 서면으로 알리고, [   ]에게 공사감리 결과보고서를 제출하여야 한다.

제20조의3 (방염처리능력 평가 및 공시)

[소방청장, 시·도지사]은 방염처리업자의 방염처리능력 평가 요청이 있는 경우 해당 방염처리업자의 방염처리 실적 등에 따라 방염처리능력을 평가하여 공시할 수 있다.

제22조 (하도급의 제한)

제21조에 따라 도급을 받은 자는 소방시설의 설계, 시공, 감리를 제3자에게 하도급할 수 없다. 다만, [설계, 시공, 감리]의 경우에는 대통령령으로 정하는 바에 따라 도급받은 소방시설공사의 [전부, 일부]를 다른 공사업자에게 하도급할 수 있다.

제22조의2 (하도급계약의 적정성 심사 등)

① 발주자는 하도급계약금액이 도급금액 중 하도급부분에 상당하는 금액의 100분의 [   ]에 해당하는 금액에 미달하는 경우 또는 하도급계약금액이 소방시설공사등에 대한 발주자의 예정가격의 100분의 [   ]에 해당하는 금액에 미달하는 경우 하수급인의 시공 및 수행능력, 하도급계약 내용의 적정성 등을 심사할 수 있다.

② 발주자는 하수급인 또는 하도급계약 내용의 변경을 요구하려는 경우에는 하도급에 관한 사항을 통보받은 날 또는 그 사유가 있음을 안 날부터 [   ]일 이내에 서면으로 하여야 한다.

③ 하도급계약심사위원회는 위원장 1명과 부위원장 1명을 제외하여 10명 이내의 위원으로 구성한다. O X

④ 소방 분야의 [석사, 박사]학위를 취득하고 그 분야에서 [   ]년 이상 연구 또는 실무경험이 있는 사람은 하도급계약심사위원회의 위원이 될 수 있다.

⑤ 하도급계약심사위원회 위원의 임기는 2년으로 하며, 한 차례만 연임할 수 있다. O X

제23조 (도급계약의 해지)

특정소방대상물의 관계인 또는 발주자가 해당 도급계약의 수급인의 도급계약을 해지할 수 있는 사유로 옳은 것은?

① 소방시설업이 등록취소되거나 과태료 처분을 받은 경우
② 소방시설업의 기술인력이 변경된 경우
③ 정당한 사유 없이 20일 이상 소방시설공사를 계속하지 아니하는 경우
④ 발주자가 적정성 심사를 하여 하수급인 또는 하도급계약 내용의 변경에 따른 요구에 정당한 사유 없이 따르지 아니하는 경우

제26조 (시공능력 평가 및 공시)

① 시·도지사는 관계인 또는 발주자가 적절한 공사업자를 선정할 수 있도록 하기 위하여 공사업자의 신청이 있으면 그 공사업자의 소방시설공사 실적, 자본금 등에 따라 시공능력을 평가하여 공시할 수 있다. ○ : ×

② 시공능력은 공사업자가 도급받을 수 있는 1건의 공사도급금액으로 하고, 시공능력 평가의 유효기간은 공시일부터 2년간으로 한다. ○ : ×

CHAPTER 04 · 소방기술자

제28조 (소방기술 경력 등의 인정 등)

① [소방청장, 시·도지사, 소방본부장 또는 소방서장]은(는) 소방기술의 효율적인 활용과 소방기술의 향상을 위하여 소방기술과 관련된 자격·학력 및 경력을 가진 사람을 소방기술자로 인정할 수 있다.
② 소방기술자 자격수첩 또는 경력수첩을 다른 사람에게 빌려준 경우 그 자격을 취소하여야 한다. ○ ×
③ 자격이 취소된 사람은 취소된 날부터 [   ]년간 자격수첩 또는 경력수첩을 발급받을 수 없다.
④ 소방공무원으로서 관련 업무 경력이 3년 이상인 사람은 중급감리원의 업무를 수행할 수 있다. ○ ×
⑤ 학사학위를 취득한 후 소방 관련 업무를 [   ]년간 수행한 사람은 특급기술자 업무를 수행할 수 있다.
⑥ 소방시설관리사 자격을 취득한 후 소방 관련 업무를 [   ]년간 수행한 사람은 특급기술자 업무를 수행할 수 있다.
⑦ 소방설비기사 기계분야 자격을 취득한 후 소방 관련 업무를 [   ]년간 수행한 사람은 해당분야 특급감리원의 업무를 수행할 수 있다.
⑧ 소방설비기사 기계분야 자격을 취득한 후 소방 관련 업무를 [   ]년간 수행한 사람은 해당분야 고급감리원의 업무를 수행할 수 있다.
⑨ 점검자의 기술등급

1) 기술자격에 따른 기술등급

구 분	기술자격
특급 점검자	◦ 소방시설관리사, 소방기술사 ◦ 소방설비기사 자격을 취득한 후 [ ]년 이상 소방 관련 업무를 수행한 사람 ◦ 소방설비산업기사 자격을 취득한 후 소방시설관리업체에서 [ ]년 이상 점검업무를 수행한 사람
고급 점검자	◦ 소방설비기사 자격을 취득한 후 [ ]년 이상 소방 관련 업무를 수행한 사람 ◦ 소방설비산업기사 자격을 취득한 후 [ ]년 이상 소방 관련 업무를 수행한 사람
중급 점검자	◦ 소방설비기사 자격을 취득한 사람 ◦ 소방설비산업기사 자격을 취득한 후 [ ]년 이상 소방 관련 업무를 수행한 사람
초급 점검자	◦ 소방설비산업기사 자격을 취득한 사람

2) 학력·경력 등에 따른 기술등급

구 분	학력·경력자
고급 점검자	◦ 학사 이상의 학위를 취득한 후 [ ]년 이상 소방 관련 업무를 수행한 사람 ◦ 전문학사학위를 취득한 후 [ ]년 이상 소방 관련 업무를 수행한 사람
중급 점검자	◦ 학사 이상의 학위를 취득한 후 [ ]년 이상 소방 관련 업무를 수행한 사람 ◦ 전문학사학위를 취득한 후 [ ]년 이상 소방 관련 업무를 수행한 사람 ◦ 고등학교를 졸업한 후 [ ]년 이상 소방 관련 업무를 수행한 사람

제29조 (소방기술자의 실무교육)

① 소방기술자는 실무교육을 [2년마다, 매년] 1회 이상 받아야 한다.
② 실무교육기관등의 장은 소방기술자에 대한 실무교육을 실시하려면 교육일정 등 교육에 필요한 계획을 수립하여 소방청장에게 보고한 후 교육 [   ]일 전까지 교육대상자에게 알려야 한다.

CHAPTER 05 · 소방시설업자협회

제30조의2 (소방시설업자협회의 설립) / 제30조의3 (협회의 업무) / 제30조의4 (「민법」의 준용)

① [소방청장, 소방시설업자](은)는 소방시설업자의 권익보호와 소방기술의 개발 등 소방시설업의 건전한 발전을 위하여 소방시설업자협회(이하 "협회"라 한다)를 설립할 수 있다.
② 소방시설업자협회를 설립하려면 소방시설업자 [   ]명 이상이 발기하고 창립총회에서 정관을 의결한 후 소방청장에게 인가를 신청하여야 한다.
③ 소방시설업자협회는 소방산업의 발전 및 소방기술의 향상을 위한 지원 업무를 한다. ○ ×
④ 협회에 관하여 이 법에 규정되지 아니한 사항은 「민법」 중 [재단법인, 사단법인]에 관한 규정을 준용한다.
⑤ 협회는 소방시설업의 기술발전과 소방기술의 진흥을 위한 교육, 연구, 분석 및 평가업무를 한다. ○ ×

제32조 (청문)

다음 중 청문대상으로 옳지 않은 것은?
㉠ 소방시설업 등록취소처분
㉡ 소방시설업 영업정지처분
㉢ 소방기술 인정 자격취소처분
㉣ 소방기술 인정 자격정지처분

제36조 (벌칙)

① 관계인이 공사감리자를 지정하지 아니한 경우 300만원 이하의 벌금에 처한다. ○ ×
② 소방시설업 등록을 하지 아니하고 영업을 한 사람은 1년 이하의 징역 또는 1천만원 이하의 벌금에 처한다. ○ ×
③ 공사감리 결과의 통보 또는 공사감리 결과보고서의 제출을 거짓으로 한 사람은 1년 이하의 징역 또는 1천만원 이하의 벌금에 처한다. ○ ×
④ 다른 자에게 자기의 성명이나 상호를 사용하여 소방시설공사등을 수급 또는 시공하게 하거나 소방시설업의 등록증이나 등록수첩을 빌려준 자는 300만원 이하의 벌금에 처한다. ○ ×

정태성 말랑말랑 소방관계법규
www.modoofire.com

합격률 76%로 검증된 소방합격을 위한 당연한 선택

PART 3
위험물안전관리법

PART 03 · 위험물안전관리법

CHAPTER 01 · 총칙

제1조 (목적)

이 법은 위험물의 [   ]·[   ] 및 [   ]과 이에 따른 안전관리에 관한 사항을 규정함으로써 위험물로 인한 [위해, 위험]를 방지하여 공공의 [안전, 안녕]을 확보함을 목적으로 한다.

제2조 (정의)

1. "위험물"이라 함은 [   ] 또는 [   ] 등의 성질을 가지는 것으로서 [대통령령, 행정안전부령]이 정하는 물품을 말한다.
2. "지정수량"이라 함은 위험물의 종류별로 위험성을 고려하여 대통령령이 정하는 수량으로서 제조소등의 설치허가 등에 있어서 최저의 기준이 되는 수량을 말한다. ○ ✕
3. "취급소"라 함은 지정수량 이상의 위험물을 저장외의 목적으로 취급하기 위한 대통령령이 정하는 장소로서 허가를 받은 장소를 말한다. ○ ✕
4. "제조소 등"이라 함은 제조소·[   ] 및 [   ]를 말한다.

[시행령] 별표 1 (위험물 및 지정수량)

1~4까지는 아래의 보기를 보고 빈칸을 쓰시오.

> 산화력의 잠재적인 위험성, 화염에 의한 발화의 위험성, 인화의 위험성, 충격에 대한 민감성, 폭발의 위험성, 가열분해의 격렬함

1. "산화성고체"라 함은 고체로서 [   ] 또는 [   ]을 판단하기 위하여 소방청장이 정하여 고시하는 시험에서 고시로 정하는 성질과 상태를 나타내는 것을 말한다.
2. "자기반응성물질"이라 함은 고체 또는 액체로서 [   ] 또는 [   ]을 판단하기 위하여 고시로 정하는 시험에서 고시로 정하는 성질과 상태를 나타내는 것을 말하며, 위험성 유무와 등급에 따라 제1종 또는 제2종으로 분류한다.
3. "산화성액체"라 함은 액체로서 [   ]을 판단하기 위하여 고시로 정하는 시험에서 고시로 정하는 성질과 상태를 나타내는 것을 말한다.

4. "가연성고체"라 함은 고체로서 [   ] 또는 [   ]을 판단하기 위하여 고시로 정하는 시험에서 고시로 정하는 성질과 상태를 나타내는 것을 말한다.
5. 질산은 그 농도가 36중량퍼센트 이상인 것에 한한다. ◯ ✕
6. 황은 순도가 [   ]중량퍼센트 이상인 것을 말한다.
7. "철분"이라 함은 철의 분말로서 53마이크로미터의 표준체를 통과하는 것이 50중량퍼센트 미만인 것을 말한다. ◯ ✕
8. 마그네슘은 2밀리미터의 체를 통과하지 아니하는 덩어리 상태의 것을 말한다. ◯ ✕
9. "제2석유류"라 함은 등유, 경유 그 밖에 1기압에서 인화점이 섭씨 [   ]도 이상 [   ]도 미만인 것을 말한다. 다만, 도료류 그 밖의 물품에 있어서 가연성 액체량이 [   ]중량퍼센트 이하이면서 인화점이 섭씨 [   ]도 이상인 동시에 연소점이 섭씨 [   ]도 이상인 것은 제외한다.
10. 과산화수소는 그 농도가 [   ]중량퍼센트 이상인 것에 한한다.

[시행령] 별표 2 (위험물을 저장하기 위한 장소)

다음 중 옥외저장소에 저장하는 위험물의 종류로 옳지 않은 것은?
① 2류 위험물 중 인화점이 섭씨 0도 이상인 인화성고체
② 4류 위험물 중 제3석유류·제4석유류
③ 5류 위험물 중 질산에스터류
④ 6류 위험물 중 할로젠간 화합물

[시행령] 별표 3 (위험물을 취급하기 위한 장소)

① [   ] : 고정된 주유설비에 의하여 자동차·항공기 또는 선박 등의 연료탱크에 직접 주유하기 위하여 위험물(「석유 및 석유대체연료 사업법」제29조의 규정에 의한 가짜석유제품에 해당하는 물품을 제외한다.)을 취급하는 장소(위험물을 용기에 옮겨 담거나 차량에 고정된 5천리터 이하의 탱크에 주입하기 위하여 고정된 급유설비를 병설한 장소를 포함한다)
② [   ] : 점포에서 위험물을 용기에 담아 판매하기 위하여 지정수량의 [   ]배 이하의 위험물을 취급하는 장소
③ [   ] : 배관 및 이에 부속된 설비에 의하여 위험물을 이송하는 장소

[시행규칙] 제5조 (탱크 용적의 산정기준)

위험물을 저장 또는 취급하는 탱크의 용량은 해당 탱크의 공간용적에서 내용적을 뺀 용적으로 한다. ◯ ✕

제3조 (적용제외)

「위험물안전관리법」은 항공기·선박·철도 및 차량에 의한 위험물의 저장·취급 및 운반에 있어서는 이를 적용하지 아니한다. ◯ ✕

제4조 (지정수량 미만인 위험물의 저장·취급)

지정수량 미만인 위험물의 저장 또는 취급에 관한 기술상의 기준은 시·도의 조례로 정한다. ◯ ✕

제5조 (위험물의 저장 및 취급의 제한)

① 시·도의 조례가 정하는 바에 따라 관할소방서장의 [허가, 승인]을 받아 지정수량 이상의 위험물을 [   ]일 이내의 기간동안 임시로 저장 또는 취급하는 경우 제조소등이 아닌 장소에서 지정수량 이상의 위험물을 취급할 수 있다.

② 군부대가 지정수량 이상의 위험물을 군사외의 목적으로 임시로 저장 또는 취급하는 경우에는 제조소등이 아닌 장소에서 지정수량 이상의 위험물을 취급할 수 있다. ◯ ✕

[시행규칙] 제42조 (경보설비의 기준)

① 지정수량의 [   ]배 이상의 위험물을 저장 또는 취급하는 제조소등(이동탱크저장소를 제외한다)에는 화재발생시 이를 알릴 수 있는 경보설비를 설치하여야 한다.

② ①에 따른 경보설비로 옳지 않은 것은?
  ㉠ 확성장치　　　　　　　　　　　㉡ 비상방송설비
  ㉢ 단독경보형감지기　　　　　　　㉣ 비상경보설비

[시행규칙] 별표 17 소화설비, 경보설비 및 피난설비의 기준

가. 소요단위 계산법

1) 제조소 또는 취급소의 건축물은 외벽이 내화구조인 것은 연면적 [   ]㎡를 1소요단위로 하며, 외벽이 내화구조가 아닌 것은 연면적 [   ]㎡를 1소요단위로 할 것

2) 저장소의 건축물은 외벽이 내화구조인 것은 연면적 [   ]㎡를 1소요단위로 하고, 외벽이 내화구조가 아닌 것은 연면적 [   ]㎡를 1소요단위로 할 것

3) 위험물은 지정수량의 [   ]배를 1소요단위로 할 것

Ⅲ. 피난설비
1. 주유취급소 중 건축물의 [　　]층 이상의 부분을 점포·휴게음식점 또는 전시장의 용도로 사용하는 것에 있어서는 당해 건축물의 2층 이상으로부터 주유취급소의 부지 밖으로 통하는 출입구와 당해 출입구로 통하는 통로·계단 및 출입구에 [　　　]을 설치하여야 한다.
2. [옥내주유취급소, 옥외주유취급소]에 있어서는 당해 사무소 등의 출입구 및 피난구와 당해 피난구로 통하는 통로·계단 및 출입구에 유도등을 설치하여야 한다.

CHAPTER 02 · 위험물시설의 설치 및 변경

제6조 (위험물시설의 설치 및 변경 등)

① 제조소등을 설치하고자 하는 자는 대통령령이 정하는 바에 따라 그 설치장소를 관할하는 [　　　　]의 허가를 받아야 한다.
② 제조소등의 위치·구조 또는 설비 가운데 행정안전부령이 정하는 사항을 변경하고자 하는 때는 1일 전까지 행정안전부령이 정하는 바에 따라 시·도지사에게 신고하여야 한다. ◯ ✕
③ 제조소등의 위치·구조 또는 설비의 변경없이 당해 제조소등에서 저장하거나 취급하는 위험물의 지정수량의 배수 또는 품명·수량을 변경하고자 하는 자는 변경하고자 하는 날의 [　　]일 전까지 행정안전부령이 정하는 바에 따라 [시·도지사, 소방본부장이나 소방서장]에게 신고하여야 한다.
④ 수산용으로 필요한 난방시설을 위한 지정수량 25배의 저장소는 신고를 하지 아니하고 위험물의 품명·수량 또는 지정수량의 배수를 변경할 수 있다. ◯ ✕
⑤ 농예용으로 필요한 건조시설을 위한 지정수량 10배의 취급소는 신고를 하지 아니하고 위험물의 품명·수량 또는 지정수량의 배수를 변경할 수 있다. ◯ ✕
⑥ 주택의 난방시설(공동주택의 중앙난방시설을 제외)을 위한 취급소는 신고를 하지 아니하고 위험물의 품명·수량 또는 지정수량의 배수를 변경할 수 있다. ◯ ✕

제7조 군용위험물시설의 설치 및 변경에 대한 특례

군사목적 또는 군부대시설을 위한 제조소등을 설치하거나 그 위치, 구조 또는 설비를 변경하고자 하는 군부대의 장은 대통령령이 정하는 바에 따라 미리 제조소등의 소재지를 관할하는 시·도지사의 허가를 받아야 한다. ◯ ✕

제8조 (탱크안전성능검사)

① 위험물을 저장 또는 취급하는 탱크로서 대통령령이 정하는 탱크(이하 "위험물탱크"라 한다)가 있는 제조소등의 설치 또는 그 위치·구조 또는 설비의 변경에 관하여 허가를 받은 자가 위험물탱크의 설치 또는 그 위치·구조 또는 설비의 변경공사를 하는 때에는 [완공검사를 받기 전에, 완공검사를 받은 후에] 제5조제4항의 규정에 따른 기술기준에 적합한지의 여부를 확인하기 위하여 [시·도지사, 소방본부장이나 소방서장](이)가 실시하는 탱크안전성능검사를 받아야 한다.

② 탱크안전성능검사의 종류로는 기초·지반검사, 충수(充水)·수압검사, 용접부검사, 탱크재질검사가 있다. ○ ×

③ 시·도지사가 면제할 수 있는 탱크안전성능검사는 [   ]로 한다.

④ 옥외탱크저장소의 액체위험물탱크 중 그 용량이 50만리터 이상인 탱크는 법적기준으로 기초·지반검사를 받아야 한다. ○ ×

⑤ 옥내탱크저장소의 액체위험물탱크 중 그 용량이 100만리터 이상인 탱크는 용접부검사를 받아야 한다. ○ ×

제9조 (완공검사)

① 제6조제1항의 규정에 따른 허가를 받은 자가 제조소등의 설치를 마쳤거나 그 위치·구조 또는 설비의 변경을 마친 때에는 당해 제조소등마다 [   ]가 행하는 완공검사를 받아 제5조제4항의 규정에 따른 기술기준에 적합하다고 인정받은 후가 아니면 이를 사용하여서는 아니된다.

② 제조소등의 위치·구조 또는 설비를 변경함에 있어서 변경허가를 신청하는 때에 화재예방에 관한 조치사항을 기재한 서류를 제출하는 경우에는 당해 변경공사와 관계가 없는 부분은 완공검사를 받기 전에 미리 사용할 수는 없다. ○ ×

[시행규칙] 제20조 (완공검사의 신청시기)

법 제9조제1항의 규정에 의한 제조소등의 완공검사 신청시기는 다음 각호의 구분에 의한다.

1. 지하탱크가 있는 제조소등의 경우 : 당해 지하탱크를 [매설한 후, 매설하기 전]
2. 이동탱크저장소의 경우 : 이동저장탱크를 [완공하기 전에, 완공하고] 상치장소를 확보한 [전, 후]
3. 이송취급소의 경우 : 이송배관 공사의 전체 또는 일부를 완료한 후. 다만, 지하·하천 등에 매설하는 이송배관의 공사의 경우에는 이송배관을 매설하기 [전, 후]
4. 제1호 내지 제3호에 해당하지 아니하는 제조소등의 경우 : 제조소등의 공사를 [완료하기 전, 완료한 후]

제10조 (제조소등 설치자의 지위승계)

제조소등의 설치자의 지위를 승계한 자는 행정안전부령이 정하는 바에 따라 승계한 날부터 [   ]일 이내에 [시·도지사, 소방본부장이나 소방서장]에게 그 사실을 신고하여야 한다.

제11조 (제조소등의 폐지)

제조소등의 관계인은 당해 제조소등의 용도를 폐지(장래에 대하여 위험물시설로서의 기능을 완전히 상실시키는 것을 말한다)한 때에는 행정안전부령이 정하는 바에 따라 제조소등의 용도를 폐지한 날부터 [   ]일 이내에 [시·도지사, 소방본부장이나 소방서장]에게 신고하여야 한다.

제13조 (과징금처분)

① [   ]는 제조소등에 대한 사용의 정지가 그 이용자에게 심한 불편을 주거나 그 밖에 공익을 해칠 우려가 있는 때에는 사용정지처분에 갈음하여 [   ]원 이하의 과징금을 부과할 수 있다.

CHAPTER 03 · 위험물시설의 안전관리

제15조 (위험물안전관리자)

① 이동탱크저장소의 관계인은 위험물의 안전관리에 관한 직무를 수행하게 하기 위하여 제조소등마다 대통령령이 정하는 위험물취급자격자를 위험물안전관리자로 선임하여야 한다.

② 소방공무원으로 근무한 경력이 [   ]년 이상인 자는 위험물 취급자격자가 될 수 있고, [   ]류 위험물을 취급할 수 있다.

③ 안전관리자를 선임한 제조소등의 관계인은 그 안전관리자를 해임하거나 안전관리자가 퇴직한 때에는 해임하거나 퇴직한 날부터 [   ]일 이내에 다시 안전관리자를 선임하여야 한다.

④ 제조소등의 관계인은 제1항 및 제2항에 따라 안전관리자를 선임한 경우에는 선임한 날부터 [   ]일 이내에 행정안전부령으로 정하는 바에 따라 [시·도지사, 소방본부장이나 소방서장]에게 신고하여야 한다.

⑤ 대리자가 안전관리자의 직무를 대행하는 기간은 [   ]일을 초과할 수 없다.

[시행령] 제12조 (1인의 안전관리자를 중복하여 선임할 수 있는 경우 등)

① 법 제15조제8항 전단에 따라 다수의 제조소등을 설치한 자가 1인의 안전관리자를 중복하여 선임할 수 있는 경우는 다음 각 호의 어느 하나와 같다.

1. 위험물을 차량에 고정된 탱크 또는 운반용기에 옮겨 담기 위한 [   ]개 이하의 일반취급소 [일반취급소간의 거리(보행거리를 말한다. 제3호 및 제4호에서 같다)가 300미터 이내인 경우에 한한다] 와 그 일반취급소에 공급하기 위한 위험물을 저장하는 저장소를 동일인이 설치한 경우

2. 보일러·버너 또는 이와 비슷한 것으로서 위험물을 소비하는 장치로 이루어진 [   ]개 이하의 일반취급소와 그 일반취급소에 공급하기 위한 위험물을 저장하는 저장소를 동일인이 설치한 경우

3. 동일구내에 있거나 상호 100미터 이내의 거리에 있는 저장소로서 저장소의 규모, 저장하는 위험물의 종류 등을 고려하여 행정안전부령이 정하는 저장소를 동일인이 설치한 경우

> 시행규칙 제56조 (1인의 안전관리자를 중복하여 선임할 수 있는 저장소 등)
> 1. [   ]개 이하의 옥내저장소
> 2. [   ]개 이하의 옥외탱크저장소
> 3. [이동탱크저장소, 옥내탱크저장소, 지하탱크저장소, 간이탱크저장소]
> 4. [   ]개 이하의 옥외저장소
> 5. [   ]개 이하의 암반탱크저장소

4. 다음 각목의 기준에 모두 적합한 [   ]개 이하의 제조소등을 동일인이 설치한 경우
   가. 각 제조소등이 동일구내에 위치하거나 상호 [   ]미터 이내의 거리에 있을 것
   나. 각 제조소등에서 저장 또는 취급하는 위험물의 최대수량이 지정수량의 [   ]배 미만일 것

제16조 (탱크시험자의 등록 등)

① 탱크시험자가 되고자 하는 자는 대통령령이 정하는 기술능력·시설 및 자본금을 갖추어 시·도지사에게 등록하여야 한다.

② 등록한 사항 가운데 행정안전부령이 정하는 중요사항을 변경한 경우에는 그 날부터 [   ]일 이내에 시·도지사에게 변경신고를 하여야 한다.

③ 다음 각 호의 어느 하나에 해당하는 자는 탱크시험자로 등록하거나 탱크시험자의 업무에 종사할 수 없다.

1. [피성년후견인, 피한정후견인]

2. 이 법,「소방기본법」,「화재의 예방 및 안전관리에 관한 법률」,「소방시설 설치 및 관리에 관한 법률」 또는「소방시설공사업법」에 따른 금고 이상의 실형의 선고를 받고 그 집행이 종료(집행이 종료된 것으로 보는 경우를 포함한다)되거나 집행이 면제된 날부터 [   ]년이 지나지 아니한 자

3. 이 법,「소방기본법」,「화재의 예방 및 안전관리에 관한 법률」,「소방시설 설치 및 관리에 관한 법률」 또는「소방시설공사업법」에 따른 금고 이상의 형의 집행유예 선고를 받고 그 [유예기간 중에 있는 자, 유예기간이 지난 자]

4. 탱크시험자의 등록이 취소된 날부터 [   ]년이 지나지 아니한 자

④ 시·도지사가 탱크시험자의 등록을 반드시 취소(1차 취소)하여야 하는 사유로 옳지 않은 것은?

㉠ 허위 그 밖의 부정한 방법으로 등록을 한 경우

㉡ 등록의 결격사유에 해당하게 된 경우

㉢ 등록증을 다른 자에게 빌려준 경우

㉣ 등록기준에 미달하게 된 경우

[시행령] 제15조 (예방규정)

① 법 제17조제1항에서 "대통령령으로 정하는 제조소등"이란 다음 각 호의 어느 하나에 해당하는 제조소등을 말한다.

1. 지정수량의 [   ]배 이상의 위험물을 취급하는 제조소
2. 지정수량의 [   ]배 이상의 위험물을 저장하는 옥외저장소
3. 지정수량의 [   ]배 이상의 위험물을 저장하는 옥내저장소
4. 지정수량의 [   ]배 이상의 위험물을 저장하는 옥외탱크저장소
5. [   ]
6. [   ]
7. 지정수량의 [   ]배 이상의 위험물을 취급하는 일반취급소.

② 법 제17조제4항에서 "대통령령으로 정하는 제조소등"이란 제1항에 따른 제조소등 가운데 저장 또는 취급하는 위험물의 최대수량의 합이 지정수량의 [   ]배 이상인 제조소등을 말한다. 이 경우 소방청장은 예방규정 이행 실태 평가 대상인 제조소등의 위험성 등을 고려하여 행정안전부령으로 정하는 바에 따라 평가방법을 다르게 할 수 있다.

제18조 (정기점검 및 정기검사)

① [대통령령이 정하는 제조소등의 관계인, 소방본부장이나 소방서장]은 그 제조소등에 대하여 행정안전부령이 정하는 바에 따라 제5조제4항의 규정에 따른 기술기준에 적합한지의 여부를 정기적으로 점검하고 점검결과를 기록하여 보존하여야 한다.

② 정기점검을 한 [제조소등의 관계인, 소방본부장이나 소방서장]은 점검을 한 날부터 [   ]일 이내에 점검결과를 [소방본부장이나 소방서장, 시·도지사]에게 제출 하여야한다.

③ 위험물을 취급하는 탱크로서 지하에 매설된 탱크가 있는 제조소·주유취급소 또는 일반취급소는 정기점검 대상이다. ○×

④ 지하탱크저장소 정기점검 대상이다. ○×

⑤ 암반탱크저장소는 정기점검 대상이다. ○×

⑥ 옥외탱크저장소 중 저장 또는 취급하는 액체위험물의 최대수량이 100만리터 이상인 것은 구조안전점검 대상이다. ○×

⑦ 특정·준특정옥외탱크저장소란 옥외탱크저장소 중 저장 또는 취급하는 액체위험물의 최대수량이 50만리터 이상인 것이다. ○ ×

⑧ 구조안전점검 시기는 특정·준특정옥외탱크저장소의 설치허가에 따른 완공검사합격확인증을 교부받은 날부터 [   ]년 이내에 한다.

⑨ 정기검사의 대상은 액체위험물을 저장 또는 취급하는 50만리터 이상의 옥외탱크저장소이다. ○ ×

제19조 (자체소방대)

① 제 [   ]류 위험물을 취급하는 최대수량의 합이 지정수량의 [   ]배 이상인 [   ] 또는 [   ]에 자체소방대를 설치한다.

② 제조소 또는 일반취급소에서 취급하는 제4류 위험물의 최대수량의 합이 지정수량의 12만배 이상 24만배 미만인 사업소에는 화학소방자동차 [   ]대와 자체소방대원 [   ]인을 두어야 한다.

③ 자체소방대를 설치하는 일반취급소로 옳은 것은?
  ㉠ 이동저장탱크 그 밖에 이와 유사한 것에 위험물을 주입하는 일반취급소
  ㉡ 용기에 위험물을 옮겨 담는 일반취급소
  ㉢ 알코올류를 취급하는 일반취급소
  ㉣ 「광산안전법」의 적용을 받는 일반취급소

■ 시행규칙 [별표 23]

화학소방자동차에 갖추어야 하는 소화능력 및 설비의 기준
(제75조제1항관련)

화학소방자동차의 구분	소화능력 및 설비의 기준
포수용액 방사차	포수용액의 방사능력이 매분 [ ] 이상일 것
	소화약액탱크 및 소화약액혼합장치를 비치할 것
	[ ] 이상의 포수용액을 방사할 수 있는 양의 소화약제를 비치할 것
분말 방사차	분말의 방사능력이 매초 [ ] 이상일 것
	분말탱크 및 가압용가스설비를 비치할 것
	[ ] 이상의 분말을 비치할 것
할로젠화합물 방사차	할로젠화합물의 방사능력이 매초 [ ] 이상일 것
	할로젠화합물탱크 및 가압용가스설비를 비치할 것
	[ ] 이상의 할로젠화합물을 비치할 것

이산화탄소 방사차	이산화탄소의 방사능력이 매초 [ ] 이상일 것	
	이산화탄소저장용기를 비치할 것	
	[ ] 이상의 이산화탄소를 비치할 것	
제독차	가성소다 및 규조토를 각각 [ ] 이상 비치할 것	

CHAPTER 04 · 위험물의 운반 등

제20조 (위험물의 운반)

① 수납하는 위험물에 제5류 위험물에 있어서는 "화기엄금" 및 "가연물접촉주의"에 관한 주의사항을 표시할 것. ○ ×

② 수납하는 위험물에 제2류 위험물 중 철분·금속분·마그네슘 또는 이들중 어느 하나 이상을 함유한 것에 있어서는 "화기엄금" 및 "물기엄금"에 관한 주의사항을 표시할 것. ○ ×

③ 고체위험물은 운반용기 내용적의 98% 이하의 수납율로 수납할 것. ○ ×

④ 자연발화성물질중 알킬알루미늄등은 운반용기의 내용적의 90% 이하의 수납율로 수납하되, 50℃의 온도에서 5% 이상의 공간용적을 유지하도록 할 것. ○ ×

⑤ 제4류 위험물 중 알코올류는 위험등급 I에 해당한다. ○ ×

⑥ 제1류 위험물 중 무기과산화물은 위험등급 I에 해당한다. ○ ×

[시행령] 제19조 (운송책임자의 감독·지원을 받아 운송하여야 하는 위험물)

1. [   ]
2. [   ]
3. 제1호 또는 제2호의 물질을 함유하는 위험물

CHAPTER 05 · 감독 및 조치명령

제22조의2 (위험물 누출 등의 사고 조사)

[소방청장, 시·도지사, 소방본부장 또는 소방서장](는)은 위험물의 누출·화재·폭발 등의 사고가 발생한 경우 사고의 원인 및 피해 등을 조사하여야 한다.

제23조 (탱크시험자에 대한 명령)

[소방청장, 시·도지사, 소방본부장 또는 소방서장]은 탱크시험자에 대하여 당해 업무를 적정하게 실시하게 하기 위하여 필요하다고 인정하는 때에는 감독상 필요한 명령을 할 수 있다.

제24조 (무허가장소의 위험물에 대한 조치명령)

[소방청장, 시·도지사, 소방본부장 또는 소방서장]은 위험물에 의한 재해를 방지하기 위하여 제6조제1항의 규정에 따른 허가를 받지 아니하고 지정수량 이상의 위험물을 저장 또는 취급하는 자(제6조제3항의 규정에 따라 허가를 받지 아니하는 자를 제외한다)에 대하여 그 위험물 및 시설의 제거 등 필요한 조치를 명할 수 있다.

제25조 (제조소등에 대한 긴급 사용정지명령 등)

[소방청장, 시·도지사, 소방본부장 또는 소방서장]은 공공의 안전을 유지하거나 재해의 발생을 방지하기 위하여 긴급한 필요가 있다고 인정하는 때에는 제조소등의 관계인에 대하여 당해 제조소등의 사용을 일시정지하거나 그 사용을 제한할 것을 명할 수 있다.

제28조 (안전교육)

[시행령] 제20조 (안전교육대상자)

① 다음 중 제조소 등의 안전교육 대상자로 옳지 않은 사람은?
  ㉠ 안전관리자로 선임된 자
  ㉡ 제조소등의 관계인
  ㉢ 탱크시험자의 기술인력으로 종사하는 자
  ㉣ 위험물운송자로 종사하는 자
② 위험물운송자는 종사한 날부터 6개월 이내에 실무교육을 받고, 그 이후에는 해당 실무교육을 받은 후 [   ]년마다 1회 실무교육을 받아야 한다.
③ 탱크시험자의 기술인력으로 종사하는 자의 교육기관은 [   ]이다.

제29조 (청문)

시·도지사, 소방본부장 또는 소방서장이 일정한 처분을 할 때에는 청문을 실시하여야 한다. 이 처분으로 옳은 것을 모두 고르면?

㉠ 제조소등 설치허가의 취소
㉡ 제조소등 설치허가의 사용정지
㉢ 탱크시험자의 등록취소
㉣ 탱크시험자의 영업정지

제29조의2 (위험물 안전관리에 관한 협회)

① 소방청장은 위험물의 안전관리, 사고 예방을 위한 안전기술 개발, 그 밖에 위험물 안전관리의 건전한 발전을 도모하기 위하여 위험물 안전관리에 관한 협회를 설립할 수 있다. ○ ×

② 협회는 소방청장의 동의를 받아 주된 사무소의 소재지에 설립등기를 함으로써 성립한다. ○ ×

③ 협회에 관하여 이 법에서 규정한 것 외에는 「민법」중 [재단법인, 사단법인]에 관한 규정을 준용한다.

위험물의 종류 및 지정수량 (행정안전부령으로 정하는 위험물은 지정수량을 적지 않아도 됨.)
ex) 특수인화물: 4류 - 인화성 액체 - 50L

① 퍼옥소붕산염류

② 유기금속화합물

③ 금속의 아지화합물

④ 알칼리토금속

⑤ 2석유류(비수용성)

⑥ 다이크로뮴산염류

⑦ 황화인

⑧ 과산화수소

⑨ 알코올류

⑩ 칼슘의 탄화물

CHAPTER 06 · **벌칙**

제33조~37조 (벌칙)

① 안전관리자 또는 그 대리자가 참여하지 아니한 상태에서 위험물을 취급한 자는 1천500만원 이하의 벌금에 처한다. ○ ×
② 제조소등에 대한 긴급 사용정지·제한명령을 위반한 자는 1년 이하의 징역 또는 1천만원 이하의 벌금에 처한다. ○ ×
③ 저장소 또는 제조소등이 아닌 장소에서 지정수량 이상의 위험물을 저장 또는 취급한 자는 5년 이하의 징역 또는 1억원 이하의 벌금에 처한다. ○ ×

시행규칙 [별표 4]

제조소의 위치 · 구조 및 설비의 기준
(제28조관련)

I. 안전거리(제 [   ]류 위험물을 취급하는 제조소를 제외)

　가. 주거용으로 사용되는 것(제조소가 설치된 부지내에 있는 것을 제외)에 있어서는 [   ]m 이상
　나. 학교·병원·극장 그 밖에 다수인을 수용하는 시설에 있어서는 [   ]m 이상
　다. 유형문화재와 기념물 중 지정문화재에 있어서는 [   ]m 이상
　라. 고압가스, 액화석유가스 또는 도시가스를 저장 또는 취급하는 시설로서 [   ]m 이상
　마. 사용전압이 7,000V 초과 35,000V 이하의 특고압가공전선에 있어서는 [   ]m 이상
　바. 사용전압이 35,000V를 초과하는 특고압가공전선에 있어서는 [   ]m 이상

II. 보유공지

취급하는 위험물의 최대수량	공지의 너비
지정수량의 10배 이하	[ ]m 이상
지정수량의 10배 초과	[ ]m 이상

III. 표지 및 게시판

1. 제조소에는 보기 쉬운 곳에 다음 각목의 기준에 따라 "위험물 제조소"라는 표시를 한 표지를 설치하여야 한다.
　가. 표지는 한변의 길이가 [   ]m 이상, 다른 한변의 길이가 [   ]m 이상인 직사각형으로 할 것.
　나. 표지의 바탕은 [   ]색으로, 문자는 [   ]색으로 할 것.
2. 제조소에는 보기 쉬운 곳에 다음 각목의 기준에 따라 방화에 관하여 필요한 사항을 게시한 게시판을 설치하여야 한다.
　가. 게시판은 한변의 길이가 [   ]m 이상, 다른 한변의 길이가 [   ]m 이상인 직사각형으로 할 것.
　나. 나목의 게시판의 바탕은 [   ]색으로, 문자는 [   ]색으로 할 것.
　다. 나목의 게시판 외에 저장 또는 취급하는 위험물에 따라 다음의 규정에 의한 주의사항을 표시한 게시판을 설치할 것.
　　1) 제1류 위험물 중 알칼리금속의 과산화물은 [물기엄금, 물기주의]
　　2) 제2류 위험물(인화성고체를 제외)에 있어서는 [화기주의, 화기엄금]
　　3) 제5류 위험물에 있어서는 [화기주의, 화기엄금]
　라. 라목의 게시판의 색은 "물기엄금"을 표시하는 것에 있어서는 [   ] 바탕에 [   ] 문자로, "화기주의" 또는 "화기엄금"을 표시하는 것에 있어서는 [   ] 바탕에 [   ]문자로 할 것.

IV. 건축물의 구조

위험물을 취급하는 건축물의 구조는 다음 각호의 기준에 의하여야 한다.

1. 독립된 건축물로 지면에서 처마까지의 높이가 6m 미만인 단층건물로 한다.
2. 벽·기둥·바닥·보·서까래 및 계단을 불연재료로 하고, 연소(延燒)의 우려가 있는 외벽은 출입구 외의 개구부가 있는 내화구조의 벽으로 하여야 한다.
3. 지붕은 [무거운, 가벼운] 불연재료로 덮어야 한다.
4. 연소의 우려가 있는 외벽에 설치하는 출입구에는 수시로 열 수 있는 자동폐쇄식의 60분+방화문·60분방화문 또는 30분방화문을 설치하여야 한다.
5. 위험물을 취급하는 건축물의 창 및 출입구에 유리를 이용하는 경우에는 망입유리로 하여야 한다.
6. 액체의 위험물을 취급하는 건축물의 바닥은 위험물이 스며들지 못하는 재료를 사용하고, 적당한 경사를 두어 그 [최고부, 최저부]에 집유설비를 하여야 한다.

V. 채광·조명 및 환기설비

1. 위험물을 취급하는 건축물에는 다음 각목의 기준에 의하여 위험물을 취급하는데 필요한 채광·조명 및 환기의 설비를 설치하여야 한다.
    가. 채광설비는 불연재료로 하고, 연소의 우려가 없는 장소에 설치하되 채광면적을 [최대, 최소]로 할 것.
    나. 조명설비는 다음의 기준에 적합하게 설치할 것.
        1) 가연성가스 등이 체류할 우려가 있는 장소의 조명등은 방폭등으로 할 것.
        2) 전선은 내화·내열전선으로 할 것.
        3) 점멸스위치는 출입구 [안쪽, 바깥]부분에 설치할 것. 다만, 스위치의 스파크로 인한 화재·폭발의 우려가 없을 경우에는 그러하지 아니하다.
    다. 환기설비는 다음의 기준에 의할 것.
        1) 환기는 [강제배기방식, 자연배기방식]으로 할 것.
        2) 급기구는 당해 급기구가 설치된 실의 바닥면적 [   ]㎡마다 1개 이상으로 하되, 급기구의 크기는 [   ]㎠ 이상으로 할 것.
        3) 급기구는 [낮은 곳, 높은 곳]에 설치하고 가는 눈의 구리망 등으로 인화방지망을 설치할 것.
        4) 환기구는 지붕위 또는 지상 [   ]m 이상의 높이에 회전식 고정벤디레이디 또는 루프팬 방식으로 설치할 것.

VI. 배출설비

1. 배출설비는 [국소방식, 전역방식]으로 하여야 한다.
2. 배출능력은 1시간당 배출장소 용적의 [   ]배 이상인 것으로 하여야 한다.
3. 배출설비의 급기구 및 배출구는 다음 각목의 기준에 의하여야 한다.
    가. 급기구는 [높은 곳, 낮은 곳]에 설치하고, 가는 눈의 구리망 등으로 인화방지망을 설치할 것.
    나. 배출구는 지상 [   ]m 이상으로서 연소의 우려가 없는 장소에 설치하고, 배출 덕트가 관통하는 벽부분의 바로 가까이에 화재시 자동으로 폐쇄되는 방화댐퍼를 설치할 것.
4. 배풍기는 [강제배기방식, 자연배기방식]으로 하고, 옥내 덕트의 내압이 대기압 이상이 되지 아니하는 위치에 설치하여야 한다.

VII. 옥외설비의 바닥

옥외에서 액체위험물을 취급하는 설비의 바닥은 다음 각호의 기준에 의하여야 한다.
1. 바닥의 둘레에 높이 [   ]m 이상의 턱을 설치하는 등 위험물이 외부로 흘러나가지 아니하도록 하여야 한다.
2. 바닥은 콘크리트 등 위험물이 스며들지 아니하는 재료로 하고, 제1호의 턱이 있는 쪽이 [높게, 낮게] 경사지게 하여야 한다.
3. 바닥의 [최고부, 최저부]에 집유설비를 하여야 한다.

VIII. 위험물 취급탱크

1. 옥외에 있는 위험물취급탱크로서 액체위험물(이황화탄소를 제외한다)을 취급하는 것의 주위에는 다음의 기준에 의하여 방유제를 설치할 것.
    1) 하나의 취급탱크 주위에 설치하는 방유제의 용량은 당해 탱크용량의 [   ]% 이상으로 하고, 2 이상의 취급탱크 주위에 하나의 방유제를 설치하는 경우 그 방유제의 용량은 당해 탱크 중 용량이 최대인 것의 [   ]%에 나머지 탱크용량 합계의 [   ]%를 가산한 양 이상이 되게 할 것.

XI. 고인화점 위험물의 제조소의 특례

고인화점위험물이란 인화점이 [   ]℃ 이상인 제[   ]류 위험물을 말한다.

[별표 5]

옥내저장소의 위치·구조 및 설비의 기준

(제29조관련)

Ⅰ. 옥내저장소의 기준

1. 저장창고는 위험물의 저장을 전용으로 하는 독립된 건축물로 하여야 한다. ○ ×
2. 저장창고는 지면에서 처마까지의 높이(이하 "처마높이"라 한다)가 [　　]m 미만인 단층건물로 하고 그 바닥을 지반면보다 높게 하여야 한다.
3. 하나의 저장창고의 바닥면적이 1,000㎡ 이하의 면적으로 하여야 하는 위험물을 고르면?

　　㉠ 제3석유류　　　　㉡ 인화성고체　　　　㉢ 알킬알루미늄
　　㉣ 질산　　　　　　㉤ 알코올류　　　　　㉥ 무기과산화물
　　㉦ 금속분　　　　　㉧ 유기금속화합물

Ⅲ. 복합용도 건축물의 옥내저장소의 기준

옥내저장소중 지정수량의 [　　]배 이하의 것(옥내저장소외의 용도로 사용하는 부분이 있는 건축물에 설치하는 것에 한한다)의 위치·구조 및 설비의 기술기준은 Ⅰ제3호, 제11호 내지 제17호의 규정에 의하는 외에 다음 각호의 기준에 의하여야 한다.

1. 옥내저장소는 벽·기둥·바닥 및 보가 내화구조인 건축물의 1층 또는 2층의 어느 하나의 층에 설치하여야 한다. ○ ×
2. 옥내저장소의 용도에 사용되는 부분의 바닥은 지면보다 [높게, 낮게] 설치하고 그 층고를 [　　]m 미만으로 하여야 한다.
3. 옥내저장소의 용도에 사용되는 부분의 바닥면적은 [　　]㎡ 이하로 하여야 한다.
4. 옥내저장소의 용도에 사용되는 부분은 벽·기둥·바닥·보 및 지붕(상층이 있는 경우에는 상층의 바닥)을 내화구조로 하고, 출입구외의 개구부가 없는 두께 [　　]㎜ 이상의 철근콘크리트조 또는 이와 동등 이상의 강도가 있는 구조의 바닥 또는 벽으로 당해 건축물의 다른 부분과 구획되도록 하여야 한다.
5. 옥내저장소의 용도에 사용되는 부분의 출입구에는 수시로 열 수 있는 자동폐쇄방식의 60분+방화문 또는 60분방화문을 설치하여야 한다. ○ ×
6. 옥내저장소의 용도에 사용되는 부분에는 창을 설치하지 아니하여야 한다. ○ ×
7. 옥내저장소의 용도에 사용되는 부분의 환기설비 및 배출설비에는 방화상 유효한 댐퍼 등을 설치하여야 한다. ○ ×

[별표 6]

옥외탱크저장소의 위치·구조 및 설비의 기준

(제30조관련)

II. 보유공지

저장 또는 취급하는 위험물의 최대수량	공지의 너비
지정수량의 500배 이하	[ ]m 이상
지정수량의 500배 초과 1,000배 이하	[ ]m 이상
지정수량의 1,000배 초과 2,000배 이하	[ ]m 이상
지정수량의 2,000배 초과 3,000배 이하	[ ]m 이상
지정수량의 3,000배 초과 4,000배 이하	[ ]m 이상

VI. 옥외저장탱크의 외부구조 및 설비

가. 밸브없는 통기관

   1) 지름은 [   ]㎜ 이상일 것.

   2) 끝부분은 수평면보다 [   ]도 이상 구부려 빗물 등의 침투를 막는 구조로 할 것.

IX. 방유제

1. 제3류, 제4류 및 제5류 위험물 중 인화성이 있는 액체(이황화탄소를 제외한다)의 옥외탱크저장소의 탱크 주위에는 다음 각목의 기준에 의하여 방유제를 설치하여야 한다.

   가. 방유제의 용량은 방유제안에 설치된 탱크가 하나인 때에는 그 탱크 용량의 [   ]% 이상, 2기 이상인 때에는 그 탱크 중 용량이 최대인 것의 용량의 [   ]% 이상으로 할 것.

   나. 방유제는 높이 [   ]m 이상 [   ]m 이하, 두께 [   ]m 이상, 지하매설깊이 [   ]m 이상으로 할 것.

   다. 방유제내의 면적은 [   ]㎡ 이하로 할 것.

   라. 방유제내의 설치하는 옥외저장탱크의 수는 [   ](방유제내에 설치하는 모든 옥외저장탱크의 용량이 20만ℓ 이하이고, 당해 옥외저장탱크에 저장 또는 취급하는 위험물의 인화점이 70℃ 이상 200℃ 미만인 경우에는 [   ]) 이하로 할 것. 다만, 인화점이 200℃ 이상인 위험물을 저장 또는 취급하는 옥외저장탱크에 있어서는 그러하지 아니하다.

   마. 방유제 외면의 2분의 1 이상은 자동차 등이 통행할 수 있는 [   ]m 이상의 노면폭을 확보한 구내도로에 직접 접하도록 할 것.

바. 방유제는 옥외저장탱크의 지름에 따라 그 탱크의 옆판으로부터 다음에 정하는 거리를 유지할 것. 다만, 인화점이 200℃ 이상인 위험물을 저장 또는 취급하는 것에 있어서는 그러하지 아니하다.
　　1) 지름이 15m 미만인 경우에는 탱크 높이의 [　　] 분의 1 이상
　　2) 지름이 15m 이상인 경우에는 탱크 높이의 [　　] 분의 1 이상
사. 방유제는 철근콘크리트로 하고, 방유제와 옥외저장탱크 사이의 지표면은 불연성과 불침윤성이 있는 구조 (철근콘크리트 등)로 할 것.
아. 용량이 [　　]ℓ 이상인 옥외저장탱크의 주위에 설치하는 방유제에는 다음의 규정에 따라 당해 탱크마다 간막이 둑을 설치할 것.
　　1) 간막이 둑의 높이는 [　　]m(방유제내에 설치되는 옥외저장탱크의 용량의 합계가 2억ℓ를 넘는 방유제에 있어서는 1m)이상으로 하되, 방유제의 높이보다 [　　]m 이상 낮게 할 것.
　　2) 간막이 둑은 흙 또는 철근콘크리트로 할 것.
　　3) 간막이 둑의 용량은 간막이 둑안에 설치된 탱크의 용량의 [　　]% 이상일 것.
자. 용량이 [　　]ℓ 이상인 위험물을 저장하는 옥외저장탱크에 있어서는 카목의 밸브 등에 그 개폐상황을 쉽게 확인할 수 있는 장치를 설치할 것.
차. 높이가 1m를 넘는 방유제 및 간막이 둑의 안팎에는 방유제내에 출입하기 위한 계단 또는 경사로를 약 [　　]m마다 설치할 것.

[별표 8]

지하탱크저장소의 위치·구조 및 설비의 기준
(제32조관련)

Ⅰ. 지하탱크저장소의 기준

1. 탱크전용실은 지하의 가장 가까운 벽·피트·가스관 등의 시설물 및 대지경계선으로부터 [   ]m 이상 떨어진 곳에 설치하고, 지하저장탱크와 탱크전용실의 안쪽과의 사이는 [   ]m 이상의 간격을 유지하도록 하며, 당해 탱크의 주위에 마른 모래 또는 습기 등에 의하여 응고되지 아니하는 입자지름 [   ] ㎜ 이하의 마른 자갈분을 채워야 한다.
2. 지하저장탱크의 윗부분은 지면으로부터 [   ]m 이상 아래에 있어야 한다.
3. 지하저장탱크를 2 이상 인접해 설치하는 경우에는 그 상호간에 [   ]m(당해 2 이상의 지하저장탱크의 용량의 합계가 지정수량의 100배 이하인 때에는 0.5m) 이상의 간격을 유지하여야 한다.

[별표 9]

간이탱크저장소의 위치·구조 및 설비의 기준
(제33조관련)

1. 하나의 간이탱크저장소에 설치하는 간이저장탱크는 그 수를 [   ] 이하로 하고, 동일한 품질의 위험물의 간이저장탱크를 [   ] 이상 설치하지 아니하여야 한다.
2. 간이저장탱크는 움직이거나 넘어지지 아니하도록 지면 또는 가설대에 고정시키되, 옥외에 설치하는 경우에는 그 탱크의 주위에 너비 [   ]m 이상의 공지를 두고, 전용실안에 설치하는 경우에는 탱크와 전용실의 벽과의 사이에 [   ]m 이상의 간격을 유지하여야 한다.
3. 간이저장탱크의 용량은 [   ]ℓ 이하이어야 한다.
4. 간이저장탱크는 두께 3.2㎜ 이상의 강판으로 흠이 없도록 제작하여야 하며, 70㎪의 압력으로 10분간의 수압시험을 실시하여 새거나 변형되지 아니하여야 한다. ○ⅹ
5. 간이저장탱크에는 다음 각 목의 구분에 따른 기준에 적합한 밸브 없는 통기관 또는 대기밸브부착 통기관을 설치하여야 한다.
    가. 밸브 없는 통기관
        1) 통기관의 지름은 [   ]㎜ 이상으로 할 것.
        2) 통기관은 옥외에 설치하되, 그 선단의 높이는 지상 [   ]m 이상으로 할 것.
        3) 통기관의 선단은 수평면에 대하여 아래로 [   ]° 이상 구부려 빗물 등이 침투하지 아니하도록 할 것.

[별표 10]

이동탱크저장소의 위치·구조 및 설비의 기준
(제34조관련)

Ⅰ. 상치장소

이동탱크저장소의 상치장소는 다음 각호의 기준에 적합하여야 한다.

1. 옥외에 있는 상치장소는 화기를 취급하는 장소 또는 인근의 건축물로부터 [   ]m 이상(인근의 건축물이 1층인 경우에는 [   ]m 이상)의 거리를 확보하여야 한다.
2. 옥내에 있는 상치장소는 벽·바닥·보·서까래 및 지붕이 내화구조 또는 불연재료로 된 건축물의 [   ] 층에 설치하여야 한다.

Ⅱ. 이동저장탱크의 구조

1. 이동저장탱크의 구조는 다음 각목의 기준에 의하여야 한다.
    가. 탱크(맨홀 및 주입관의 뚜껑을 포함한다)는 두께 [   ]mm 이상의 강철판 또는 이와 동등 이상의 강도·내식성 및 내열성이 있다고 인정하여 소방청장이 정하여 고시하는 재료 및 구조로 위험물이 새지 아니하게 제작할 것.
2. 이동저장탱크는 그 내부에 4,000ℓ 이하마다 [   ]mm 이상의 강철판 또는 이와 동등 이상의 강도·내열성 및 내식성이 있는 금속성의 것으로 칸막이를 설치하여야 한다. 다만, 고체인 위험물을 저장하거나 고체인 위험물을 가열하여 액체 상태로 저장하는 경우에는 그러하지 아니하다.
3. 제2호의 규정에 의한 칸막이로 구획된 각 부분마다 맨홀과 다음 각목의 기준에 의한 안전장치 및 방파판을 설치하여야 한다. 다만, 칸막이로 구획된 부분의 용량이 [   ]ℓ 미만인 부분에는 방파판을 설치하지 아니할 수 있다.
    가. 방파판
        1) 두께 [   ]mm 이상의 강철판 또는 이와 동등 이상의 강도·내열성 및 내식성이 있는 금속성의 것으로 할 것.
        2) 하나의 구획부분에 2개 이상의 방파판을 이동탱크저장소의 진행방향과 [수직, 평행]으로 설치하되, 각 방파판은 그 높이 및 칸막이로부터의 거리를 다르게 할 것.
4. 맨홀·주입구 및 안전장치 등이 탱크의 상부에 돌출되어 있는 탱크에 있어서는 다음 각목의 기준에 의하여 부속장치의 손상을 방지하기 위한 측면틀 및 방호틀을 설치하여야 한다. 다만, 피견인자동차에 고정된 탱크에는 측면틀을 설치하지 아니할 수 있다.
    가. 방호틀
        1) 두께 [   ]mm 이상의 강철판 또는 이와 동등 이상의 기계적 성질이 있는 재료로써 산모양의 형상으로 하거나 이와 동등 이상의 강도가 있는 형상으로 할 것.
        2) 정상부분은 부속장치보다 [   ]mm 이상 높게 하거나 이와 동등 이상의 성능이 있는 것으로 할 것.

[별표 13]

주유취급소의 위치 · 구조 및 설비의 기준
(제37조관련)

I. 주유공지 및 급유공지

1. 주유취급소의 고정주유설비의 주위에는 주유를 받으려는 자동차 등이 출입할 수 있도록 너비 [ ]m 이상, 길이 [ ]m 이상의 콘크리트 등으로 포장한 공지(이하 "주유공지"라 한다)를 보유하여야 하고, 공지의 바닥은 주위 지면보다 [높게, 낮게] 하고, 그 표면을 적당하게 경사지게 하여 새어나온 기름 그 밖의 액체가 공지의 외부로 유출되지 아니하도록 배수구·집유설비 및 유분리장치를 하여야 한다.

II. 표지 및 게시판

[ ] 바탕에 [ ] 문자로 "주유중엔진정지"라는 표시를 한 게시판을 설치하여야 한다.

III. 고정주유설비 등

3. 고정주유설비 또는 고정급유설비의 주유관의 길이는 [ ]m(현수식의 경우에는 지면위 0.5m의 수평면에 수직으로 내려 만나는 점을 중심으로 반경 [ ]m) 이내로 하고 그 선단에는 축적된 정전기를 유효하게 제거할 수 있는 장치를 설치하여야 한다.

4. 고정주유설비 또는 고정급유설비는 다음 각목의 기준에 적합한 위치에 설치하여야 한다.

   가. 고정주유설비의 중심선을 기점으로 하여 도로경계선까지 [ ]m 이상, 부지경계선·담 및 건축물의 벽까지 [ ]m(개구부가 없는 벽까지는 1m) 이상의 거리를 유지하고, 고정급유설비의 중심선을 기점으로 하여 도로경계선까지 [ ]m 이상, 부지경계선 및 담까지 1m 이상, 건축물의 벽까지 2m(개구부가 없는 벽까지는 1m) 이상의 거리를 유지할 것.

   나. 고정주유설비와 고정급유설비의 사이에는 [ ]m 이상의 거리를 유지할 것.

V. 건축물 등의 제한 등

1. 주유취급소에는 주유 또는 그에 부대하는 업무를 위하여 사용되는 다음 각목의 건축물 또는 시설 외에는 다른 건축물 그 밖의 공작물을 설치할 수 없다.

   가. 주유 또는 등유·경유를 옮겨 담기 위한 작업장
   나. 주유취급소의 업무를 행하기 위한 사무소
   다. 자동차 등의 점검 및 간이정비를 위한 작업장
   라. 자동차 등의 세정을 위한 작업장
   마. 주유취급소에 출입하는 사람을 대상으로 한 점포·휴게음식점 또는 전시장
   바. 주유취급소의 관계자가 거주하는 주거시설

사. 전기자동차용 충전설비(전기를 동력원으로 하는 자동차에 직접 전기를 공급하는 설비를 말한다. 이하 같다)

아. 그 밖의 소방청장이 정하여 고시하는 건축물 또는 시설

2. 제1호 각목의 건축물 중 주유취급소의 직원 외의 자가 출입하는 나목·다목 및 마목의 용도에 제공하는 부분의 면적의 합은 [　　　]㎡를 초과할 수 없다.

Ⅶ. 담 또는 벽

1. 주유취급소의 주위에는 자동차 등이 출입하는 쪽외의 부분에 높이 [　　　]m 이상의 내화구조 또는 불연재료의 담 또는 벽을 설치하되, 주유취급소의 인근에 연소의 우려가 있는 건축물이 있는 경우에는 소방청장이 정하여 고시하는 바에 따라 방화상 유효한 높이로 하여야 한다.

XV. 고객이 직접 주유하는 주유취급소의 특례

2. 셀프용고정주유설비의 기준은 다음의 각목과 같다.

가. 주유노즐은 자동차 등의 연료탱크가 가득 찬 경우 자동적으로 정지시키는 구조일 것.　○ ×

나. 주유호스는 [　　　]kg중 이하의 하중에 의하여 파단(破斷) 또는 이탈되어야 하고, 파단 또는 이탈된 부분으로부터 위험물 누출을 방지할 수 있는 구조일 것.

다. 휘발유와 경유 상호간의 오인에 의한 주유를 방지할 수 있는 구조일 것.　○ ×

[별표 14]

판매취급소의 위치·구조 및 설비의 기준
(제38조관련)

Ⅰ. 판매취급소의 기준

1. 1종 판매취급소는 저장 또는 취급하는 위험물의 수량이 지정수량의 [   ]배 이하인 판매취급소이다.
2. 제2종 판매취급소는 저장 또는 취급하는 위험물의 수량이 지정수량의 [   ]배 이하인 판매취급소이다.
3. 제1종 판매취급소는 건축물의 1층 또는 2층에 설치할 것.　　　　　　　　　　　　　　O X
4. 제1종 판매취급소의 용도로 사용하는 부분의 창 또는 출입구에 유리를 이용하는 경우에는 망입유리로 할 것.　　　　　　　　　　　　　　O X
5. 제2종 판매취급소의 용도로 사용하는 부분중 연소의 우려가 없는 부분에 한하여 창을 두되, 당해 창에는 60분+방화문·60분방화문 또는 30분방화문을 설치할 것.　　　　　　　　　　　　　　O X
6. 위험물을 배합하는 실은 다음에 의할 것.
    1) 바닥면적은 [   ]㎡ 이상 [   ]㎡ 이하로 할 것.
    2) 내화구조 또는 불연재료로 된 벽으로 구획할 것.
    3) 바닥은 위험물이 침투하지 아니하는 구조로 하여 적당한 경사를 두고 집유설비를 할 것.
    4) 출입구에는 수시로 열 수 있는 자동폐쇄식의 60분+방화문 또는 60분방화문을 설치할 것.　　　O X
    5) 출입구 문턱의 높이는 바닥면으로부터 [   ]m 이상으로 할 것.

| MEMO |

정태성 말랑말랑 소방관계법규
www.modoofire.com

합격률 76%로 검증된 소방합격을 위한 당연한 선택

PART 4

소방의 화재조사에 관한 법률

PART 04 · 소방의 화재조사에 관한 법률

약칭: 화재조사법

CHAPTER 01 · 총칙

제1조 (목적)

이 법은 [   ] 및 [   ]에 활용하기 위하여 화재원인, 화재성장 및 확산, 피해현황 등에 관한 [   ]·전문적인 조사에 필요한 사항을 규정함을 목적으로 한다.

제2조 (정의)

① 이 법에서 사용하는 용어의 뜻은 다음과 같다.
　1. "화재"란 사람의 의도에 반하거나 고의 또는 과실에 의하여 발생하는 연소 현상으로서 [폭발, 소화]할 필요가 있는 현상 또는 사람의 의도에 반하여 발생하거나 확대된 [물리적, 화학적] 폭발현상을 말한다.
　2. "[   ]"란 소방청장, 소방본부장 또는 소방서장이 화재원인, 피해상황, 대응활동 등을 파악하기 위하여 자료의 수집, 관계인등에 대한 질문, 현장 확인, 감식, 감정 및 실험 등을 하는 일련의 행위를 말한다.
　3. "[   ]"이란 화재조사에 전문성을 인정받아 화재조사를 수행하는 소방공무원을 말한다.
　4. "관계인등"에 해당하지 않는 사람은?
　　㉠ 화재가 발생한 소방대상물의 관계인
　　㉡ 화재를 발생시키거나 화재발생과 관계된 사람
　㉢ 화재 현장을 지나간 사람
　　㉣ 소화활동을 행하거나 인명구조활동(유도대피 포함)에 관계된 사람

CHAPTER 02 · 화재조사의 실시 등

제5조 (화재조사의 실시)

① [소방청장, 소방관서장]은 화재발생 사실을 알게 된 때에는 지체 없이 화재조사를 하여야 한다. 이 경우 수사기관의 범죄수사에 지장을 주어서는 아니 된다.

② 화재조사를 하는 경우 조사하여야 하는 사항으로 옳지 않은 것은?

   ㉠ 화재발생건축물과 구조물, 화재유형별 화재위험성 등에 관한 사항
   ㉡ 화재로 인한 인명·재산피해상황
   ㉢ 대응활동에 관한 사항
   ㉣ 소방시설 등의 설치·관리 및 작동 여부에 관한 사항
   ㉤ 소방시설의 시공능력평가의 결과

③ 제1항 및 제2항에 따른 화재조사의 대상 및 절차 등에 필요한 사항은 [대통령령, 행정안전부령, 따로 법률] (으)로 정한다.

> **[시행령] 제3조 (화재조사의 내용·절차)**
>
> ① 법 제5조제2항제6호에서 "대통령령으로 정하는 사항"이란 「화재의 예방 및 안전관리에 관한 법률」 제7조에 따른 화재안전조사의 실시 결과에 관한 사항을 말한다.
>
> ② 화재조사는 다음 각 호의 절차에 따라 실시한다.
>
>   1. [현장출동 중 조사, 화재현장 조사, 정밀조사] : 화재발생 접수, 출동 중 화재상황 파악 등
>   2. [현장출동 중 조사, 화재현장 조사, 정밀조사] : 화재의 발화(發火)원인, 연소상황 및 피해상황 조사 등
>   3. [현장출동 중 조사, 화재현장 조사, 정밀조사] : 감식·감정, 화재원인 판정 등
>   4. 화재조사 결과 보고

제6조 (화재조사전담부서의 설치·운영 등)

① [소방청장, 시·도지사, 소방관서장](는)은 전문성에 기반하는 화재조사를 위하여 화재조사전담부서를 설치·운영하여야 한다.

② 화재조사전담부서에 화재조사관을 [　　]명 이상 배치해야 한다.

③ 「국가기술자격법」에 따른 국가기술자격의 직무분야 중 소방설비 분야의 기사 또는 산업기사 자격을 취득한 소방공무원은 화재조사관이 될 수 있다. ○ⅹ

④ 국립과학수사연구원 또는 소방청장이 인정하는 외국의 화재조사 관련 기관에서 2주 이상 화재조사에 관한 전문교육을 이수한 소방공무원은 화재조사관 자격시험에 응시할 수 있다. ○ⅹ

⑤ 전담부서에 배치된 화재조사관은 영 제6조제1항제3호의 의무 보수교육을 [2년마다, 매년] 받아야 한다. 다만, 전담부서에 배치된 후 처음 받는 의무 보수교육은 배치 후 [6개월, 1년] 이내에 받아야 한다.

제7조 (화재합동조사단의 구성·운영)

① [소방청장, 시·도지사, 소방관서장](는)은 사상자가 많거나 사회적 이목을 끄는 화재 등 대통령령으로 정하는 대형화재 등이 발생한 경우 종합적이고 정밀한 화재조사를 위하여 유관기관 및 관계 전문가를 포함한 화재합동조사단을 구성·운영할 수 있다.

② 제1항에 따른 화재합동조사단의 구성과 운영 등에 필요한 사항은 [대통령령, 행정안전부령, 따로 법률](으)로 정한다.

> **[시행령] 제7조 (화재합동조사단의 구성·운영)**
>
> ① 사망자가 [   ]명 이상 발생한 화재는 정밀한 화재조사를 위하여 유관기관 및 관계 전문가를 포함한 화재합동조사단을 구성·운영할 수 있다.
>
> ② 화재조사 업무에 관한 경력이 [   ]년 이상인 소방공무원은 화재합동조사단의 단원이 될 수 있다.
>
> ③ 「고등교육법」 제2조에 따른 학교 또는 이에 준하는 교육기관에서 화재조사, 소방 또는 안전관리 등 관련 분야 조교수 이상의 직에 [   ]년 이상 재직한 사람은 화재합동조사단의 단원이 될 수 있다.

제8조 (화재현장 보존 등)

① 소방관서장은 화재조사를 위하여 필요한 범위에서 화재현장 보존조치를 하거나 화재현장과 그 인근 지역을 통제구역으로 설정할 수 있다. 방화(放火) 또는 실화(失火)의 혐의로 수사의 대상이 된 경우에도 또한 같다. ○ ×

② 누구든지 소방관서장 또는 경찰서장의 허가 없이 통제구역에 출입하여서는 아니 된다. 이를 위반하여 허가 없이 통제구역에 출입한 사람은 200만원 이하의 과태료를 부과한다. ○ ×

③ 화재현장 보존조치, 통제구역의 설정 및 출입 등에 필요한 사항은 [대통령령, 행정안전부령, 따로 법률](으)로 정한다.

제9조 (출입·조사 등)

① [소방청장, 시·도지사, 소방관서장](는)은 화재조사를 위하여 필요한 경우에 관계인에게 보고 또는 자료 제출을 명하거나 화재조사관으로 하여금 해당 장소에 출입하여 화재조사를 하게 하거나 관계인등에게 질문하게 할 수 있다.

② 제1항에 따라 화재조사를 하는 화재조사관은 그 권한을 표시하는 증표를 지니고 이를 관계인등에게 보여주지 않아도 된다. ○ ×

③ 제1항에 따라 화재조사를 하는 화재조사관은 관계인의 정당한 업무를 방해하거나 화재조사를 수행하면서 알게 된 비밀을 다른 용도로 사용하거나 다른 사람에게 누설하여서는 아니 된다. 만약, 비밀을 다른 용도로 사용하거나 다른 사람에게 누설한 사람은 300만원 이하의 벌금에 처한다. ○ ×

제10조 (관계인등의 출석 등)

① [소방청장, 시·도지사, 소방관서장](는)은 화재조사가 필요한 경우 관계인등을 소방관서에 출석하게 하여 질문할 수 있다.

② 제1항에 따른 관계인등의 출석 및 질문 등에 필요한 사항은 [대통령령, 행정안전부령, 따로 법률](으)로 정한다.

③ 소방관서장은 관계인등의 출석을 요구하려면 출석일 [   ]일 전까지 규정된 사항을 관계인등에게 알려야 한다.

제11조 (화재조사 증거물 수집 등)

① [소방청장, 시·도지사, 소방관서장](는)은 화재조사를 위하여 필요한 경우 증거물을 수집하여 검사·시험·분석 등을 할 수 있다. 다만, 범죄수사와 관련된 증거물인 경우에는 수사기관의 장과 협의하여 수집할 수 있다.

② 소방관서장은 수사기관의 장이 방화 또는 실화의 혐의가 있어서 이미 피의자를 체포하였거나 증거물을 압수하였을 때에 화재조사를 위하여 필요한 경우에는 범죄수사에 지장을 주지 아니하는 범위에서 그 피의자 또는 증거물을 압수 할 수 있다. ○ ×

③ 제1항에 따른 증거물 수집의 범위, 방법 및 절차 등에 필요한 사항은 [대통령령, 행정안전부령, 따로 법률](으)로 정한다.

CHAPTER 03 · 화재조사 결과의 공표 등

제14조 (화재조사 결과의 공표)

① [소방청장, 시·도지사, 소방관서장](는)은 국민이 유사한 화재로부터 피해를 입지 않도록 하기 위한 경우 등 필요한 경우 화재조사 결과를 공표할 수 있다. 다만, 수사가 진행 중이거나 수사의 필요성이 인정되는 경우에는 관계 수사기관의 장과 공표 여부에 관하여 사전에 협의하여야 한다.

② 제1항에 따른 공표의 범위·방법 및 절차 등에 관하여 필요한 사항은 [대통령령, 행정안전부령, 따로 법률](으)로 정한다.

제15조 (화재조사 결과의 통보)

[소방청장, 시·도지사, 소방관서장](는)은 화재조사 결과를 중앙행정기관의 장, 지방자치단체의 장, 그 밖의 관련 기관·단체의 장 또는 관계인 등에게 통보하여 유사한 화재가 발생하지 않도록 필요한 조치를 취할 것을 요청할 수 있다.

제16조 (화재증명원의 발급)

① [소방청장, 시·도지사, 소방관서장](는)은 화재와 관련된 이해관계인 또는 화재발생 내용 입증이 필요한 사람이 화재를 증명하는 서류(이하 이 조에서 "화재증명원"이라 한다) 발급을 신청하는 때에는 화재증명원을 발급하여야 한다.

② 화재증명원의 발급신청 절차·방법·서식 및 기재사항, 온라인 발급 등에 필요한 사항은 [대통령령, 행정안전부령, 따로 법률](으)로 정한다.

CHAPTER 04 · 화재조사 기반구축

제17조 (감정기관의 지정·운영 등)

① [소방청장, 시·도지사, 소방관서장](는)은 과학적이고 전문적인 화재조사를 위하여 대통령령으로 정하는 시설과 전문인력 등 지정기준을 갖춘 기관을 화재감정기관(이하 "감정기관"이라 한다)으로 지정·운영하여야 한다.

② 소방청장은 제1항에 따라 지정된 감정기관에서의 과학적 조사·분석 등에 소요되는 비용의 전부 또는 일부를 지원해야 한다. ○ ×

③ 소방청장이 감정기관으로 지정받은 자의 지정을 반드시 취소하여야 하는 사유로 옳은 것은?

㉠ 거짓이나 그 밖의 부정한 방법으로 지정을 받은 경우

㉡ 지정기준에 적합하지 아니하게 된 경우

㉢ 고의 또는 중대한 과실로 감정 결과를 사실과 다르게 작성한 경우

㉣ 그 밖에 대통령령으로 정하는 사항을 위반한 경우

④ 소방청장은 감정기관의 지정을 취소하려면 청문을 하여야 한다. ○ ×

⑤ 감정기관의 지정기준, 지정 절차, 지정 취소 및 운영 등에 필요한 사항은 [대통령령, 행정안전부령, 따로 법률](으)로 정한다.

[시행령] 제12조 (화재감정기관의 지정기준)

① 화재조사에 필요한 다음 각 목의 구분에 따른 전문인력을 각각 보유할 것

가. 주된 기술인력: 다음의 어느 하나에 해당하는 사람을 [2]명 이상 보유할 것

   1) 「국가기술자격법」에 따른 국가기술자격의 직무분야 중 화재감식평가 분야의 기사 자격 취득 후 화재조사 관련 분야에서 [5]년 이상 근무한 사람

   2) 화재조사관 자격 취득 후 화재조사 관련 분야에서 [5]년 이상 근무한 사람

   3) 이공계 분야의 박사학위 취득 후 화재조사 관련 분야에서 [2]년 이상 근무한 사람

나. 보조 기술인력: 다음의 어느 하나에 해당하는 사람을 [3]명 이상 보유할 것

   1) 「국가기술자격법」에 따른 국가기술자격의 직무분야 중 화재감식평가 분야의 기사 또는 산업기사 자격을 취득한 사람

   2) 화재조사관 자격을 취득한 사람

   3) 소방청장이 인정하는 화재조사 관련 국제자격증 소지자

   4) 이공계 분야의 석사 이상 학위 취득 후 화재조사 관련 분야에서 [   ]년 이상 근무한 사람

제19조 (국가화재정보시스템의 구축·운영)

① [소방청장, 시·도지사, 소방관서장](는)은 화재조사 결과, 화재원인, 피해상황 등에 관한 화재정보를 종합적으로 수집·관리하여 화재예방과 소방활동에 활용할 수 있는 국가화재정보시스템을 구축·운영하여야 한다.

② 제1항에 따른 화재정보의 수집·관리 및 활용 등에 필요한 사항은 [대통령령, 행정안전부령, 따로 법률](으)로 정한다.

제20조 (연구개발사업의 지원)

① [소방청장, 시·도지사, 소방관서장](는)은 화재조사 기법에 필요한 연구·실험·조사·기술개발 등(이하 이 조에서 "연구개발사업"이라 한다)을 지원하는 시책을 수립할 수 있다.

CHAPTER 05 · 벌칙

제21조 (벌칙) 제23조 (과태료)

① 제8조제3항(화재현장 보존 등)을 위반하여 허가 없이 화재현장에 있는 물건 등을 이동시키거나 변경·훼손한 사람은 300만원 이하의 벌금에 처한다. ○ ×

② 정당한 사유 없이 제10조제1항(관계인등의 출석 등)에 따른 출석을 거부하거나 질문에 대하여 거짓으로 진술한 사람은 200만원 이하의 과태료를 부과한다. ○ ×

| MEMO |

정태성 말랑말랑 소방관계법규
www.modoofire.com

합격률 76%로 검증된 소방합격을 위한 당연한 선택

PART 5

소방시설 설치 및 관리에 관한 법률

PART 05 · 소방시설 설치 및 관리에 관한 법률

약칭: 소방시설법

CHAPTER 01 · 총칙

제1조 (목적)

이 법은 [특정소방대상물, 소방대상물] 등에 설치하여야 하는 소방시설등의 설치·관리와 [소방용품, 위험물시설] 성능관리에 필요한 사항을 규정함으로써 국민의 생명·신체 및 재산을 보호하고 공공의 [안전, 안녕] 과 [   ]에 이바지함을 목적으로 한다.

제2조 (정의)

① 이 법에서 사용하는 용어의 뜻은 다음과 같다.

1. "소방시설"이란 소화설비, 경보설비, 피난구조설비, 소방용수설비, 그 밖에 소방활동설비로서 대통령령으로 정하는 것을 말한다. ○ⅹ
2. "소방시설등"이란 [   ]과 [   ], 그 밖에 소방 관련 시설로서 [대통령령, 행정안전부령]으로 정하는 것을 말한다.
3. "특정소방대상물"이란 건축물 등의 규모·용도 및 수용인원 등을 고려하여 소방시설을 설치하여야 하는 소방대상물로서 [대통령령, 행정안전부령]으로 정하는 것을 말한다.
4. "[   ]"이란 화재를 예방하고 화재발생 시 피해를 최소화하기 위하여 소방대상물의 재료, 공간 및 설비 등에 요구되는 안전성능을 말한다.
5. "[   ]"란 건축물 등의 재료, 공간, 이용자, 화재 특성 등을 종합적으로 고려하여 공학적 방법으로 화재 위험성을 평가하고 그 결과에 따라 화재안전성능이 확보될 수 있도록 특정소방대상물을 설계하는 것을 말한다.
6. "화재안전기준"이란 소방시설 설치 및 관리를 위한 다음 각 목의 기준을 말한다.
    가. [   ]: 화재안전 확보를 위하여 재료, 공간 및 설비 등에 요구되는 안전성능으로서 소방청장이 고시로 정하는 기준
    나. [   ]: 가목에 따른 성능기준을 충족하는 상세한 규격, 특정한 수치 및 시험방법 등에 관한 기준으로서 행정안전부령으로 정하는 절차에 따라 소방청장의 승인을 받은 기준
7. "소방용품"이란 소방시설등을 구성하거나 소방용으로 사용되는 제품 또는 기기로서 [대통령령, 행정안전부령]으로 정하는 것을 말한다.

[시행령] 제2조 (정의)

1. "무창층"(無窓層)이란 [지상층, 지하층] 중 다음 각 목의 요건을 모두 갖춘 개구부의 면적의 합계가 해당 층의 바닥면적의 [   ] [이상, 이하]가 되는 층을 말한다.
   가. 크기는 지름 [   ]센티미터 이상의 [원이, 원에] 통과할 수 있는 크기일 것
   나. 해당 층의 바닥면으로부터 개구부 [윗, 밑]부분까지의 높이가 [   ]미터 이내일 것
   다. 도로 또는 차량이 진입할 수 있는 빈터를 향할 것   ○ ×
   라. 화재 시 건축물로부터 쉽게 피난할 수 있도록 창살이나 그 밖의 장애물을 설치할 것   ○ ×
   마. 내부 또는 외부에서 쉽게 부수거나 열 수 있을 것   ○ ×
2. "피난층"이란 곧바로 1층으로 갈 수 있는 출입구가 있는 층을 말한다.   ○ ×

시행령 [별표 1] (소방시설)

① 피난사다리, 피난유도선, 피난구유도등은 피난기구에 해당한다. ○×
② 비상콘센트설비, 연결송수관설비, 제연설비는 소방시설 중 소화활동설비에 속한다. ○×
③ 소화기구, 옥내소화전, 연결살수설비는 소방시설 중 소화설비에 속한다. ○×
④ 자동화재탐지설비, 자동화재속보설비, 통합감시시설은 소방시설 중 경보설비에 속한다. ○×
⑤ 소화용수설비에는 소화전, 저수조, 급수탑이 있다. ○×

⑥ 물분무등소화설비를 모두 적으시오.
_____
_____
_____

⑦ 소화활동설비의 종류를 모두 적으시오.
_____
_____
_____

⑧ 비상경보설비의 종류를 모두 적으시오.
_____
_____
_____

⑨ 인명구조기구의 종류를 모두 적으시오.
_____
_____
_____

⑩ 비상방송설비, 누전차단기는 경보설비에 해당한다. ○×
⑪ 상수도소화용수설비, 소화수조·정화조는 소화용수설비에 해당한다. ○×
⑫ 스프링클러설비, 간이스프링클러설비, 소화기구는 소화설비에 해당한다. ○×

시행령 [별표 2] (특정소방대상물)

① 도서관, 병설유치원은 교육연구시설에 속한다. ○×
② 야외음악당, 어린이회관, 산업전시장, 박람회장은 관광휴게시설에 속한다. ○×
③ 동·식물원은 동물 및 식물 관련 시설에 속한다. ○×
④ 소방서, 119안전센터는 업무시설에 속한다. ○×
⑤ 종교집회장에 설치하는 봉안당(奉安堂)은 묘지 관련 시설에 속한다. ○×
⑥ 운전학원·정비학원, 항공관제탑은 항공기 및 자동차 관련 시설에 속한다. ○×
⑦ 다음은 지하구에 대한 설명이다. 빈칸에 들어갈 단어를 적으시오.

> 가. 전력·통신용의 전선이나 가스·냉난방용의 배관 또는 이와 비슷한 것을 집합수용하기 위하여 설치한 지하 인공구조물로서 사람이 점검 또는 보수를 하기 위하여 출입이 가능한 것 중 다음의 어느 하나에 해당하는 것
> 1) 전력 또는 통신사업용 지하 인공구조물로서 전력구(케이블 접속부가 없는 경우에는 제외한다) 또는 통신구 방식으로 설치된 것
> 2) 1)외의 지하 인공구조물로서 폭이 [   ]미터 이상이고 높이가 [   ]미터 이상이며 길이가 [   ]미터 이상인 것
>
> 나. 「국토의 계획 및 이용에 관한 법률」 제2조제9호에 따른 [   ]

⑧ 어린이집, 정신요양시설, 노인의료복지시설은 노유자시설에 속한다. ○×
⑨ 하나의 건축물이 근린생활시설, 판매시설, 업무시설, 숙박시설 또는 위락시설의 용도와 주택의 용도로 함께 사용되는 것은 복합건축물에 속한다. ○×
⑩ 마을회관, 경찰서, 유스호스텔, 공공도서관은 업무시설에 속한다. ○×
⑪ 체육관 및 운동장으로서 관람석의 바닥면적의 합계가 1천㎡ 이상인 것은 운동시설에 해당한다. ○×
⑫ 야외극장, 관망탑, 휴게소는 관광 휴게시설이다. ○×
⑬ 공중화장실, 변전소, 양수장, 정수장, 대피소는 업무시설에 속한다. ○×
⑭ 같은 건축물에 무도학원의 용도로 쓰는 바닥면적의 합계가 500㎡ 이상인 것은 교육연구시설에 속한다. ○×
⑮ 「게임산업진흥에 관한 법률」 제2조제6호의2에 따른 청소년게임제공업 및 일반게임제공업의 시설, 같은 조 제7호에 따른 인터넷컴퓨터게임시설제공업의 시설 및 같은 조 제8호에 따른 복합유통게임제공업의 시설로서 같은 건축물에 해당 용도로 쓰는 바닥면적의 합계가 500㎡ 미만인 것은 근린생활시설에 해당한다. ○×
⑯ 슈퍼마켓과 일용품 등의 소매점으로서 같은 건축물에 해당 용도로 쓰는 바닥면적의 합계가 1천㎡ 이상인 것은 판매시설에 해당한다. ○×
⑰ 화장시설, 묘지와 자연장지에 부수되는 건축물, 장례식장은 묘지 관련 시설에 해당한다. ○×

⑱ 가스시설이란 산소 또는 가연성 가스를 제조·저장 또는 취급하는 시설 중 지상에 노출된 산소 또는 가연성 가스 탱크의 저장용량의 합계가 [   ]톤 이상이거나 저장용량이 [   ]톤 이상인 탱크가 있는 가스시설로서 가스 제조시설, 가스 저장시설, 가스 취급시설을 말한다.

⑲ 둘 이상의 특정소방대상물이 다음 각 목의 어느 하나에 해당되는 구조의 복도 또는 통로로 연결된 경우에는 이를 하나의 소방대상물로 보는 경우로 옳지 않은 것은?
　㉠ 내화구조로 된 연결통로가 벽이 없는 구조로서 그 길이가 6m 이하인 경우
　㉡ 컨베이어로 연결되거나 플랜트설비의 배관 등으로 연결되어 있는 경우
　㉢ 내화구조가 아닌 연결통로로 연결된 경우
　㉣ 자동방화셔터 또는 60분+방화문이 설치된 피트로 연결된 경우

시행령 [별표 3] (소방용품)

① 소화설비를 구성하는 제품 또는 기기 중 소화약제 외의 것을 이용한 간이소화용구는 소방용품에 해당한다. ◯ ✕

② 경보설비를 구성하는 제품 또는 기기 중 발신기, 수신기, 중계기, 감지기 및 음향장치(사이렌만 해당)는 소방용품에 해당한다. ◯ ✕

③ 피난구조설비를 구성하는 제품 또는 기기 중 피난사다리, 구조대, 완강기(지지대를 포함), 간이완강기(지지대를 포함)는 소방용품에 해당한다. ◯ ✕

④ 소화용으로 사용하는 제품 또는 기기 중 상업용 주방자동소화장치, 포소화설비, 미분무소화설비는 소방용품에 해당한다. ◯ ✕

⑤ 피난구조설비를 구성하는 제품 또는 기기 중 피난유도선, 통로유도등, 객석유도등 및 예비 전원이 내장된 휴대용 비상조명등은 소방용품에 해당한다. ◯ ✕

⑥ 경보설비를 구성하는 제품 또는 기기 중 누전차단기 및 가스누설경보기는 경보설비에 속한다. ◯ ✕

⑦ 피난구조설비를 구성하는 제품 또는 기기 중 공기호흡기(충전기를 포함한다)는 소방용품에 해당한다. ◯ ✕

⑧ 소방용품은 소화설비를 구성하는 제품 또는 기기, 경보설비를 구성하는 제품 또는 기기, 피난구조설비를 구성하는 제품 또는 기기, 소화용수설비를 구성하는 제품 또는 기기, 소화활동설비를 구성하는 제품 또는 기기로 구성되어 있다. ◯ ✕

CHAPTER 02 · 소방시설등의 설치·관리 및 방염

제1절 건축허가등의 동의 등

제6조 (건축허가등의 동의 등)

① 건축물 등의 신축·증축·개축·재축(再築)·이전·용도변경 또는 대수선(大修繕)의 허가·협의 및 사용승인(「주택법」 제15조에 따른 승인 및 같은 법 제49조에 따른 사용검사,「학교시설사업 촉진법」 제4조에 따른 승인 및 같은 법 제13조에 따른 사용승인을 포함하며, 이하 "건축허가등"이라 한다)의 권한이 있는 행정기관은 건축허가등을 할 때 미리 그 건축물 등의 시공지(施工地) 또는 소재지를 관할하는 [시·도지사, 소방본부장이나 소방서장]의 동의를 받아야 한다.

② 건축물 등의 증축·개축·재축·용도변경 또는 대수선의 신고를 수리(受理)할 권한이 있는 행정기관은 그 신고를 수리하면 그 건축물 등의 시공지 또는 소재지를 관할하는 소방본부장이나 소방서장에게 [지체 없이, 3일 이내에] 그 사실을 알려야 한다.

③ 제1항에 따라 사용승인에 대한 동의를 할 때에는 「소방시설공사업법」 제14조제3항에 따른 소방시설공사의 완공검사증명서를 발급하는 것으로 동의를 갈음할 수 있다. 이 경우 제1항에 따른 건축허가등의 권한이 있는 행정기관은 소방시설공사의 완공검사증명서를 확인하여야 한다. ○ ×

④ 제1항에 따른 건축허가등을 할 때 소방본부장이나 소방서장의 동의를 받아야 하는 건축물 등의 범위는 [대통령령, 행정안전부령]으로 정한다.

제7조 (건축허가등의 동의대상물의 범위 등)

① 빈칸 채우기

> 시행령 제7조 (건축허가등의 동의대상물의 범위 등)
> 1. 연면적이 [   ]제곱미터 이상인 건축물이나 시설. 다만, 다음 각 목의 어느 하나에 해당하는 건축물이나 시설은 해당 목에서 정한 기준 이상인 건축물이나 시설로 한다.
>   가.「학교시설사업 촉진법」에 따라 건축등을 하려는 학교시설: [   ]제곱미터
>   나. 노유자(老幼者) 시설 및 수련시설: [   ]제곱미터
>   다.「정신건강증진 및 정신질환자 복지서비스 지원에 관한 법률」에 따른 **정신의료기관**(입원실이 없는 정신건강의학과 의원은 제외한다.): [   ]제곱미터
>   라.「장애인복지법」에 따른 장애인 의료재활시설: [   ]제곱미터
> 2. 지하층 또는 무창층이 있는 건축물로서 바닥면적이 [   ]제곱미터(공연장의 경우에는 [   ]제곱미터) 이상인 층이 있는 것

3. 차고·주차장 또는 주차 용도로 사용되는 시설로서 다음 각 목의 어느 하나에 해당하는 것
　　가. 차고·주차장으로 사용되는 바닥면적이 [　　]제곱미터 이상인 층이 있는 건축물이나 주차시설
　　나. 승강기 등 기계장치에 의한 주차시설로서 자동차 [　　]대 이상을 주차할 수 있는 시설
4. 층수가 [　　]층 이상인 건축물
5. 공장 또는 창고시설로서 「화재의 예방 및 안전관리에 관한 법률 시행령」 별표 2에서 정하는 수량의 [　　]배 이상의 특수가연물을 저장·취급하는 것
6. 가스시설로서 지상에 노출된 탱크의 저장용량의 합계가 [　　]톤 이상인 것

② 풍력발전소는 연면적이 400㎡ 이상인 경우에 한하여 건축허가 등의 동의 대상물에 해당된다. ⃞O⃞X

③ 관망탑, 항공관제탑, 항공기격납고, 방송용 송수신탑은 면적에 상관없이 건축허가 등의 동의 대상물에 해당된다. ⃞O⃞X

④ 발전시설 중 전기저장시설은 면적에 상관없이 건축허가 등의 동의 대상물에 해당된다. ⃞O⃞X

⑤ 특정소방대상물에 설치되는 소화기구, 가스누설경보기, 단독경보형감지기가 화재안전기준에 적합한 경우 그 특정소방대상물은 소방본부장 또는 소방서장의 건축허가등의 동의대상에서 제외된다. ⃞O⃞X

⑥ 특정소방대상물에 설치되는 방열복·방화복·공기호흡기 및 인공소생기, 비상조명등 또는 유도표지가 화재안전기준에 적합한 경우 그 특정소방대상물은 소방본부장 또는 소방서장의 건축허가등의 동의대상에서 제외된다. ⃞O⃞X

⑦ 「소방시설공사업법 시행령」 제4조에 따른 소방시설공사의 착공신고 대상에 해당하지 않는 경우 해당 특정소방대상물은 소방본부장 또는 소방서장의 건축허가등의 동의대상에서 제외된다. ⃞O⃞X

⑧ 특정소방대상물에 설치하는 자동소화장치, 누전경보기가 화재안전기준에 적합한 경우 그 특정소방대상물은 소방본부장 또는 소방서장의 건축허가등의 동의대상에서 제외된다. ⃞O⃞X

시행규칙 제3조 (건축허가등의 동의요구)

① 동의 요구를 받은 소방본부장 또는 소방서장은 건축허가등의 동의 요구서류를 접수한 날부터 [   ]일(특급소방안전관리대상물에 해당하는 경우에는 [   ]일) 이내에 건축허가등의 동의여부를 회신해야 한다.

② 소방본부장 또는 소방서장은 동의 요구서 및 첨부서류의 보완이 필요한 경우에는 [   ]일 이내의 기간을 정하여 보완을 요구할 수 있다. 이 경우 보완기간은 ①에 따른 회신기간에 [산입하고, 산입하지 아니하고], 보완 기간 내에 보완하지 않는 경우에는 동의요구서를 반려해야 한다.

③ 건축허가등의 동의를 요구한 기관이 그 건축허가등을 취소하였을 때에는 취소한 날부터 [   ]일 이내에 건축물 등의 시공지 또는 소재지를 관할하는 소방본부장 또는 소방서장에게 그 사실을 통보해야 한다.

④ 「건축법」제11조에 따른 허가의 권한이 있는 행정기관이 건축허가등의 동의를 요구하는 때 소방시설공사업등록증과 소방시설을 공사한 기술인력의 기술자격증 사본을 건축물 등의 시공지(施工地) 또는 소재지를 관할하는 소방본부장 또는 소방서장에게 첨부해야 한다. ○ : ×

⑤ 건축물 등의 시공지(施工地) 또는 소재지를 관할하는 소방본부장 또는 소방서장에게 첨부하여야 하는 서류 중 건축물 설계도서에는 건축물 개요 및 배치도, 실내·실외 마감재료표 등, 소방자동차 진입 동선도 및 부서 공간 위치도(조경계획을 포함한다), 실내장식물 방염대상물품 설치 계획 등이 있다. ○ : ×

제7조 (소방시설의 내진설계기준)

내진설계를 해야하는 소방시설은 무엇인가?

___

___

___

제8조 (성능위주설계)

① 연면적·높이·층수 등이 일정 규모 이상인 대통령령으로 정하는 특정소방대상물(증축하는 것만 해당한다)에 소방시설을 설치하려는 자는 성능위주설계를 하여야 한다. ○ X

> **[시행령] 제9조 (성능위주설계를 해야 하는 특정소방대상물의 범위)**
>
> 1. 연면적 [　　]제곱미터 이상인 특정소방대상물. 다만, 아파트등은 [포함, 제외]한다.
> 2. [　　]층 이상(지하층은 [포함, 제외]한다)이거나 지상으로부터 높이가 [　　]미터 이상인 아파트등
> 3. [　　]층 이상(지하층을 [포함, 제외]한다)이거나 지상으로부터 높이가 [　　]미터 이상인 특정소방대상물(아파트등은 제외한다)
> 4. 연면적 [　　]제곱미터 이상인 철도 및 도시철도 시설
> 5. 창고시설 중 연면적 [　　]제곱미터 이상인 것 또는 [지상층, 지하층]의 층수가 [　　]개층 이상이고 지하층의 바닥면적의 합계가 [　　]제곱미터 이상인 것
> 6. 하나의 건축물에 「영화 및 비디오물의 진흥에 관한 법률」 제2조제10호에 따른 영화상영관이 [　　]개 이상인 특정소방대상물
> 7. 별표 2 제27호의 터널 중 수저(水底)터널 또는 길이가 [　　]미터 이상인 것

② 제1항에 따라 소방시설을 설치하려는 자가 성능위주설계를 한 경우에는 「건축법」 제11조에 따른 건축허가를 신청하기 전에 해당 특정소방대상물의 시공지 또는 소재지를 관할하는 [시·도지사, 소방서장]에게 신고하여야 한다. 해당 특정소방대상물의 연면적·높이·층수의 변경 등 행정안전부령으로 정하는 사유로 신고한 성능위주설계를 변경하려는 경우에도 또한 같다.

③ 성능위주설계의 신고 또는 변경신고를 하려는 자는 해당 특정소방대상물이 「건축법」 제4조의2에 따른 건축위원회의 심의를 받아야 하는 건축물인 경우에는 그 심의를 신청한 후에 성능위주설계의 기본설계도서(基本設計圖書) 등에 대해서 해당 특정소방대상물의 시공지 또는 소재지를 관할하는 소방서장의 사후검토를 받아야 한다. ○ X

제9조 (성능위주설계평가단)

① 성능위주설계에 대한 전문적·기술적인 검토 및 평가를 위하여 소방청 또는 소방본부에 성능위주설계 평가단을 둔다. ○ ×

② 평가단의 구성 및 운영 등에 필요한 사항은 [대통령령, 행정안전부령]으로 정한다.

> **시행규칙 제10조 (평가단의 구성)**
>
> ① 평가단은 평가단장을 포함하여 [   ]명 이내의 평가단원으로 성별을 고려하여 구성한다.
> ② 평가단장은 소방청장 또는 소방본부장이 된다. ○ ×
> ③ 건축 또는 소방 관련 석사학위 이상을 취득한 자로서 건축허가동의 업무를 1년 이상 담당한 소방공무원은 평가단원이 될 수 있다. ○ ×
> ④ 건축 분야 및 소방방재 분야 전문가 중 「소방시설공사업법」 제28조제3항에 따른 특급감리원 자격 소지자로서 소방공사 현장 감리업무를 10년 이상 수행한 사람은 평가단원이 될 수 있다. ○ ×
> ⑤ 평가단 회의는 평가단장과 평가단장이 회의마다 지명하는 [   ]명 이상 [   ]명 이하의 평가단원으로 구성·운영하며, 평가단원 과반수의 출석으로 개의(開議)하고, 출석 평가단원 과반수의 찬성으로 의결한다.
> ⑥ 위촉된 평가단원의 임기는 [   ]으로 하되, [   ]에 한정하여 연임할 수 있다.

제10조 (주택에 설치하는 소방시설)

① 다음 각 호의 주택의 소유자는 대통령령으로 정하는 소방시설을 설치하여야 한다.
  1. 「건축법」 제2조제2항제1호의 단독주택
  2. 「건축법」 제2조제2항제2호의 공동주택(아파트 및 기숙사는 [제외, 포함]한다)

> **[시행령] 제13조 (주택용 소방시설)**
>
> "대통령령으로 정하는 소방시설"이란 [   ] 및 [   ]를 말한다.

② 주택용 소방시설의 설치기준 및 자율적인 안전관리 등에 관한 사항은 [대통령령, 행정안전부령, 시·도의 조례](으)로 정한다.

제2절 특정소방대상물에 설치하는 소방시설의 관리 등

제12조 (특정소방대상물에 설치하는 소방시설의 관리 등)

① [특정소방대상물의 관계인, 소방안전관리자](는)은 대통령령으로 정하는 소방시설을 화재안전기준에 따라 설치·관리하여야 한다.

② 특정소방대상물의 관계인은 제1항에 따라 소방시설을 설치·관리하는 경우 화재 시 소방시설의 기능과 성능에 지장을 줄 수 있는 폐쇄(잠금을 포함한다. 이하 같다)·차단 등의 행위를 어떠한 경우에도 하여서는 아니 된다. ○ ×

시행령 [별표 7] (수용인원의 산정 방법)

① 강의실·교무실·상담실·실습실·휴게실 용도로 쓰이는 특정소방대상물: 해당 용도로 사용하는 바닥면적의 합계를 [   ]㎡로 나누어 얻은 수

② 강당, 문화 및 집회시설, 운동시설, 종교시설: 해당 용도로 사용하는 바닥면적의 합계를 [   ]㎡로 나누어 얻은 수

③ 침대가 없는 숙박시설: 해당 특정소방대상물의 종사자 수에 숙박시설 바닥면적의 합계를 [   ]㎡로 나누어 얻은 수를 합한 수

④ 긴 의자의 경우에는 의자의 정면 너비를 [   ]m로 나누어 얻은 수로 한다.

⑤ 바닥면적을 산정할 때에는 복도, 계단 및 화장실의 바닥면적을 포함한다. ○ ×

⑥ 계산 결과 소수점 이하의 수는 반올림한다. ○ ×

시행령 [별표 4] (특정소방대상물의 관계인이 특정소방대상물에 설치·관리해야 하는 소방시설의 종류)

① 스프링클러설비를 설치해야 하는 특정소방대상물

1) 문화 및 집회시설(동·식물원은 제외) 중 영화상영관의 용도로 쓰이는 층의 바닥면적이 지하층 또는 무창층인 경우에는 [   ]㎡ 이상, 그 밖의 층의 경우에는 [   ]㎡ 이상인 것

2) 종교시설로서 무대부가 지하층·무창층 또는 4층 이상의 층에 있는 경우에는 무대부의 면적이 [   ]㎡ 이상인 것, 무대부가 그 외의 층에 있는 경우에는 무대부의 면적이 [   ]㎡ 이상인 것

3) 판매시설, 운수시설 및 창고시설(물류터미널로 한정한다)로서 바닥면적의 합계가 [   ]㎡ 이상이거나 수용인원이 [   ]명 이상인 경우에는 모든 층

4) 층수가 [   ]층 이상인 특정소방대상물의 경우에는 모든 층

5) 의료시설 중 종합병원, 병원, 치과병원, 한방병원 및 요양병원 용도로 사용되는 시설의 바닥면적의 합계가 [   ]㎡ 이상인 것은 모든 층

6) 지하상가로서 연면적 [   ]㎡ 이상인 것

② 「소방시설 설치 및 관리에 관한 법률 시행령」상 관광호텔 및 병원에 설치하는 인명구조기구의 기준으로 옳은 것은?

㉠ 지하층을 포함한 5층 이상인 관광호텔, 지하층을 제외한 층수가 7층 이상인 병원
㉡ 지하층을 포함한 5층 이상인 관광호텔, 지하층을 포함한 층수가 7층 이상인 병원
㉢ 지하층을 제외한 7층 이상인 관광호텔, 지하층을 제외한 층수가 5층 이상인 병원
㉣ 지하층을 포함한 7층 이상인 관광호텔, 지하층을 포함한 층수가 5층 이상인 병원

③ 물분무등소화설비를 설치해야 하는 특정소방대상물

1) [항공관제탑, 항공기격납고]
2) 차고, 주차용 건축물 또는 철골 조립식 주차시설. 이 경우 연면적 [   ]㎡ 이상인 것만 해당한다.
3) 건축물 내부에 설치된 차고 또는 주차장으로서 사용되는 부분의 면적이 [   ]㎡ 이상인 경우 해당 부분
4) 기계장치에 의한 주차시설을 이용하여 [   ]대 이상의 차량을 주차할 수 있는 시설
5) 특정소방대상물에 설치된 전기실·발전실·변전실·축전지실·통신기기실 또는 전산실, 그 밖에 이와 비슷한 것으로서 바닥면적이 [   ]㎡ 이상인 것

④ 자동화재탐지설비를 설치해야 하는 특정소방대상물

1) 층수가 [   ]층 이상인 건축물
2) 터널로서 길이가 [   ]m 이상인 것
3) 정신의료기관 또는 의료재활시설로 사용되는 바닥면적의 합계가 [   ]㎡ 이상인 시설
4) 장례시설 및 복합건축물로서 연면적 [   ]㎡ 이상인 경우에는 모든 층
5) 교육연구시설(교육시설 내에 있는 기숙사 및 합숙소를 포함한다), 수련시설(수련시설 내에 있는 기숙사 및 합숙소를 포함하며, 숙박시설이 있는 수련시설은 제외한다)은 연면적 [   ]㎡ 이상인 경우에는 모든 층

⑤ 간이스프링클러설비를 설치해야 하는 특정소방대상물

1) 근린생활시설로 사용하는 부분의 바닥면적 합계가 [   ]㎡ 이상인 것은 모든 층
2) 교육연구시설 내에 합숙소로서 연면적 [   ]㎡ 이상인 것
3) 종합병원, 병원, 치과병원, 한방병원 및 요양병원(의료재활시설은 제외한다)으로 사용되는 바닥면적의 합계가 [   ]㎡ 미만인 시설
4) 근린생활시설 중 의원, 치과의원 및 한의원으로서 입원실 또는 인공신장실이 없는 시설 ○ ✕
5) 복합건축물로서 연면적 [   ]㎡ 이상인 것은 모든 층

⑥ 터널로서 길이가 500m 이상인 것에 비상경보설비를 설치한다. ○ ✕
⑦ 층수가 [   ]층 이상인 것으로서 [   ]층 이상 부분의 모든 층에 무선통신보조설비를 설치한다.

⑧ 지상 1층 및 2층의 바닥면적의 합계가 [   ]㎡ 이상인 것은 옥외소화전설비를 설치한다.

⑨ 문화 및 집회시설, 종교시설, 운동시설로서 무대부의 바닥면적이 [   ]㎡ 이상인 것은 제연설비를 설치한다.

⑩ 아파트등 및 오피스텔의 모든 층에는 주거용 주방자동소화장치를 설치한다. ○ X

⑪ 근린생활시설, 판매시설 등은 연면적 [   ]㎡ 이상이거나 지하층·무창층 또는 4층 이상인 층 중 바닥면적이 [   ]㎡ 이상인 층이 있는 것은 모든 층에 옥내소화전설비를 설치한다.

⑫ 연면적 400㎡ 미만의 유치원에 단독경보형감지기를 설치한다. ○ X

⑬ 연면적 1천㎡ 이상의 지하상가에 설치하는 소방시설의 종류로 옳지 않은 것은?
  ㉠ 자동화재탐지설비   ㉡ 제연설비
  ㉢ 간이스프링클러설비   ㉣ 무선통신보조설비

제13조 (소방시설기준 적용의 특례)

① 소방본부장이나 소방서장은 제12조제1항 전단에 따른 대통령령 또는 화재안전기준이 변경되어 그 기준이 강화되는 경우 기존의 특정소방대상물(건축물의 신축·개축·재축·이전 및 대수선 중인 특정소방대상물을 포함한다)의 소방시설에 대하여는 [변경 전, 변경 후]의 대통령령 또는 화재안전기준을 적용한다. 다만, 다음 각 호의 어느 하나에 해당하는 소방시설의 경우에는 대통령령 또는 화재안전기준의 변경으로 [강화된, 완화된] 기준을 적용할 수 있다.

1. 다음 각 목의 소방시설 중 대통령령 또는 화재안전기준으로 정하는 것
   가. [   ]   나. [   ]   다. [   ]
   라. [   ]   마. [   ]

2. 다음 각 목의 특정소방대상물에 설치하는 소방시설 중 대통령령 또는 화재안전기준으로 정하는 것
   가. 「국토의 계획 및 이용에 관한 법률」 제2조제9호에 따른 공동구에 설치하는
       [   ] [   ] [   ]
       [   ] [   ] [   ]

   나. 전력 및 통신사업용 지하구에 설치하는
       [   ] [   ] [   ]
       [   ] [   ] [   ]

   다. 노유자(老幼者) 시설에 설치하는
       [   ] [   ] [   ]

   라. 의료시설에 설치하는
       [   ] [   ] [   ] [   ]

② 소방본부장이나 소방서장은 기존의 특정소방대상물이 [   ]되거나 [   ]되는 경우에는 대통령령으로 정하는 바에 따라 [   ] 또는 [   ] 당시의 소방시설의 설치에 관한 대통령령 또는 화재안전기준을 적용한다.

③ 「소방시설 설치 및 관리에 관한 법률 시행령」상 특정소방대상물이 증축되는 경우, 원칙적으로 소방시설기준 적용에 관한 설명으로 옳은 것은?

　㉠ 기존 부분을 포함한 특정소방대상물의 전체에 대하여 증축 전 소방시설의 설치에 관한 대통령령 또는 화재 안전기준을 적용하여야 한다.

　㉡ 기존 부분은 증축 전에 적용되던 소방시설의 설치에 관한 대통령령 또는 화재안전기준을 적용하고 증축 부분은 증축 당시의 소방시설의 설치에 관한 대통령령 또는 화재안전기준을 적용하여야 한다.

　㉢ 증축 부분은 증축 전에 적용되던 소방시설의 설치에 관한 대통령령 또는 화재안전기준을 적용하고, 기존 부분은 증축 당시의 소방시설의 설치에 관한 대통령령 또는 화재안전기준을 적용하여야 한다.

　㉣ 기존 부분을 포함한 특정소방대상물의 전체에 대하여 증축 당시의 소방시설의 설치에 관한 대통령령 또는 화재안전기준을 적용하여야 한다.

④ 다음 중 기존 부분에 대해서는 증축 당시의 소방시설의 설치에 관한 대통령령 또는 화재안전기준을 적용하지 않는 경우로 옳은 것은?
  ㉠ 기존 부분과 증축 부분이 내화구조로 된 바닥과 벽으로 구획되어 있지 않는 경우
  ㉡ 기존 부분과 증축 부분이 「건축법 시행령」 제64조제1항제2호에 따른 60분+방화문으로 구획되어 있는 경우
  ㉢ 기존 부분과 증축 부분이 「건축법 시행령」 제64조제1항제2호에 따른 60분방화문으로 구획되어 있는 경우
  ㉣ 그 밖에 증축되는 범위가 경미하여 관할 소방본부장 또는 소방서장이 화재 위험도가 높다고 인정하는 경우

⑤ 소방시설을 설치하지 않을 수 있는 특정소방대상물 및 소방시설의 범위
  ㉠ 음료수 공장의 세정 또는 충전을 하는 작업장, 그 밖에 이와 비슷한 용도로 사용하는 것은 화재 위험도가 낮은 특정소방대상물에 해당한다. ○ X
  ㉡ 원자력발전소, 중·저준위방사성폐기물의 저장시설은 화재안전기준을 달리 적용하여야 하는 특수한 용도 또는 구조를 가진 특정소방대상물에 해당한다. ○ X
  ㉢ 석재, 불연성금속, 불연성 건축재료 등의 가공공장·기계조립공장 또는 불연성 물품을 저장하는 창고는 옥외소화전 및 연결살수설비를 설치하지 아니할 수 있다. ○ X
  ㉣ 자체소방대가 설치된 제조소등에 부속된 사무실은 연결살수설비 및 연결송수관설비를 설치하지 아니할 수 있다. ○ X
  ㉤ 정수장, 수영장, 목욕장, 어류양식용 시설, 그 밖에 이와 비슷한 용도로 사용되는 것은 자동화재탐지설비, 상수도소화용수설비 및 연결살수설비를 설치하지 아니할 수 있다. ○ X

제14조 [특정소방대상물별로 설치하여야 하는 소방시설의 정비 등]

① 제12조제1항에 따라 대통령령으로 소방시설을 정할 때에는 특정소방대상물의 규모·용도·수용인원 및 화재특성 등을 고려하여야 한다. ○ X
② [소방청장, 시·도지사](은)는 건축 환경 및 화재위험특성 변화사항을 효과적으로 반영할 수 있도록 제1항에 따른 소방시설 규정을 [   ]년에 1회 이상 정비하여야 한다.
③ [소방청장, 시·도지사](은)는 건축 환경 및 화재위험특성 변화 추세를 체계적으로 연구하여 제2항에 따른 정비를 위한 개선방안을 마련하여야 한다.
④ 제3항에 따른 연구의 수행 등에 필요한 사항은 [대통령령, 행정안전부령]으로 정한다.

제15조 (건설현장의 임시소방시설 설치 및 관리)

① 난연성·불연성 물질을 취급하거나 가연성 가스를 발생시키는 작업은 임시소방시설을 설치해야 하는 작업에 해당한다. ○ ×

② 임시소방시설의 종류로는 소화기, 간이소화장치, 비상경보장치, 누전경보기, 간이피난유도선, 비상조명등, 방화포가 있다. ○ ×

시행령 [별표 8]

임시소방시설의 종류와 설치기준 등(제17조 관련)

2. 임시소방시설을 설치해야 하는 공사의 종류와 규모

   가. 소화기: 법 제6조제1항에 따라 소방본부장 또는 소방서장의 동의를 받아야 하는 특정소방대상물의 신축·증축·개축·재축·이전·용도변경 또는 대수선 등을 위한 공사 중 법 제15조제1항에 따른 화재위험작업의 현장(이하 이 표에서 "화재위험작업현장"이라 한다)에 설치한다.

   나. 간이소화장치: 다음의 어느 하나에 해당하는 공사의 화재위험작업현장에 설치한다.
      1) 연면적 [   ]㎡ 이상
      2) 지하층, 무창층 또는 4층 이상의 층. 이 경우 해당 층의 바닥면적이 [   ]㎡ 이상인 경우만 해당한다.

   다. 비상경보장치: 다음의 어느 하나에 해당하는 공사의 화재위험작업현장에 설치한다.
      1) 연면적 [   ]㎡ 이상
      2) 지하층 또는 무창층. 이 경우 해당 층의 바닥면적이 [   ]㎡ 이상인 경우만 해당한다.

   라. 가스누설경보기: 바닥면적이 [   ]㎡ 이상인 지하층 또는 무창층의 화재위험작업현장에 설치한다.

   마. 간이피난유도선: 바닥면적이 [   ]㎡ 이상인 지하층 또는 무창층의 화재위험작업현장에 설치한다.

   바. 비상조명등: 바닥면적이 [   ]㎡ 이상인 지하층 또는 무창층의 화재위험작업현장에 설치한다.

   사. 방화포: [   ] 작업이 진행되는 화재위험작업현장에 설치한다.

3. 임시소방시설과 기능 및 성능이 유사한 소방시설로서 임시소방시설을 설치한 것으로 보는 소방시설

   가. 간이소화장치를 설치한 것으로 보는 소방시설: 소방청장이 정하여 고시하는 기준에 맞는 소화기(연결송수관설비의 방수구 인근에 설치한 경우로 한정한다) 또는 [옥내소화전설비, 옥외소화전설비, 스프링클러설비]

   나. 비상경보장치를 설치한 것으로 보는 소방시설: [비상방송설비, 비상경보설비, 자동화재탐지설비, 자동화재속보설비, 단독경보형감지기]

   다. 간이피난유도선을 설치한 것으로 보는 소방시설: [피난유도선, 피난구유도등, 통로유도등, 객석유도등, 비상조명등, 휴대용비상조명등]

제17조 (소방용품의 내용연수 등)

① 특정소방대상물의 관계인은 내용연수가 경과한 소방용품을 교체하여야 한다. 이 경우 내용연수를 설정하여야 하는 소방용품의 종류 및 그 내용연수 연한에 필요한 사항은 대통령령으로 정한다.

> **[시행령] 제19조 (내용연수 설정대상 소방용품)**
>
> ① 법 제17조제1항 후단에 따라 내용연수를 설정해야 하는 소방용품은 [분말형태의 소화약제를 사용하는 소화기, 이산화탄소 소화약제를 사용하는 소화기]로 한다.
> ② 제1항에 따른 소방용품의 내용연수는 [   ]년으로 한다.

제18조 (소방기술심의위원회)

① 다음 중 소방청에 중앙소방기술심의위원회(=중앙위원회)의 심의사항을 모두 고르면?
  ㉠ 소방본부장 또는 소방서장이 화재안전기준 또는 위험물 제조소등의 시설기준의 적용에 관하여 기술검토를 요청하는 사항
  ㉡ 연면적 10만제곱미터 미만의 특정소방대상물에 설치된 소방시설의 설계·시공·감리의 하자 유무에 관한 사항
  ㉢ 소방시설에 하자가 있는지의 판단에 관한 사항
  ㉣ 소방시설공사의 하자를 판단하는 기준에 관한 사항
  ㉤ 새로운 소방시설과 소방용품 등의 도입 여부에 관한 사항

> **[시행령] 제21조 (소방기술심의위원회의 구성 등)**
>
> ① 중앙소방기술심의위원회는 위원장을 포함하여 [   ]명 이내의 위원으로 성별을 고려하여 구성한다.
> ② 지방소방기술심의위원회는 위원장을 포함하여 [   ]명 이상 [   ]명 이하의 위원으로 구성한다.
> ③ 중앙위원회의 회의는 위원장과 위원장이 회의마다 지정하는 [   ]명 이상 [   ]명 이하의 위원으로 구성하고, [중앙위원회, 지방위원회]는 분야별 소위원회를 구성·운영할 수 있다.
>
> **[시행령] 제22조 (위원의 임명·위촉)**
>
> ① 중앙위원회의 위원은 [과장급, 계장급] 직위 이상의 소방공무원과 다음 각 호의 어느 하나에 해당하는 사람 중에서 소방청장이 임명하거나 성별을 고려하여 위촉한다.
>   1. [소방기술사, 소방시설관리사, 소방안전교육사]
>   2. [학사, 석사, 박사] 이상의 소방 관련 학위를 소지한 사람
>   3. 소방 관련 법인·단체에서 소방 관련 업무에 [   ]년 이상 종사한 사람
>   4. 소방공무원 교육기관, 대학교 또는 연구소에서 소방과 관련된 교육이나 연구에 [   ]년 이상 종사한 사람
> ② 중앙위원회 및 지방위원회의 위원 중 위촉위원의 임기는 [   ]년으로 하되, 한 차례만 연임할 수 있다.

제3절 방염

제20조 (특정소방대상물의 방염 등) 제21조 (방염성능의 검사)

① 방염성능기준 이상의 실내장식물 등을 설치해야 하는 특정소방대상물

  ㉠ 층수가 11층 이상의 아파트는 방염대상물품을 설치해야 하는 특정소방대상물이다. ○ ×
  ㉡ 옥내에 있는 수영장은 방염대상물품을 설치해야 하는 특정소방대상물이다. ○ ×
  ㉢ 숙박이 가능한 수련시설은 방염대상물품을 설치해야 하는 특정소방대상물이다. ○ ×
  ㉣ 교육연구시설 중 합숙소는 방염대상물품을 설치해야 하는 특정소방대상물이다. ○ ×
  ㉤ 근린생활시설 중 의원, 치과의원, 한의원, 조산원, 산후조리원, 체력단련장, 공연장, 종교집회장은 방염대상물품을 설치해야 하는 특정소방대상물이다. ○ ×
  ㉥ 방송통신시설 중 방송국 및 촬영소는 방염대상물품을 설치해야 하는 특정소방대상물이다. ○ ×

② 제조 또는 가공 공정에서 방염처리를 한 물품으로 옳은 것은?

  ㉠ 흡음(吸音)재 또는 방음(防音)재
  ㉡ 창문에 설치하는 커튼류(블라인드는 제외)
  ㉢ 두께가 2밀리미터 이상인 벽지류(종이벽지는 제외)
  ㉣ 암막·무대막(영화상영관에 설치하는 스크린과 가상체험 체육시설업에 설치하는 스크린을 포함)
  ㉤ 단란주점영업, 유흥주점영업 및 노래연습장업의 영업장에 설치하는 섬유류 또는 합성수지류 등을 원료로 하여 제작된 침구류·소파 및 의자

③ 방염성능기준에 대한 설명이다. 빈칸을 채우시오.

  1. 버너의 불꽃을 제거한 때부터 불꽃을 올리며 연소하는 상태가 그칠 때까지 시간은 [   ]초 이내일 것
  2. 버너의 불꽃을 제거한 때부터 불꽃을 올리지 않고 연소하는 상태가 그칠 때까지 시간은 [   ]초 이내일 것
  3. 탄화한 면적은 [   ]제곱센티미터 이내, 탄화한 길이는 [   ]센티미터 이내일 것
  4. 불꽃에 의하여 완전히 녹을 때까지 불꽃의 접촉 횟수는 [   ]회 이상일 것
  5. 소방청장이 정하여 고시한 방법으로 발연량(發煙量)을 측정하는 경우 최대연기밀도는 [   ] 이하일 것

④ 방염대상물품 중 설치 현장에서 방염처리를 하는 합판·목재류는 시·도지사가 실시하는 방염성능검사를 받은 것이어야 한다. ○ ×

CHAPTER 03 · 소방시설등의 자체점검

제22조 (소방시설등의 자체점검)

① 자체점검의 구분 및 대상, 점검인력의 배치기준, 점검자의 자격, 점검 장비, 점검 방법 및 횟수 등 자체점검 시 준수하여야 할 사항은 [대통령령, 행정안전부령]으로 정한다.

시행규칙 [별표 3]

소방시설등 자체점검의 구분 및 대상, 점검자의 자격, 점검 장비, 점검 방법 및 횟수 등 자체점검 시 준수해야할 사항

1. 소방시설등에 대한 자체점검은 다음과 같이 구분한다.
   가. [작동점검, 종합점검]: 소방시설등을 인위적으로 조작하여 소방시설이 정상적으로 작동하는지를 소방청장이 정하여 고시하는 소방시설등 작동점검표에 따라 점검하는 것을 말한다.

2. 작동점검과 종합점검의 구분
   ① 「화재의 예방 및 안전관리에 관한 법률 시행령」 별표 4 제1호가목의 특급소방안전관리대상물은 작동점검 대상이다. ⓞⓧ
   ② 관리업에 등록된 기술인력 중 소방시설관리사 또는 「소방시설공사업법 시행규칙」 별표 4의2에 따른 특급점검자는 2급 소방안전관리대상물의 작동점검을 할 수 있는 기술인력이다. ⓞⓧ
   ③ 물분무등소화설비[호스릴(Hose Reel) 방식의 물분무등소화설비만을 설치한 경우는 [포함, 제외]한다]가 설치된 연면적 [   ]㎡ 이상인 특정소방대상물(제조소등은 [포함, 제외]한다)
   ④ 「공공기관의 소방안전관리에 관한 규정」 제2조에 따른 공공기관 중 연면적이 [   ]㎡ 이상인 것으로서 [   ] 또는 [   ]가 설치된 것은 종합점검 대상이다.
   ⑤ 「다중이용업소의 안전관리에 관한 특별법 시행령」 제2조제1호나목, 같은 조 제2호(비디오물소극장업은 제외한다)·제6호·제7호·제7호의2 및 제7호의5의 다중이용업의 영업장이 설치된 특정소방대상물로서 연면적이 [   ]㎡ 이상인 것은 종합점검 대상이다.
   ⑥ 스프링클러설비가 설치된 특정소방대상물은 종합점검대상이다. ⓞⓧ
   ⑦ 소방안전관리자로 선임된 소방시설관리사 또는 소방공사감리자는 종합점검을 할 수 있는 기술인력이다. ⓞⓧ

3. 점검 횟수 및 시기
   ① 최초점검: 법 제22조제1항제1호에 따라 소방시설이 신설된 경우 「건축법」 제22조에 따라 건축물을 사용할 수 있게 된 날부터 [   ]일 이내 점검하는 것을 말한다.

② 작동점검은 [연, 분기, 월] [   ]회 이상 실시하며, 종합점검 대상은 종합점검(최초점검은 제외한다)을 받은 달부터 [1년, 6개월]이 되는 달에 실시한다.
③ 종합점검은 건축물의 사용승인일이 속하는 다음 달에 연 1회 이상 실시한다.
④ 특급 소방안전관리대상물의 종합점검은 반기에 1회 이상 실시한다.
⑤ 소방본부장 또는 소방서장은 소방청장이 소방안전관리가 우수하다고 인정한 특정소방대상물에 대해서는 [   ]년의 범위에서 소방청장이 고시하거나 정한 기간 동안 종합점검을 면제할 수 있다.

시행규칙 [별표 4]

소방시설등의 자체점검 시 점검인력의 배치기준

1. 점검인력 1단위는 다음과 같다.
   가. 관리업자가 점검하는 경우에는 주된 점검인력인 특급점검자 [   ]명과 보조 점검인력인 영 별표 9에 따른 주된 기술인력 또는 보조 기술인력 [   ]명을 점검인력 1단위로 하되, 점검인력 1단위에 보조 점검인력으로 [   ]명(같은 건축물을 점검할 때는 [   ]명) 이내의 주된 기술인력 또는 보조 기술인력을 추가할 수 있다.
   나. 소방안전관리자로 선임된 소방시설관리사 또는 소방기술사가 점검하는 경우에는 주된 점검인력인 소방시설관리사 또는 소방기술사 중 [   ]명과 보조 점검인력 [   ]명을 점검인력 1단위로 하되, 점검인력 1단위에 [   ]명 이내의 보조 점검인력을 추가할 수 있다. 이 경우 보조 점검인력은 해당 특정소방대상물의 관계인, 소방안전관리보조자 또는 관리업자 소속의 소방기술인력으로 할 수 있다.
   다. 관계인이 점검하는 경우에는 주된 점검인력인 관계인 [   ]명과 보조 점검인력 [   ]명을 점검인력 1단위로 한다. 이 경우 보조 점검인력은 해당 특정소방대상물의 관계인, 소방안전관리자, 소방안전관리보조자 또는 관리업자 소속의 소방기술인력으로 할 수 있다.

2. 점검인력 1단위가 하루 동안 점검할 수 있는 특정소방대상물의 연면적(이하 "점검한도 면적"이라 한다)은 다음 각 목과 같다.
   가. 종합점검: [   ]㎡
   나. 작동점검: [   ]㎡

3. 점검인력 1단위에 보조 점검인력을 1명씩 추가할 때마다 종합점검의 경우에는 [   ]㎡, 작동점검의 경우에는 [   ]㎡씩을 점검한도 면적에 더한다. 다만, 하루에 2개 이상의 특정소방대상물을 배치할 경우 1일 점검한도 면적은 특정소방대상물별로 투입된 점검인력에 따른 점검한도 면적의 평균값으로 적용하여 계산한다.

4. 점검인력은 하루에 [   ]개의 특정소방대상물에 한하여 배치할 수 있다. 다만 2개 이상의 특정소방대상물을 2일 이상 연속하여 점검하는 경우에는 배치기한을 초과해서는 안 된다.

5. 제3호부터 제6호까지의 규정에도 불구하고 아파트등을 점검할 때에는 다음 각 목의 기준에 따른다.
   가. 점검인력 1단위가 하루 동안 점검할 수 있는 아파트등의 세대수(이하 "점검한도 세대수"라 한다)는 종합점검 및 작동점검에 관계없이 [   ]세대로 한다.
   나. 점검인력 1단위에 보조 점검인력을 1명씩 추가할 때마다 [   ]세대씩을 점검한도 세대수에 더한다.

[시행규칙] 제23조 (소방시설등의 자체점검 결과의 조치 등)

① 관리업자 또는 소방안전관리자로 선임된 소방시설관리사 및 소방기술사(이하 "관리업자등"이라 한다)는 자체점검을 실시한 경우에는 그 점검이 끝난 날부터 [   ]일 이내에 별지 제9호서식의 소방시설등 자체점검 실시결과 보고서를 관계인에게 제출해야 한다.

② 제1항에 따른 자체점검 실시결과 보고서를 제출받거나 스스로 자체점검을 실시한 관계인은 자체점검이 끝난 날부터 [   ]일 이내에 소방시설등 자체점검 실시결과 보고서에 규정된 서류를 첨부하여 소방본부장 또는 소방서장에게 서면이나 소방청장이 지정하는 전산망을 통하여 보고해야 한다.

③ 소방본부장 또는 소방서장에게 자체점검 실시결과 보고를 마친 관계인은 소방시설등 자체점검 실시 결과 보고서(소방시설등점검표를 포함한다)를 점검이 끝난 날부터 [   ]년간 자체 보관해야 한다.

④ 소방시설등의 자체점검 결과 이행계획서를 보고받은 소방본부장 또는 소방서장은 다음 각 호의 구분에 따라 이행계획의 완료 기간을 정하여 관계인에게 통보해야 한다. 다만, 소방시설등에 대한 수리·교체·정비의 규모 또는 절차가 복잡하여 다음 각 호의 기간 내에 이행을 완료하기가 어려운 경우에는 그 기간을 달리 정할 수 있다.
   1. 소방시설등을 구성하고 있는 기계·기구를 수리하거나 정비하는 경우: 보고일로부터 [   ]일 이내
   2. 소방시설등을 전부 또는 일부를 철거하고 새로 교체하는 경우: 보고일로부터 [   ]일 이내

⑤ 완료기간 내에 이행계획을 완료한 관계인은 이행을 완료한 날로부터 [   ]일 이내에 별지 제11호서식의 소방시설등의 자체점검결과 이행완료 보고서에 규정된 서류를 첨부하여 소방본부장 또는 소방서장에게 보고해야 한다.

[시행규칙] 제24조 (이행계획 완료의 연기 신청 등)

① 영 제35조제2항에 따라 이행계획의 연기를 신청하려는 관계인은 완료기간 만료일 [   ]일 전까지 별지 제12호서식의 소방시설등의 자체점검 결과 이행계획 완료 연기신청서에 기간 내에 이행계획을 완료하기 곤란함을 증명할 수 있는 서류(전자문서를 포함한다)를 첨부하여 소방본부장 또는 소방서장에게 제출해야 한다.

② 제1항에 따른 이행계획 완료의 연기 신청서를 제출받은 소방본부장 또는 소방서장은 연기 신청을 받은 날부터 [   ]일 이내에 완료기간의 연기 여부를 결정하여 소방시설등의 자체점검 결과 이행계획 완료 연기신청 결과 통지서를 연기 신청을 한 자에게 통보해야 한다.

CHAPTER 04 · 소방시설관리사 및 소방시설관리업

제1절 소방시설관리사

제25조 (소방시설관리사)

① 소방시설관리사가 되려는 사람은 시·도지사가 실시하는 관리사시험에 합격하여야 한다. ○ ×

② 소방공무원으로 1년 이상 근무한 경력이 있는 사람은 소방시설관리사 시험에 응시할 수 있다. ○ ×

③ 소방안전 관련 학과의 학사학위를 취득한 후 3년 이상 소방실무경력이 있는 사람은 소방시설관리사 시험에 응시할 수 있다. ○ ×

④ 소방설비기사를 가지고 있는 사람은 소방시설관리사 시험에 응시할 수 있다. ○ ×

⑤ 관리사시험은 제1차시험과 제2차시험으로 구분하여 시행하고, 제1차시험은 선택형을 원칙으로 하고, 제2차시험은 논문형을 원칙으로 하되, 제2차시험의 경우에는 기입형을 포함할 수 있다. ○ ×

⑥ 제2차 시험과목은 소방시설의 점검실무행정(점검절차 및 점검기구 사용법을 포함한다) 소방시설의 설계 및 시공이다. ○ ×

⑦ 관리사시험은 2년마다 1회 시행하는 것을 원칙으로 하되, 소방청장이 필요하다고 인정하는 경우에는 그 횟수를 늘리거나 줄일 수 있다. ○ ×

⑧ 대학에서 소방안전 관련 학과 조교수 이상으로 2년 이상 재직한 사람은 시험위원으로 임명하거나 위촉할 수 있다. ○ ×

제26조 (부정행위자에 대한 제재)

소방청장은 시험에서 부정한 행위를 한 응시자에 대하여는 그 시험을 정지 또는 무효로 하고, 그 처분이 있은 날부터 [   ]간 시험 응시자격을 정지한다.

제27조 (관리사의 결격사유)

다음 중 소방시설관리사의 결격사유에 해당하는 것은?

① 피한정후견인

② 「소방기본법」에 따른 금고 이상의 실형을 선고받고 그 집행이 끝나거나(집행이 끝난 것으로 보는 경우를 포함한다) 집행이 면제된 날부터 2년이 지난 사람

③ 「위험물안전관리법」에 따른 금고 이상의 형의 집행유예를 선고받고 그 유예기간이 끝난 사람

④ 관리사 자격이 취소된 날부터 2년이 지나지 아니한 사람

제28조 (자격의 취소·정지)

다음 중 관리사 자격의 1차 취소 사유에 해당하지 않은 것은?
① 거짓이나 그 밖의 부정한 방법으로 시험에 합격한 경우
② 소방안전관리 업무를 하지 아니하거나 거짓으로 한 경우
③ 소방시설관리사증을 다른 자에게 빌려준 경우
④ 동시에 둘 이상의 업체에 취업한 경우

제29조 (소방시설관리업의 등록 등)

① 소방시설등의 점검 및 관리를 업으로 하려는 자 또는 「화재의 예방 및 안전관리에 관한 법률」 제25조에 따른 소방안전관리업무의 대행을 하려는 자는 대통령령으로 정하는 업종별로 [   ]에게 소방시설관리업(이하 "관리업"이라 한다) 등록을 하여야 한다.
② 제1항에 따른 업종별 기술인력 등 관리업의 등록기준 및 영업범위 등에 필요한 사항은 [대통령령, 행정안전부령]으로 정한다.

시행령 [별표 9]

소방시설관리업의 업종별 등록기준 및 영업범위

	기술인력	영업범위

전문
소방시설관리업
	가. 주된 기술인력
	  1) 소방시설관리사 자격을 취득한 후 소방 관련 실무경력이 [ ]년 이상인 사람 1명 이상
	  2) 소방시설관리사 자격을 취득한 후 소방 관련 실무경력이 [ ]년 이상인 사람 1명 이상
	나. 보조 기술인력
	  1) [ ]점검자 이상의 기술인력
	    : [ ]명 이상
	  2) [ ]점검자 이상의 기술인력
	    : [ ]명 이상
	  3) [ ]점검자 이상의 기술인력
	    : [ ]명 이상
		모든 특정소방대상물

일반 소방시설관리업	가. 주된 기술인력: 소방시설관리사 자격을 취득한 후 소방 관련 실무경력이 [ ]년 이상인 사람 1명 이상
	나. 보조 기술인력
	  1) [ ]점검자 이상의 기술인력
	    : [ ]명 이상
	  2) [ ]점검자 이상의 기술인력
	    : [ ]명 이상
		특정소방대상물 중 「화재의 예방 및 안전관리에 관한 법률 시행령」 별표 4에 따른 [특급, 1급, 2급, 3급] 소방안전관리대상물

[시행규칙] 제31조 (소방시설관리업의 등록증 및 등록수첩 발급 등)

시·도지사는 제출된 서류를 심사한 결과 첨부서류가 미비되어 있거나 신청서 및 첨부서류의 기재내용이 명확하지 않은 경우에는 [ ]일 이내의 기간을 정하여 이를 보완하게 할 수 있다.

제31조 (등록사항의 변경신고)

관리업자는 제29조에 따라 등록한 사항 중 행정안전부령으로 정하는 중요 사항이 변경되었을 때에는 행정안전부령으로 정하는 바에 따라 [ ]에게 변경사항을 신고하여야 한다.

[시행규칙] 제33조 (등록사항의 변경신고 사항)

소방시설관리업의 등록사항의 변경신고 사항에 해당하지 않은 것은?
① 명칭·상호 또는 영업소 소재지　　② 대표자
③ 기술인력　　④ 자본금

[시행규칙] 제34조 (등록사항의 변경신고 등)

관리업자는 등록사항 중 제33조 각 호의 사항이 변경됐을 때에는 법 제31조에 따라 변경일부터 [ ]일 이내에 별지 제26호서식의 소방시설관리업 등록사항 변경신고서에 그 변경사항별로 다음 각 호의 구분에 따른 서류를 첨부하여 시·도지사에게 제출하여야 한다.

제33조 (관리업의 운영)

① 관리업자가 「화재의 예방 및 안전관리에 관한 법률」 제25조에 따라 소방안전관리업무를 대행하게 하거나 제22조제1항에 따라 소방시설등의 점검업무를 수행하게 한 특정소방대상물의 관계인에게 지체 없이 그 사실을 알려야 하는 사유로 옳지 않은 것은?

　㉠ 관리업자의 지위를 승계한 경우
　㉡ 관리업의 등록취소 또는 영업정지 처분을 받은 경우
　㉢ 관리업의 경고처분을 받은 경우
　㉣ 휴업 또는 폐업을 한 경우

② 등록취소 또는 영업정지 처분을 받은 관리업자는 원칙적으로 그 날부터 소방안전관리업무를 대행하거나 소방시설등에 대한 점검을 하여서는 아니 된다.　　　O : X

제34조 (점검능력 평가 및 공시 등)

[소방청장, 시·도지사](은)는 특정소방대상물의 관계인이 적정한 관리업자를 선정할 수 있도록 하기 위하여 관리업자의 신청이 있는 경우 해당 관리업자의 점검능력을 종합적으로 평가하여 공시하여야 한다.

제36조 (과징금처분)

[소방청장, 시·도지사](은)는 관리업자에게 영업정지를 명하는 경우로서 그 영업정지가 이용자에게 불편을 주거나 그 밖에 공익을 해칠 우려가 있을 때에는 영업정지처분을 갈음하여 [　　　]원 이하의 과징금을 부과할 수 있다.

CHAPTER 05 · 소방용품의 품질관리

제37조 (소방용품의 형식승인 등)

① 연구개발 목적으로 제조하거나 수입하는 소방용품은 소방청장의 형식승인을 받아야 한다. ○ ×
② 형식승인을 받지 아니한 소방용품을 [   ]하거나 [   ] 목적으로 [   ]하거나 소방시설공사에 [   ]할 수 없다.
③ 소방용품을 판매하거나 판매 목적으로 진열하거나 소방시설공사에 사용할 수 있는 경우는?
  ㉠ 형식승인을 받지 아니한 것
  ㉡ 성능인증을 받지 아니한 것
  ㉢ 형상등을 임의로 변경한 것
  ㉣ 합격표시를 하지 아니한 것

제43조 (우수품질 제품에 대한 인증)

[소방청장, 시·도지사](은)는 제37조에 따른 형식승인의 대상이 되는 소방용품 중 품질이 우수하다고 인정하는 소방용품에 대하여 인증을 할 수 있다.

제45조 (소방용품의 제품검사 후 수집검사 등)

[소방청장, 시·도지사](은)는 소방용품의 품질관리를 위하여 필요하다고 인정할 때에는 유통 중인 소방용품을 수집하여 검사할 수 있다.

제49조 (청문)

「소방시설 설치 및 관리에 관한 법률」상 소방청장 또는 시·도지사가 청문을 하여야 하는 처분으로 옳지 않은 것은?
  ㉠ 관리사 자격의 취소 및 정지
  ㉡ 소방용품의 형식승인 취소 및 제품검사 중지
  ㉢ 우수품질인증의 취소 및 제품검사 중지
  ㉣ 전문기관의 지정취소 및 업무정지

제50조 (권한 또는 업무의 위임·위탁 등)

① 소방청장은 법 제50조제1항에 따라 화재안전기준 중 기술기준에 대한 법 제19조 각 호에 따른 관리·운영 권한을 [   ]에(게) 위임한다.

② 소방청장은 성능인증의 취소의 업무를 [   ]에(게) 위탁할 수 있다.

③ 소방청장은 형식승인 및 성능인증에 따른 제품검사 업무를 [   ] 또는 [   ]에 위탁할 수 있다.

CHAPTER 07 · 벌칙

제56조 (벌칙), 제57조 (벌칙), 제58조 (벌칙), 제59조 (벌칙), 제61조 (과태료)

① 제품검사에 합격하지 아니한 소방용품에 성능인증을 받았다는 표시 또는 제품검사에 합격하였다는 표시를 하거나 성능인증을 받았다는 표시 또는 제품검사에 합격하였다는 표시를 위조 또는 변조하여 사용한 자는 1년 이하의 징역 또는 1천만원 이하의 벌금에 처한다. ◯ ✕

② 피난시설, 방화구획 또는 방화시설의 폐쇄·훼손·변경 등의 행위를 한 자는 200만원 이하의 과태료를 부과한다. ◯ ✕

③ 소방시설등의 점검결과를 보고하지 아니한 자 또는 거짓으로 보고한 자는 200만원 이하의 과태료를 부과한다. ◯ ✕

④ 관리업의 등록을 하지 아니하고 영업을 한 자는 3년 이하의 징역 또는 3천만원 이하의 벌금에 처한다. ◯ ✕

⑤ 소방시설에 폐쇄·차단 등의 행위를 한 자는 5년 이하의 징역 또는 5천만원 이하의 벌금에 처한다. ◯ ✕

| MEMO |

정태성 말랑말랑 소방관계법규
www.modoofire.com

합격률 76%로 검증된 소방합격을 위한 당연한 선택

PART 6

화재의 예방 및 안전관리에 관한 법률

PART
06 · 화재의 예방 및 안전관리에 관한 법률

약칭: 화재예방법

CHAPTER 01 · **총칙**

제1조 (목적)

이 법은 화재의 [   ]과 [   ]에 필요한 사항을 규정함으로써 화재로부터 국민의 생명·신체 및 재산을 보호하고 공공의 [   ]과 [   ]에 이바지함을 목적으로 한다.

제2조 (정의)

1. "[   ]"이란 화재의 위험으로부터 사람의 생명·신체 및 재산을 보호하기 위하여 화재발생을 사전에 제거하거나 방지하기 위한 모든 활동을 말한다.
2. "[   ]"란 화재로 인한 피해를 최소화하기 위한 예방, 대비, 대응 등의 활동을 말한다.
3. "[   ]"란 소방청장, 소방본부장 또는 소방서장(이하 "소방관서장"이라 한다)이 [소방대상물, 특정소방대상물], 관계지역 또는 관계인에 대하여 소방시설등(「소방시설 설치 및 관리에 관한 법률」 제2조 제1항제2호에 따른 소방시설등을 말한다. 이하 같다)이 소방 관계 법령에 적합하게 설치·관리되고 있는지, [소방대상물, 특정소방대상물]에 화재의 발생 위험이 있는지 등을 확인하기 위하여 실시하는 현장조사·문서 열람·보고요구 등을 하는 활동을 말한다.
4. "[   ]"란 특별시장·광역시장·특별자치시장·도지사 또는 특별자치도지사(이하 "시·도지사"라 한다)가 화재발생 우려가 크거나 화재가 발생할 경우 피해가 클 것으로 예상되는 지역에 대하여 화재의 예방 및 안전관리를 강화하기 위해 지정·관리하는 지역을 말한다.
5. "[   ]"이란 화재가 발생할 경우 사회·경제적으로 피해 규모가 클 것으로 예상되는 소방대상물에 대하여 화재위험요인을 조사하고 그 위험성을 평가하여 개선대책을 수립하는 것을 말한다.

CHAPTER 02 · 화재의 예방 및 안전관리 기본계획의 수립·시행

제4조 (화재의 예방 및 안전관리 기본계획 등의 수립·시행)

① [   ]은 화재예방정책을 체계적·효율적으로 추진하고 이에 필요한 기반 확충을 위하여 화재의 예방 및 안전관리에 관한 기본계획(이하 "기본계획"이라 한다)을 [5년마다, 매년] 수립·시행하여야 한다.

② 기본계획은 대통령령으로 정하는 바에 따라 소방청장이 [관계 중앙행정기관의 장, 시·도지사](과)와 협의하여 수립한다.

> **[시행령] 제2조 (화재의 예방 및 안전관리 기본계획의 협의 및 수립)**
>
> 소방청장은 「화재의 예방 및 안전관리에 관한 법률」(이하 "법"이라 한다) 제4조에 따른 화재의 예방 및 안전관리에 관한 기본계획(이하 "기본계획"이라 한다)을 계획 시행 전년도 [   ]까지 관계 중앙행정기관의 장과 협의한 후 계획 시행 전년도 [   ]까지 수립해야 한다.

③ 기본계획에 포함되어야 하는 사항으로 옳지 않은 것은?(2개)
  ㉠ 소방대상물의 환경 및 화재위험특성 변화 추세 등 화재예방정책의 여건 변화에 관한 사항
  ㉡ 화재의 예방과 안전관리를 위한 법령·제도의 마련 등 기반 조성
  ㉢ 소방업무의 교육 및 홍보(소방자동차의 우선 통행 등에 관한 홍보를 포함)
  ㉣ 화재의 예방과 안전관리 관련 기술의 개발·보급
  ㉤ 주요 사업별 세부시행계획

④ [   ](은)는 기본계획을 시행하기 위하여 [5년마다, 매년] 시행계획을 수립·시행하여야 한다.

> **[시행령] 제4조 (시행계획의 수립·시행)**
>
> ① 소방청장은 법 제4조제4항에 따라 기본계획을 시행하기 위한 계획(이하 "시행계획"이라 한다)을 계획 시행 전년도 [   ]까지 수립하여야 한다.

⑤ 소방청장은 제1항 및 제4항에 따라 수립된 기본계획과 시행계획을 관계 중앙행정기관의 장과 시·도지사에게 통보하여야 한다.   ○ : ×

⑥ 제5항에 따라 기본계획과 시행계획을 통보받은 [   ]과 [   ]는 소관 사무의 특성을 반영한 세부시행계획을 수립·시행하고 그 결과를 소방청장에게 통보하여야 한다.

⑦ ①부터 ⑥까지에서 규정한 사항 외에 기본계획, 시행계획 및 세부시행계획의 수립·시행에 필요한 사항은 [대통령령, 행정안전부령]으로 정한다.

[시행령] 제5조 (세부시행계획의 수립·시행)

① 소방청장은 법 제4조제5항에 따라 관계 중앙행정기관의 장과 시·도지사에게 기본계획 및 시행계획을 각각 계획 시행 전년도 [   ]까지 통보하여야 한다.
② 관계 중앙행정기관의 장 및 시·도지사는 법 제4조제6항에 따라 소관 사무의 특성을 반영한 세부시행계획(이하 "세부시행계획"이라 한다)을 수립하여 계획 시행 전년도 [   ]까지 소방청장에게 통보해야 한다.

제5조 (실태조사)

① [소방청장, 시·도지사](은)는 기본계획 및 시행계획의 수립·시행에 필요한 기초자료를 확보하기 위하여 다음 각 호의 사항에 대하여 실태조사를 할 수 있다. 이 경우 관계 중앙행정기관의 장의 요청이 있는 때에는 합동으로 실태조사를 할 수 있다.
  1. 소방대상물의 용도별·규모별 현황
  2. 소방대상물의 화재의 예방 및 안전관리 현황
  3. 소방대상물의 소방시설등 설치·관리 현황
  4. 그 밖에 기본계획 및 시행계획의 수립·시행을 위하여 필요한 사항
② 제1항에 따른 실태조사의 방법 및 절차 등에 필요한 사항은 [대통령령, 행정안전부령]으로 정한다.

제6조 (통계의 작성 및 관리)

① 소방청장은 화재의 예방 및 안전관리에 관한 통계를 [5년마다, 매년] 작성·관리하여야 한다.

CHAPTER 03 · 화재안전조사

제7조 (화재안전조사)

① 소방관서장은 개인의 주거(실제 주거용도로 사용되는 경우에 한정한다)에 대한 화재안전조사는 관계인의 승낙이 있거나 화재안전조사의 실시를 사전에 통지하거나 공개하면 조사목적을 달성할 수 없다고 인정되는 경우에 한정한다. ○ ×

② 다음 중 화재안전조사를 실시하는 사유로 옳지 않은 것은?
  ㉠ 화재예방안전진단이 불성실하거나 불완전하다고 인정되는 경우
  ㉡ 국가적 행사 등 주요 행사가 개최되는 장소 및 그 주변의 관계 지역에 대하여 소방안전관리 실태를 조사할 필요가 있는 경우
  ㉢ 「소방시설 설치 및 관리에 관한 법률」 제22조에 따른 자체점검이 불성실하거나 불완전하다고 인정되는 경우
  ㉣ 관계인이 질병, 사고, 장기출장 등으로 화재안전조사에 참여할 수 없는 경우

제8조 (화재안전조사의 방법·절차 등)

① 소방관서장은 화재안전조사를 조사의 목적에 따라 제7조제2항에 따른 화재안전조사의 항목 전체 중 특정 항목에 한정하여 실시할 수는 없다. ○ ×

② 소방관서장은 화재안전조사를 실시하려는 경우 사전에 관계인에게 조사대상, 조사기간 및 조사사유 등을 우편, 전화, 전자메일 또는 문자전송을 통하여 통지할 수 없다. ○ ×

③ 통지를 받은 관계인은 천재지변이나 그 밖에 대통령령으로 정하는 사유로 화재안전조사를 받기 곤란한 경우에는 화재안전조사를 통지한 소방관서장에게 대통령령으로 정하는 바에 따라 화재안전조사를 연기하여 줄 것을 신청할 수 있다. 이 경우 소방관서장은 연기신청 승인 여부를 결정하고 그 결과를 [조사 시작 전, 조사 시작 3일 전]까지 관계인에게 알려 주어야 한다.

[시행령] 제8조 (화재안전조사의 방법·절차 등)

① 소방관서장은 화재안전조사를 실시하려는 경우 사전에 법 제8조제2항 각 호 외의 부분 본문에 따라 조사대상, 조사기간 및 조사사유 등 조사계획을 소방청, 소방본부 또는 소방서(이하 "소방관서"라 한다)의 인터넷 홈페이지나 법 제16조제3항에 따른 전산시스템을 통해 [   ] 일 이상 공개해야 한다.

[시행령] 제9조 (화재안전조사의 연기)

① 화재안전조사를 연기하여 줄 것을 신청할 수 있는 사유에 해당하는 것은?(2개)
  ㉠ 「재난 및 안전관리 기본법」 제3조제1호에 해당하는 재난이 발생한 경우
  ㉡ 경매 등의 사유로 소유권이 변동 중이거나 변동되어서 화재안전조사 실시가 어려운 경우
  ㉢ 화재가 자주 발생하였거나 발생할 우려가 뚜렷한 곳에 대한 조사가 필요한 경우
  ㉣ 권한 있는 기관에 자체점검기록부, 교육·훈련일지 등 화재안전조사에 필요한 장부·서류 등이 압수되거나 영치(領置)되어 있는 경우

제9조 (화재안전조사단 편성·운영)

① [소방청장, 소방본부장, 소방관서장]은 화재안전조사를 효율적으로 수행하기 위하여 대통령령으로 정하는 바에 따라 소방청에는 중앙화재안전조사단을, 소방본부 및 소방서에는 지방화재안전조사단을 편성하여 운영할 수 있다.

[시행령] 제10조 (화재안전조사단 편성·운영)

① 법 제9조제1항에 따른 중앙화재안전조사단 및 지방화재안전조사단(이하 "조사단"이라 한다)은 각각 단장을 포함하여 [   ]명 이내의 단원으로 성별을 고려하여 구성한다.
② 조사단의 단원은 다음 각 호의 어느 하나에 해당하는 사람 중에서 [   ]이 임명하거나 위촉하고, 단장은 단원 중에서 [   ]이 임명하거나 위촉한다.
  1. 소방공무원
  2. 소방업무와 관련된 단체 또는 연구기관 등의 임직원
  3. 소방 관련 분야에서 전문적인 지식이나 경험이 풍부한 사람

제10조 (화재안전조사위원회 구성·운영)

① [소방청장, 소방본부장, 소방관서장]은 화재안전조사의 대상을 객관적이고 공정하게 선정하기 위하여 필요한 경우 화재안전조사위원회를 구성하여 화재안전조사의 대상을 선정할 수 있다.
② 화재안전조사위원회의 구성·운영 등에 필요한 사항은 [대통령령, 행정안전부령]으로 정한다.

[시행령] 제11조 (화재안전조사위원회의 구성·운영 등)

① 법 제10조제1항에 따른 화재안전조사위원회(이하 "위원회"라 한다)는 위원장 1명을 포함하여 [　　]명 이내의 위원으로 성별을 고려하여 구성하고, 위원장은 [　　　　　]이 된다.

② 위원회의 위원은 다음 각 호의 어느 하나에 해당하는 사람 중에서 소방관서장이 임명하거나 위촉한다.

　1. [과장급, 계장급] 직위 이상의 소방공무원
　2. 소방기술사
　3. 소방시설관리사
　4. 소방 관련 분야의 [학사, 석사, 박사]학위 이상을 취득한 사람
　5. 소방 관련 법인 또는 단체에서 소방 관련 업무에 [　　]년 이상 종사한 사람
　6. 「소방공무원 교육훈련규정」 제3조제2항에 따른 소방공무원 교육훈련기관, 「고등교육법」 제2조의 학교 또는 연구소에서 소방과 관련한 교육 또는 연구에 [　　]년 이상 종사한 사람

③ 위촉위원의 임기는 [　　]년으로 하고, [한, 두]차례만 연임할 수 있다.

제13조 (화재안전조사 결과 통보)

소방관서장은 화재안전조사를 마친 때에는 그 조사 결과를 관계인에게 원칙적으로 구두로 통지하여야 한다.　○ ×

제14조 (화재안전조사 결과에 따른 조치명령)

① 소방특별조사 결과에 따른 조치명령 사항으로 옳지 않은 것은?

　㉠ 소방대상물의 개수(改修)
　㉡ 소방대상물의 사용의 금지 또는 제한
　㉢ 소방대상물의 공사의 정지 또는 중지
　㉣ 소방대상물의 용도변경

제15조 (손실보상)

[소방청장, 시·도지사, 소방관서장](는)은 제14조제1항에 따른 명령으로 인하여 손실을 입은 자가 있는 경우에는 대통령령으로 정하는 바에 따라 보상하여야 한다.

> **[시행령] 제14조 (손실보상)**
>
> ① 법 제15조에 따라 소방청장 또는 시·도지사가 손실을 보상하는 경우에는 [원가, 시가, 정부고시가격] (으)로 보상해야 한다.
>
> ② 보상금의 지급 또는 공탁의 통지에 불복하는 자는 지급 또는 공탁의 통지를 받은 날부터 [   ]일 이내에 「공익사업을 위한 토지 등의 취득 및 보상에 관한 법률」 제49조에 따라 설치된 [   ] 또는 [   ]에 재결(裁決)을 신청할 수 있다.

[시행령] 제15조 (화재안전조사 결과 공개)

① 소방관서장은 법 제16조제1항에 따라 화재안전조사 결과를 공개하는 경우 [   ]일 이상 해당 소방관서 인터넷 홈페이지나 전산시스템을 통해 공개해야 한다.

② 소방대상물의 관계인은 공개 내용 등을 통보받은 날부터 [   ]일 이내에 소방관서장에게 이의신청을 할 수 있다.

③ 소방관서장은 ②에 따라 이의신청을 받은 날부터 [   ]일 이내에 심사·결정하여 그 결과를 지체 없이 신청인에게 알려야 한다.

CHAPTER 04 · 화재의 예방조치 등

제17조 (화재의 예방조치 등)

① 소방차량의 통행이나 소화 활동에 지장을 줄 수 있는 물건의 이동을 명령할 수 있는 물건의 소유자, 관리자 또는 점유자를 알 수 없는 경우 관계자로 하여금 그 물건을 옮기거나 보관하는 등 필요한 조치를 하게 할 수 있다.

② ①에 따라 옮긴 물건 등에 대한 보관기간 및 보관기간 경과 후 처리 등에 필요한 사항은 [대통령령, 행정안전부령, 따로 법률](으)로 정한다.

③ 보일러, 난로, 건조설비, 가스·전기시설, 그 밖에 화재 발생 우려가 있는 [대통령령, 행정안전부령, 따로 법률](으)로 정하는 설비 또는 기구 등의 위치·구조 및 관리와 화재 예방을 위하여 불을 사용할 때 지켜야 하는 사항은 [대통령령, 행정안전부령, 따로 법률](으)로 정한다.

④ 화재가 발생하는 경우 불길이 빠르게 번지는 고무류·플라스틱류·석탄 및 목탄 등 [대통령령, 행정안전부령, 따로 법률](으)로 정하는 특수가연물(特殊可燃物)의 저장 및 취급 기준은 [대통령령, 행정안전부령, 따로 법률](으)로 정한다.

[시행령] 제17조 (옮긴 물건 등의 보관기간 및 보관기간 경과 후 처리)

① 소방관서장은 법 제17조제2항에 각 호 외의 부분 단서에 따라 옮긴 물건 등을 보관하는 경우에는 그 날부터 7일 동안 소방관서의 인터넷 홈페이지에 그 사실을 공고하여야 한다.

② 옮긴물건등의 보관기간은 ①에 따른 공고기간의 종료일부터 7일까지로 한다.

③ 소방관서장은 보관기간이 종료되는 때에는 보관하고 있는 옮긴물건등을 매각해야 한다. 다만, 보관하고 있는 옮긴물건등이 부패·파손 또는 이와 유사한 사유로 정해진 용도에 계속 사용할 수 없는 경우에는 폐기할 수 있다.

④ [소방청장, 시·도지사, 소방관서장](는)은 ③에 따라 매각되거나 폐기된 옮긴물건등의 소유자가 보상을 요구하는 경우에는 보상금액에 대하여 소유자와 협의를 거쳐 이를 보상해야 한다.

시행령 [별표 1]

보일러 등의 설비 또는 기구 등의 위치·구조 및 관리와
화재예방을 위하여 불을 사용할 때 지켜야 하는 사항
(제18조제2항 관련)

1. 보일러

   가. 가연성 벽·바닥 또는 천장과 접촉하는 증기기관 또는 연통의 부분은 규조토 등 [난연성, 불연성] 단열재로 덮어씌워야 한다.

   나. 경유·등유 등 [   ]를 사용할 때에는 다음 사항을 지켜야 한다.

   1) 연료탱크는 보일러 본체로부터 수평거리 [   ]미터 이상의 간격을 두어 설치할 것

   2) 연료탱크에는 화재 등 긴급상황이 발생하는 경우 연료를 차단할 수 있는 개폐밸브를 연료탱크로부터 [   ]미터 이내에 설치할 것

   3) 연료탱크 또는 보일러 등에 연료를 공급하는 배관에는 [   ]를 설치할 것

   4) 연료탱크가 넘어지지 않도록 받침대를 설치하고, 연료탱크 및 연료탱크 받침대는 [불연재료, 난연재료]로 할 것

   다. [   ]를 사용할 때에는 다음 사항을 지켜야 한다.

   1) 보일러를 설치하는 장소에는 [   ]를 설치하는 등 가연성 가스가 머무르지 않도록 할 것

   2) 연료를 공급하는 배관은 [   ]으로 할 것

   3) 화재 등 긴급 시 연료를 차단할 수 있는 개폐밸브를 연료용기 등으로부터 [   ]미터 이내에 설치할 것

   4) 보일러가 설치된 장소에는 [   ]를 설치할 것

   라. 화목(火木) 등 [   ]를 사용할 때에는 다음 사항을 지켜야 한다.

   1) 고체연료는 보일러 본체와 수평거리 [   ]미터 이상 간격을 두어 보관하거나 [불연재료, 난연재료]로 된 별도의 구획된 공간에 보관할 것

   2) 연통은 천장으로부터 [   ]미터 떨어지고, 연통의 배출구는 건물 밖으로 [   ]미터 이상 나오도록 설치할 것

   3) 연통의 배출구는 보일러 본체보다 [ ]미터 이상 높게 설치할 것

   4) 연통이 관통하는 벽면, 지붕 등은 [불연재료, 난연재료]로 처리할 것

   5) 연통재질은 불연재료로 사용하고 연결부에 [   ]를 설치할 것

   마. 보일러 본체와 벽·천장 사이의 거리는 [   ]미터 이상이어야 한다.

   바. 보일러를 실내에 설치하는 경우에는 [콘크리트바닥, 흙바닥] 또는 금속 외의 불연재료로 된 바닥 위에 설치해야 한다.

2. 난로
    가. 연통은 천장으로부터 [　　]미터 이상 떨어지고, 연통의 배출구는 건물 밖으로 [　　]미터 이상 나오게 설치해야 한다.
    나. 가연성 벽·바닥 또는 천장과 접촉하는 연통의 부분은 규조토 등 [난연성, 불연성]의 단열재로 덮어씌워야 한다.

3. 건조설비
    가. 건조설비와 벽·천장 사이의 거리는 [　　]미터 이상이어야 한다.
    나. 실내에 설치하는 경우에 벽·천장 및 바닥은 [불연재료, 난연재료]로 해야 한다.

4. 가스·전기시설
    가. 가스시설의 경우 「고압가스 안전관리법」, 「도시가스사업법」 및 「액화석유가스의 안전관리 및 사업법」에서 정하는 바에 따른다.
    나. 전기시설의 경우 「전기사업법」 및 「전기안전관리법」에서 정하는 바에 따른다.

5. 불꽃을 사용하는 용접·용단 기구
    용접 또는 용단 작업장에서는 다음 각 목의 사항을 지켜야 한다. 다만, 「산업안전보건법」 제38조의 적용을 받는 사업장에는 적용하지 않는다.
    가. 용접 또는 용단 작업장 주변 [직경, 반경] [　　]미터 이내에 소화기를 갖추어 둘 것
    나. 용접 또는 용단 작업장 주변 [직경, 반경] [　　]미터 이내에는 가연물을 쌓아두거나 놓아두지 말 것. 다만, 가연물의 제거가 곤란하여 방화포 등으로 방호조치를 한 경우는 제외한다.

6. 노·화덕설비
    가. 실내에 설치하는 경우에는 [콘크리트바닥, 흙바닥] 또는 금속 외의 불연재료로 된 바닥에 설치해야 한다.
    나. 노 또는 화덕을 설치하는 장소의 벽·천장은 [불연재료, 난연재료]로 된 것이어야 한다.
    다. 노 또는 화덕의 주위에는 녹는 물질이 확산되지 않도록 높이 [　　]미터 이상의 턱을 설치해야 한다.
    라. 시간당 열량이 30만킬로칼로리 이상인 노를 설치하는 경우에는 다음의 사항을 지켜야 한다.
        1) 「건축법」 제2조제1항제7호에 따른 주요구조부(이하 "주요구조부"라 한다)는 [불연재료, 난연재료] 이상으로 할 것
        2) 창문과 출입구는 「건축법 시행령」 제64조에 따른 [　　] 방화문 또는 [　　] 방화문으로 설치할 것
        3) 노 주위에는 [　　]미터 이상 공간을 확보할 것

7. 음식조리를 위하여 설치하는 설비

「식품위생법 시행령」 제21조제8호에 따른 식품접객업 중 일반음식점 주방에서 조리를 위하여 불을 사용하는 설비를 설치하는 경우에는 다음 각 목의 사항을 지켜야 한다.

가. 주방설비에 부속된 배출덕트(공기 배출통로)는 [   ]밀리미터 이상의 아연도금강판 또는 이와 같거나 그 이상의 내식성 불연재료로 설치할 것

나. 주방시설에는 동물 또는 식물의 기름을 제거할 수 있는 필터 등을 설치할 것

다. 열을 발생하는 조리기구는 반자 또는 선반으로부터 [   ]미터 이상 떨어지게 할 것

라. 열을 발생하는 조리기구로부터 [   ]미터 이내의 거리에 있는 가연성 주요구조부는 단열성이 있는 [불연재료, 난연재료]로 덮어 씌울 것

시행령 [별표 2]

특수가연물

품명		수량
면화류		[　　] kg 이상
나무껍질 및 대팻밥		[　　] kg 이상
넝마 및 종이부스러기		[　　] kg 이상
사류(絲類)		[　　] kg 이상
볏짚류		[　　] kg 이상
가연성고체류		[　　] kg 이상
석탄·목탄류		[　　] kg 이상
가연성액체류		[　　] m³ 이상
목재가공품 및 나무부스러기		[　　] m³ 이상
고무류·플라스틱류	발포시킨 것	[　　] m³ 이상
	그 밖의 것	[　　] kg 이상

비고

1. "면화류"란 불연성 또는 난연성인 면상 또는 팽이모양의 섬유와 마사(麻絲) 원료를 말한다. ○ ×
2. 넝마 및 종이부스러기는 불연성 또는 난연성이 아닌 것(동물 또는 식물의 기름이 깊이 스며들어 있는 옷감·종이 및 이들의 제품을 포함한다)에 한한다. ○ ×
3. "사류"란 불연성 또는 난연성이 아닌 실(실부스러기와 솜털을 제외한다)과 누에고치를 말한다. ○ ×
4. "볏짚류"란 젖은 볏짚·북데기와 이들의 제품 및 건초를 말한다. 다만, 축산용도로 사용하는 것은 제외한다. ○ ×
5. 석탄·목탄류에는 코크스, 석탄가루를 물에 갠 것, 마세크탄(조개탄), 연탄, 석유코크스, 활성탄 및 이와 유사한 것을 포함한다. ○ ×

시행령 [별표 3]

특수가연물의 저장 및 취급 기준

(제19조제2항 관련)

1. 특수가연물의 저장·취급 기준

   특수가연물은 다음 각 목의 기준에 따라 쌓아 저장해야 한다. 다만, 석탄·목탄류를 발전용(發電用)으로 저장하는 경우는 제외한다.

   가. [품명별, 수량별]로 구분하여 쌓을 것

   나. 다음의 기준에 맞게 쌓을 것

구분	살수설비를 설치하거나 방사능력 범위에 해당 특수가연물이 포함되도록 대형수동식소화기를 설치하는 경우	그 밖의 경우
높이	[　　]미터 이하	[　　]미터 이하
쌓는 부분의 바닥면적	[　　]제곱미터(석탄·목탄류의 경우에는 [　　]제곱미터) 이하	[　　]제곱미터(석탄·목탄류의 경우에는 [　　]제곱미터) 이하

   다. 실외에 쌓아 저장하는 경우 쌓는 부분이 대지경계선, 도로 및 인접 건축물과 최소 [　　]미터 이상 간격을 둘 것. 다만, 쌓는 높이보다 [　　]미터 이상 높은 「건축법 시행령」 제2조제7호에 따른 내화구조(이하 "내화구조"라 한다) 벽체를 설치한 경우는 그렇지 않다.

   라. 실내에 쌓아 저장하는 경우 주요구조부는 내화구조이면서 불연재료여야 하고, 다른 종류의 특수가연물과 같은 공간에 보관하지 않을 것. 다만, 내화구조의 벽으로 분리하는 경우는 그렇지 않다.

   마. 쌓는 부분 바닥면적의 사이는 실내의 경우 [　　]미터 또는 쌓는 높이의 [　　] 중 큰 값 이상으로 간격을 두어야 하며, 실외의 경우 [　　]미터 또는 쌓는 높이 중 큰 값 이상으로 간격을 둘 것

2. 특수가연물 표지

   가. 특수가연물을 저장 또는 취급하는 장소에는 품명, 최대저장수량, 단위부피당 질량 또는 단위체적당 질량, 관리책임자 성명·직책, 연락처 및 화기취급의 금지표시가 포함된 특수가연물 표지를 설치해야 한다. ○ ×

   나. 특수가연물 표지의 규격은 다음과 같다.

      1) 특수가연물 표지는 한 변의 길이가 [　　]미터 이상, 다른 한 변의 길이가 [　　]미터 이상인 직사각형으로 할 것

      2) 특수가연물 표지의 바탕은 [　　]으로, 문자는 [　　]으로 할 것. 다만, "화기엄금" 표시 부분은 제외한다.

      3) 특수가연물 표지 중 화기엄금 표시 부분의 바탕은 [　　]으로, 문자는 [　　]으로 할 것

제18조 (화재예방강화지구의 지정 등)

① 시·도지사는 공장·창고가 있는 지역을 화재예방강화지구로 지정하여 관리할 수 있다. ○ ×

② 시·도지사는 노후·불량건축물이 밀집한 지역을 화재예방강화지구로 지정하여 관리할 수 있다. ○ ×

③ 소방관서장은 석유화학제품을 생산하는 공장이 있는 지역을 화재예방강화지구로 지정하여 관리할 수 있다. ○ ×

④ 소방관서장은 시장지역을 화재예방강화지구로 지정하여 관리할 수 있다. ○ ×

⑤ 시·도지사는 소방시설·소방용수시설 또는 소방출동로가 없는 지역을 화재예방강화지구로 지정하여 관리할 수 있다. ○ ×

⑥ [시·도지사, 소방관서장](는)은 대통령령으로 정하는 바에 따라 화재예방강화지구의 지정 현황, 화재안전조사의 결과, 소방설비등의 설치 명령 현황, 소방훈련 및 교육 현황 등이 포함된 화재예방강화지구에서의 화재예방에 필요한 자료를 [5년마다, 매년] 작성·관리하여야 한다.

⑦ 시·도지사가 화재예방강화지구로 지정할 필요가 있는 지역을 화재예방강화지구로 지정하지 아니하는 경우 소방청장은 해당 지역을 화재예방강화지구로 지정하여 관리할 수 있다. ○ ×

⑧ 시·도지사는 물류단지가 있는 지역을 화재예방강화지구로 지정하여 관리할 수 있다. ○ ×

[시행령] 제20조 (화재예방강화지구의 관리)

① 소방관서장은 법 제18조제3항에 따라 화재예방강화지구 안의 소방대상물의 위치·구조 및 설비 등에 대한 화재안전조사를 연 1회 이상 실시해야 한다. ○ ×

② 소방관서장은 법 제18조제5항에 따라 화재예방강화지구 안의 관계인에 대하여 소방에 필요한 훈련 및 교육을 연 1회 이상 실시할 수 있다. ○ ×

③ 소방관서장은 제2항에 따라 소방에 필요한 훈련 및 교육을 실시하려는 경우에는 화재예방강화지구 안의 관계인에게 훈련 또는 교육 30일 전까지 그 사실을 통보하여야 한다. ○ ×

제19조 (화재의 예방 등에 대한 지원)

① [소방청장, 시·도지사](는)은 제18조제4항에 따라 소방설비등의 설치를 명하는 경우 해당 관계인에게 소방설비등의 설치에 필요한 지원을 할 수 있다.

② [소방청장, 소방서장](는)은 관계 중앙행정기관의 장 및 시·도지사에게 제1항에 따른 지원에 필요한 협조를 요청할 수 있다.

③ 시·도지사는 제2항에 따라 소방청장의 요청이 있거나 화재예방강화지구 안의 소방대상물의 화재안전성능 향상을 위하여 필요한 경우 [대통령령, 행정안전부령, 시·도의 조례](으)로 정하는 바에 따라 소방설비등의 설치에 필요한 비용을 지원할 수 있다.

제20조 (화재 위험경보)

[소방청장, 시·도지사, 소방관서장](는)은 「기상법」 제13조, 제13조의2, 및 제13조의4에 따른 기상현상 및 기상영향에 대한 예보·특보·태풍예보에 따라 화재의 발생 위험이 높다고 분석·판단되는 경우에는 [대통령령, 행정안전부령, 시·도의 조례](으)로 정하는 바에 따라 화재에 관한 위험경보를 발령하고 그에 따른 필요한 조치를 할 수 있다.

제21조 (화재안전영향평가)

① [소방청장, 시·도지사, 소방관서장](는)은 화재발생 원인 및 연소과정을 조사·분석하는 등의 과정에서 법령이나 정책의 개선이 필요하다고 인정되는 경우 그 법령이나 정책에 대한 화재 위험성의 유발요인 및 완화방안에 대한 평가(이하 "화재안전영향평가"라 한다)를 실시할 수 있다.
② [소방청장, 시·도지사, 소방관서장](는)은 제1항에 따라 화재안전영향평가를 실시한 경우 그 결과를 해당 법령이나 정책의 소관 기관의 장에게 통보하여야 한다.
③ 화재안전영향평가의 방법·절차·기준 등에 필요한 사항은 [대통령령, 행정안전부령, 시·도의 조례](으)로 정한다.

제22조 (화재안전영향평가심의회)

① [소방청장, 시·도지사, 소방관서장](는)은 화재안전영향평가에 관한 업무를 수행하기 위하여 화재안전영향평가심의회(이하 "심의회"라 한다)를 구성·운영할 수 있다.
② 심의회는 위원장 1명을 포함한 [   ]명 이내의 위원으로 구성한다.
③ 위원장은 위원 중에서 [   ]하고, 위원은 다음 각 호의 사람으로 한다.
  1. 화재안전과 관련되는 법령이나 정책을 담당하는 관계 기관의 소속 직원으로서 대통령령으로 정하는 사람
  2. 소방기술사 등 대통령령으로 정하는 화재안전과 관련된 분야의 학식과 경험이 풍부한 전문가로서 소방청장이 위촉한 사람
④ 제2항 및 제3항에서 규정한 사항 외에 심의회의 구성·운영 등에 필요한 사항은 [대통령령, 행정안전부령, 시·도의 조례](으)로 으로 정한다.

제23조 (화재안전취약자에 대한 지원)

① [소방청장, 시·도지사, 소방관서장](는)은 어린이, 노인, 장애인 등 화재의 예방 및 안전관리에 취약한 자(이하 "화재안전취약자"라 한다)의 안전한 생활환경을 조성하기 위하여 소방용품의 제공 및 소방시설의 개선 등 필요한 사항을 지원하기 위하여 노력하여야 한다.
② 제1항에 따른 화재안전취약자에 대한 지원의 대상·범위·방법 및 절차 등에 필요한 사항은 [대통령령, 행정안전부령, 시·도의 조례](으)로 정한다.

CHAPTER 05 · 소방대상물의 소방안전관리

제24조 (특정소방대상물의 소방안전관리)

① 다른 안전관리자(다른 법령에 따라 전기·가스·위험물 등의 안전관리 업무에 종사하는 자를 말한다.)는 소방안전관리대상물 중 2급 소방안전관리대상물의 소방안전관리자를 겸할 수 없다. ○ ×

② 아래의 내용을 보고 물음에 답하시오.

1. 제36조에 따른 피난계획에 관한 사항과 대통령령으로 정하는 사항이 포함된 소방계획서의 작성 및 시행
2. 자위소방대(自衛消防隊) 및 초기대응체계의 구성, 운영 및 교육
3. 「소방시설 설치 및 관리에 관한 법률」 제16조에 따른 피난시설, 방화구획 및 방화시설의 관리
4. 소방시설이나 그 밖의 소방 관련 시설의 관리
5. 제37조에 따른 소방훈련 및 교육
6. 화기(火氣) 취급의 감독
7. 행정안전부령으로 정하는 바에 따른 소방안전관리에 관한 업무수행에 관한 기록·유지(제3호·제4호 및 제6호의 업무를 말한다)
8. 화재발생 시 초기대응
9. 그 밖에 소방안전관리에 필요한 업무

㉠ 소방안전관리대상물의 경우에만 해당하는 소방안전관리 업무를 모두 고르면?

㉡ 층수가 11층 이상인 1급 소방안전관리대상물에서 관리업자로 하여금 소방안전관리업무 중 대행하게 할 수 있는 업무를 고르면?

시행령 [별표 4]

소방안전관리자를 선임해야 하는 소방안전관리대상물의 범위와
소방안전관리자의 선임 대상별 자격 및 인원기준(제25조제1항 관련)

1. 특급 소방안전관리대상물

가. 범위		「소방시설 설치 및 관리에 관한 법률 시행령」 별표 2의 특정소방대상물 중 다음의 어느 하나에 해당하는 것 1) [　　]층 이상(지하층은 [포함, 제외]한다)이거나 지상으로부터 높이가 [　　]미터 이상인 아파트 2) [　　]층 이상(지하층을 [포함, 제외]한다)이거나 지상으로부터 높이가 [　　]미터 이상인 특정소방대상물(아파트는 제외한다) 3) 2)에 해당하지 않는 특정소방대상물로서 연면적이 [　　]제곱미터 이상인 특정소방대상물(아파트는 제외한다)
나. 선임자격		다음 각 호의 어느 하나에 해당하는 사람으로서 특급 소방안전관리자 자격증을 받은 사람 1) 소방기술사 또는 소방시설관리사의 자격이 있는 사람 2) 소방설비기사의 자격을 취득한 후 [　　]년 이상 1급 소방안전관리대상물의 소방안전관리자로 근무한 실무경력(법 제24조제3항에 따라 소방안전관리자로 선임되어 근무한 경력은 제외한다. 이하 이 표에서 같다)이 있는 사람 3) 소방설비산업기사의 자격을 취득한 후 [　　]년 이상 1급 소방안전관리대상물의 소방안전관리자로 근무한 실무경력이 있는 사람 4) 소방공무원으로 [　　]년 이상 근무한 경력이 있는 사람 5) 소방청장이 실시하는 특급 소방안전관리대상물의 소방안전관리에 관한 시험에 합격한 사람
다. 선임인원		1명 이상

2. 1급 소방안전관리대상물

가. 범위		「소방시설 설치 및 관리에 관한 법률 시행령」별표 2의 특정소방대상물 중 제1호의 특급 소방안전관리대상물을 제외하고 다음의 어느 하나에 해당하는 것 1) [　　]층 이상(지하층은 [포함, 제외]한다)이거나 지상으로부터 높이가 [　　]미터 이상인 아파트 2) 연면적 [　　]제곱미터 이상인 특정소방대상물(아파트 및 연립주택은 제외한다) 3) 2)에 해당하지 않는 특정소방대상물로서 층수가 [　　]층 이상인 특정소방대상물(아파트는 제외한다) 4) 가연성 가스를 [　　]톤 이상 저장·취급하는 시설

나. 선임자격	다음 각 호의 어느 하나에 해당하는 사람으로서 1급 소방안전관리자 자격증을 받은 사람 또는 제1호에 따른 특급 소방안전관리대상물의 소방안전관리자 자격증을 발급받은 사람 1) 소방설비기사 또는 소방설비산업기사의 자격이 있는 사람 2) 소방공무원으로 [　　]년 이상 근무한 경력이 있는 사람 3) 소방청장이 실시하는 1급 소방안전관리대상물의 소방안전관리에 관한 시험에 합격한 사람
다. 선임인원	1명 이상

3. 2급, 3급 소방안전관리대상물

가. 범위	1) 간이스프링클러설비를 설치하여야 하는 특정소방대상물은 [2, 3]급 소방안전관리대상물에 해당한다. 2) 「문화유산의 보존 및 활용에 관한 법률」제23조에 따라 보물 또는 국보로 지정된 목조건축물은 [2, 3]급 소방안전관리대상물에 해당한다. 3) 물분무등 소화설비를 설치해야 하는 특정소방대상물[호스릴(Hose Reel) 방식의 물분무등 소화설비만을 설치한 경우는 [포함, 제외] 한다]은 [2, 3]급 소방안전관리대상물에 해당한다. 4) 가스 제조설비를 갖추고 도시가스사업의 허가를 받아야 하는 시설 또는 가연성 가스를 [　　]톤 이상 1천톤 미만 저장·취급하는 시설은 2급 소방안전관리대상물에 해당한다.
나. 선임자격	다음 각 호의 어느 하나에 해당하는 사람으로서 2급 소방안전관리자 자격증을 받은 사람 1) 위험물기능장·위험물산업기사 또는 위험물기능사 자격을 가진 사람은 2급 소방안전관리자가 될 수 있다.　◯ ✕ 2) 소방공무원으로 [　　]년 이상 근무한 경력이 있는 사람은 2급 소방안전관리자가 될 수 있다.
다. 선임인원	1명 이상

[비고]
1. 동·식물원, 철강 등 불연성 물품을 저장·취급하는 창고, 위험물 저장 및 처리 시설 중 제조소등과 지하구는 [특급, 1급, 2급, 3급] 소방안전관리대상물에서 제외한다.

시행령 [별표 5]

소방안전관리보조자를 선임해야 하는
소방안전관리대상물의 범위와 선임 대상별 자격 및 인원기준

(제26조제2항 관련)

① 아파트 및 연립주택을 제외한 연면적이 [   ]제곱미터 이상인 특정소방대상물은 소방안전관리보조자를 선임해야 하는 특정소방대상물이다.

② [   ]세대 이상인 아파트는 소방안전관리보조자를 선임해야 하는 특정소방대상물이다.

③ 노유자시설은 소방안전관리보조자를 선임해야 하는 특정소방대상물이다.   ○ ×

④ 문화 및 집회시설은 소방안전관리보조자를 선임해야 하는 특정소방대상물이다.   ○ ×

⑤ 숙박시설로 사용되는 바닥면적의 합계가 1천500제곱미터 미만이고 관계인이 24시간 상시 근무하고 있는 숙박시설은 소방안전관리보조자를 선임해야 하는 특정소방대상물이다.   ○ ×

⑥ 운동시설은 소방안전관리보조자를 선임해야 하는 특정소방대상물이다.   ○ ×

⑦ 위락시설은 소방안전관리보조자를 선임해야 하는 특정소방대상물이다.   ○ ×

⑧ 소방안전관리보조자는 초과되는 연면적 [   ]제곱미터(특정소방대상물의 종합방재실에 자위소방대가 24시간 상시 근무하고「소방장비관리법 시행령」별표 1 제1호가목에 따른 소방자동차 중 소방펌프차, 소방물탱크차, 소방화학차 또는 무인방수차를 운용하는 경우에는 [   ]제곱미터로 한다)마다 1명 이상을 추가로 선임해야 한다.

[시행규칙] 제10조 (소방안전관리업무 수행에 관한 기록·유지)

① 영 제25조제1항의 소방안전관리대상물(이하 "소방안전관리대상물"이라 한다)의 소방안전관리자는 법 제24조제5항제7호에 따른 소방안전관리 업무수행에 관한 기록을 별지 제12호 서식에 따라 [   ] 이상 작성·관리해야 한다.

② 소방안전관리자는 소방안전관리업무 수행 중 보수 또는 정비가 필요한 사항을 발견한 경우에는 이를 지체 없이 관계인에게 알리고, 별지 제12호서식에 기록해야 한다.   ○ ×

③ 소방안전관리자는 제1항에 따른 업무수행에 관한 기록을 작성한 날부터 [   ]간 보관해야 한다.

제26조 (소방안전관리자 선임신고 등)

① 소방안전관리대상물의 관계인이 제24조에 따라 소방안전관리자 또는 소방안전관리보조자를 선임한 경우에는 행정안전부령으로 정하는 바에 따라 선임한 날부터 [   ]일 이내에 [시·도지사, 소방본부장 또는 소방서장]에게 신고하고, 소방안전관리대상물의 출입자가 쉽게 알 수 있도록 소방안전관리자의 성명과 그 밖에 행정안전부령으로 정하는 사항을 게시하여야 한다.

제29조 (건설현장 소방안전관리)

① 「소방시설 설치 및 관리에 관한 법률」 제15조제1항에 따른 공사시공자가 화재발생 및 화재피해의 우려가 큰 대통령령으로 정하는 특정소방대상물(이하 "건설현장 소방안전관리대상물"이라 한다)을 신축·증축·개축·재축·이전·용도변경 또는 대수선 하는 경우에는 제24조제1항에 따른 소방안전관리자로서 제34조에 따른 교육을 받은 사람을 소방시설공사 착공 신고일부터 건축물 사용승인일(「건축법」 제22조에 따라 건축물을 사용할 수 있게 된 날을 말한다)까지 소방안전관리자로 선임하고 행정안전부령으로 정하는 바에 따라 [시·도지사, 소방본부장 또는 소방서장]에게 신고하여야 한다.

> **[시행령] 제29조 (건설현장 소방안전관리대상물)**
>
> 법 제29조제1항에 따른 "화재발생 및 화재피해의 우려가 큰 대통령령으로 정하는 특정소방대상물"이란 다음 각 호의 어느 하나에 해당하는 특정소방대상물을 말한다.
> 1. 신축·증축·개축·재축·이전·용도변경 또는 대수선을 하려는 부분의 연면적의 합계가 [   ] 제곱미터 이상인 것
> 2. 신축·증축·개축·재축·이전·용도변경 또는 대수선을 하려는 부분의 연면적이 [   ]제곱미터 이상인 것으로서 다음 각 목의 어느 하나에 해당하는 것
>   가. 지하층의 층수가 [   ] 층 이상인 것
>   나. 지상층의 층수가 [   ] 이상인 것

제31조 (소방안전관리자 자격의 정지 및 취소)

① 소방청장은 소방안전관리자 자격증을 발급받은 사람의 그 자격을 반드시 취소(1차 취소)하여야 하는 경우로 옳은 것을 모두 고르면?
   ㉠ 거짓이나 그 밖의 부정한 방법으로 소방안전관리자 자격증을 발급받은 경우
   ㉡ 제24조제5항에 따른 소방안전관리업무를 게을리한 경우
   ㉢ 제30조제4항을 위반하여 소방안전관리자 자격증을 다른 사람에게 빌려준 경우
   ㉣ 제34조에 따른 실무교육을 받지 아니한 경우
   ㉤ 이 법 또는 이 법에 따른 명령을 위반한 경우
② 제1항에 따라 소방안전관리자 자격이 취소된 사람은 취소된 날부터 [   ]간 소방안전관리자 자격증을 발급받을 수 없다.

[시행규칙] 제20조 (소방안전관리자 자격시험의 방법)

① 소방청장은 소방안전관리자 자격시험을 다음 각 호와 같이 실시한다.
　1. 특급 소방안전관리자 자격시험: [　　]회 이상
　2. 1급·2급·3급 소방안전관리자 자격시험: [　　]회 이상

[시행규칙] 제25조 (강습교육의 실시)

① 소방청장은 법 제34조제1항제1호에 따른 강습교육의 대상·일정·횟수 등을 포함한 강습교육의 실시계획을 [5년마다, 매년] 수립·시행해야 한다.
② 소방청장은 강습교육을 실시하려는 경우에는 강습교육 실시 [　　]일 전까지 일시·장소 그 밖의 강습교육 실시에 필요한 사항을 인터넷 홈페이지에 공고해야 한다.

[시행규칙] 제29조 (실무교육의 실시)

① 소방청장은 실무교육을 실시하려는 경우에는 실무교육 실시 [　　]일 전까지 일시·장소, 그 밖에 실무교육 실시에 필요한 사항을 인터넷 홈페이지에 공고하고 교육대상자에게 통보해야 한다.
② 소방안전관리자는 소방안전관리자로 선임된 날부터 [　　] 이내에 실무교육을 받아야 하며, 그 이후에는 [2년마다, 매년] 1회 이상 실무교육을 받아야 한다. 다만, 소방안전관리 강습교육 또는 실무교육을 받은 후 1년 이내에 소방안전관리자로 선임된 사람은 해당 강습교육 또는 실무교육을 수료한 날을 실무교육을 받은 날로 본다.

제35조 (관리의 권원이 분리된 특정소방대상물의 소방안전관리)

① 다음 각 호의 어느 하나에 해당하는 특정소방대상물로서 그 관리의 권원(權原)이 분리되어 있는 특정소방대상물의 경우 그 관리의 권원별 관계인은 대통령령으로 정하는 바에 따라 제24조제1항에 따른 소방안전관리자를 선임하여야 한다. 다만, 소방본부장 또는 소방서장은 관리의 권원이 많아 효율적인 소방안전관리가 이루어지지 아니한다고 판단되는 경우 대통령령으로 정하는 바에 따라 관리의 권원을 조정하여 소방안전관리자를 선임하도록 할 수 있다.
　1. 복합건축물(지하층을 [포함, 제외]한 층수가 [　　]층 이상 또는 연면적 [　　]제곱미터 이상인 건축물)
　2. [지하가, 지하구]
　3. 판매시설 중 [　　　　], [　　　　] 및 [　　　　]을 말한다.

제36조 (피난계획의 수립 및 시행)

① [소방안전관리대상물의 관계인, 소방본부장 또는 소방서장]은 그 장소에 근무하거나 거주 또는 출입하는 사람들이 화재가 발생한 경우에 안전하게 피난할 수 있도록 피난계획을 수립·시행하여야 한다.

② [소방안전관리대상물의 관계인, 소방본부장 또는 소방서장]은 피난시설의 위치, 피난경로 또는 대피요령이 포함된 피난유도 안내정보를 근무자 또는 거주자에게 정기적으로 제공하여야 한다.

③ 제1항에 따른 피난계획의 수립·시행, 제3항에 따른 피난유도 안내정보 제공에 필요한 사항은 [대통령령, 행정안전부령]으로 정한다.

[시행규칙] 제35조 (피난유도 안내정보의 제공)

① 법 제36조제3항에 따른 피난유도 안내정보는 다음 각 호의 어느 하나의 방법으로 제공한다.
   1. 연 [   ] 피난안내 교육을 실시하는 방법
   2. [연, 반기별, 분기별] 1회 이상 피난안내방송을 실시하는 방법
   3. 피난안내도를 층마다 보기 쉬운 위치에 게시하는 방법
   4. 엘리베이터, 출입구 등 시청이 용이한 장소에 피난안내영상을 제공하는 방법

CHAPTER 06 · 특별관리시설물의 소방안전관리

제40조 (소방안전 특별관리시설물의 안전관리)

① 영화상영관 중 수용인원 100명 이상인 영화상영관은 소방안전 특별관리시설물이다. O X
② 점포가 [   ]개 이상인 전통시장은 소방안전 특별관리시설물이다.
③ [소방청장, 시·도지사](는)은 소방안전 특별관리기본계획에 저촉되지 아니하는 범위에서 관할 구역에 있는 소방안전 특별관리시설물의 안전관리에 적합한 소방안전 특별관리시행계획을 제4조제6항에 따른 세부시행계획에 포함하여 수립 및 시행하여야 한다.
④ 물류창고로서 연면적 [   ]제곱미터 이상인 것은 소방안전 특별관리시설물이다.
⑤ 소방청장은 소방안전 특별관리기본계획을 [5년마다, 매년] 수립하여 시·도에 통보하여야 한다.

제41조 (화재예방안전진단)

① 대통령령으로 정하는 소방안전 특별관리시설물의 관계인은 화재의 예방 및 안전관리를 체계적·효율적으로 수행하기 위하여 대통령령으로 정하는 바에 따라 [한국소방안전원, 한국소방산업기술원] 또는 소방청장이 지정하는 화재예방안전진단기관(이하 "진단기관"이라 한다)으로부터 정기적으로 화재예방안전진단을 받아야 한다.
② 화재예방안전진단 대상으로 옳지 않은 것은?
   ㉠ 전력용 및 통신용 지하구 중 「국토의 계획 및 이용에 관한 법률」 제2조제9호에 따른 공동구
   ㉡ 발전소 중 연면적이 5천제곱미터 이상인 발전소
   ㉢ 「영화 및 비디오물의 진흥에 관한 법률」 제2조제10호의 영화상영관 중 수용인원 1천명 이상인 영화상영관
   ㉣ 도시철도시설 중 역사 및 역 시설의 연면적이 5천제곱미터 이상인 도시철도시설

[시행령] 제44조 (화재예방안전진단의 실시 절차 등)

① 화재예방안전진단을 받은 소방안전 특별관리시설물의 관계인은 안전등급에 따라 정기적으로 다음 각 호의 기한에 따라 화재예방안전진단을 받아야 한다.
   1. 안전등급이 우수인 경우 : 안전등급을 통보받은 날부터 [   ]이 경과한 날이 속하는 해
   2. 안전등급이 양호·보통인 경우 : 안전등급을 통보받은 날부터 [   ]이 경과한 날이 속하는 해
   3. 안전등급이 미흡·불량인 경우 : 안전등급을 통보받은 날부터 [   ]이 경과한 날이 속하는 해
② 화재예방안전진단 실시 결과 문제점이 다수 발견되었으나 대상물의 전반적인 화재안전에는 이상이 없으며 대상물에 대한 다수의 조치명령이 필요한 상태의 안전등급은 [우수(A), 양호(B), 보통(C), 미흡(D), 불량(E)]등급이다.
③ 화재예방안전진단 실시 결과 광범위한 문제점이 발견되어 대상물의 화재안전을 위해 조치명령의 즉각적인 이행이 필요하고 대상물의 사용 제한을 권고할 필요가 있는 상태의 안전등급은 [우수(A), 양호(B), 보통(C), 미흡(D), 불량(E)]등급이다.

제42조 (진단기관의 지정 및 취소)

① 소방청장이 진단기관으로 지정받은 자의 지정을 반드시 취소(1차 취소)하여야 하는 사유로 옳은 것을 모두 고르면?
  ㉠ 거짓이나 그 밖의 부정한 방법으로 지정을 받은 경우
  ㉡ 화재예방안전진단 결과를 소방본부장 또는 소방서장, 관계인에게 제출하지 아니한 경우
  ㉢ 지정기준에 미달하게 된 경우
  ㉣ 업무정지기간에 화재예방안전진단 업무를 한 경우

CHAPTER 07 · 보칙

제44조 (우수 소방대상물 관계인에 대한 포상 등)

① [소방청장, 소방관서장]은 소방대상물의 자율적인 안전관리를 유도하기 위하여 안전관리 상태가 우수한 소방대상물을 선정하여 우수 소방대상물 표지를 발급하고, 소방대상물의 관계인을 포상할 수 있다.

② 제1항에 따른 우수 소방대상물의 선정 방법, 평가 대상물의 범위 및 평가 절차 등에 필요한 사항은 [대통령령, 행정안전부령]으로 정한다.

제46조 (청문)

소방청장 또는 시·도지사가 청문을 하여야 하는 처분 대상으로 옳은 것을 모두 고르면?
  ㉠ 소방안전관리자의 자격 취소
  ㉡ 소방안전관리자의 자격 정지
  ㉢ 진단기관의 지정 취소
  ㉣ 진단기관의 업무 정지

[시행령] 제48조 (권한의 위임·위탁 등)

① 소방청장은 소방안전관리자 자격의 정지 및 취소에 관한 업무를 [소방서장, 안전원장]에(게) 위임한다.

CHAPTER 08 · 벌칙

제50조 (벌칙), 제52조 (과태료)

① (소방안전관리자) 자격증을 다른 사람에게 빌려 주거나 빌리거나 이를 알선한 자는 1년 이하의 징역 또는 1천만원 이하의 벌금에 처한다. ◯ ✕

② 진단기관으로부터 화재예방안전진단을 받지 아니한 자는 3년 이하의 징역 또는 3천만원 이하의 벌금에 처한다. ◯ ✕

③ (화재예방조치 명령 등) 각 호의 어느 하나에 따른 명령을 정당한 사유 없이 따르지 아니하거나 방해한 자는 300만원 이하의 벌금에 처한다. ◯ ✕

④ 화재안전조사 결과에 따른 조치명령을 정당한 사유 없이 위반한 자는 1년 이하의 징역 또는 1천만원 이하의 벌금에 처한다. ◯ ✕

⑤ 실무교육을 받지 아니한 소방안전관리자 및 소방안전관리보조자에게는 200만원 이하의 과태료를 부과한다. ◯ ✕

⑥ 피난유도 안내정보를 제공하지 아니한 자는 300만원 이하의 과태료를 부과한다. ◯ ✕

"10명 중 9명 합격"*

"정태성 강의 수강생 평균 점수 91점"**

"전년 대비 신규수강생 1,312 증가"***

"강의&교재 평균 만족도 98.5점"****

압도적소방1위
소방학·관계법규

지금은
정태성시대.

* 2019년 오프라인 수강생 필기합격률 기준   ** 2020년 정태성교수님 수강생 월간전국모의고사 평균 점수 기준
*** 2020년 대비 2021년 정태성교수님 수강시간 증가율 기준   **** 2020.01~12 정태성교수님 수강생 대상 강의, 교재만족도 설문조사 기준

무엇을 상상하셨든 그 이상입니다. 직접 눈으로 확인해보세요

멱살잡고 이해시키는 **강의력**과 시험장에서까지 보게 될 **교재**!
이제 여러분의 수험생활에도 정태성을 더하세요

실제합격생도극찬한
정태성 강의력 포인트 TOP 3

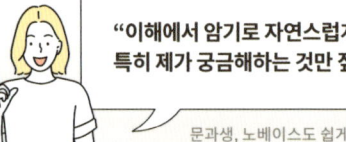

#강의력 포인트1
"이해에서 암기로 자연스럽게 강의해주시고, 특히 제가 궁금해하는 것만 짚어주시는 느낌이 들었습니다."

문과생, 노베이스도 쉽게 이해시키는 설명으로 원리와 본질이 한 번에 이해되는 개념

#강의력 포인트2
"강의에서 언급하신 내용이 실제로 시험문제가 다 나올 정도로 적중력이 높았습니다."

시험에 출제되지 않는 내용은 제거하고 출제될 내용만 정확하게 알려주는 효율적인 강의

#강의력 포인트3
"잘 외워지지 않는 부분이나 중요한 부분은 수업 중 무한 반복해주셔서 저절로 머릿속에 남게 되었습니다."

복습이 따로 필요없는 이해될 때까지, 외워질 때까지 무한 반복하는 회독일체형 강의

#교재 포인트1
"개념부터 문제풀이, 모의고사까지 정태성의 완벽한 커리큘럼에 따라 교재 라인업까지 모두 완벽합니다."

기본서, 문제풀이, 모의고사뿐만 아니라 학습의 효과를 극대화시켜줄 빈칸/OX문제집까지, 모든 커리큘럼이 완벽하게 갖추어진 교재 라인업

독학수험생도극찬한
정태성 교재 포인트 TOP 3

#교재 포인트2
"다른 교재보다 분량은 적지만 정말 소방시험에 나올 내용만 들어있어 부담없이 공부할 수 있습니다"

시험에 나오지 않는 내용은 과감히 제거하고 시험 빈출, 출제가능성 높은 내용 중심으로 구성하여, 시험문제 적중률을 높이고 학습효과 극대화

#교재 포인트3
"다양한 이미지와 표를 활용한 개념설명에 자세한 해설과 핵심내용까지 정리한 문제풀이로 교재만 봐도 개념부터 문제까지 쉽게 이해됩니다"

다양한 이미지, 도표를 삽입하고, 중요도에 따라 박스 색상에 차이를 두어 초시생도 쉽고 효과적으로 학습할 수 있으며, 문제풀이에서는 자세한 해설과 함께 핵심 개념을 다시 한 번 정리할 수 있어 약점보완까지 가능!

2026 소방 공채·경채시험 완벽반영

합격률 76%로 검증된
소방합격을 위한
당연한 선택

정태성 편저

말랑말랑 소방관계법규

끌장회독

빈칸 OX

정답 및 해설

2026년 개정 법령 및
조문 완벽 반영

단원별 핵심 키워드만 엄선한
빈칸 및 OX 문제

핵심개념 총정리로 요약 및
복습, 암기까지 완성

기본편

모두소 말랑말랑 소방관계법규
동영상 강의 · 무료 강의 · 해설 강의 · 다양한 학습 | www.modoofire.com

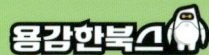

2026 소방 공채·경채시험 완벽반영

정태성 편저

합격률 76%로 검증된
소방합격을 위한
당연한 선택

말랑말랑
소방관계법규
끝장회독
빈칸/OX

정답 및 해설

2026년 개정 법령 및
조문 완벽 반영

단원별 핵심 키워드만 엄선한
빈칸 및 OX 문제

핵심개념 총정리로 요약 및
복습, 암기까지 완성

기본편

모두소 말랑말랑 소방관계법규
동영상 강의 · 무료 강의 · 해설 강의 · 다양한 학습 | www.modoofire.com

용감한북스

이 책의 목차

말랑말랑 소방관계법규 끝장회독 빈칸/OX

PART 01　소방기본법 ········· 03

PART 02　소방시설공사업법 ········· 23

PART 03　위험물안전관리법 ········· 41

PART 04　소방의 화재조사에 관한 법률(화재조사법) ········· 69

PART 05　소방시설 설치 및 관리에 관한 법률(소방시설법) ········· 79

PART 06　화재의 예방 및 안전관리에 관한 법률(화재예방법) ········· 111

합격률 76%로 검증된 소방합격을 위한 당연한 선택

PART 1

소방기본법

PART 01 · 소방기본법

CHAPTER 01 · 총칙

제1조 (목적)

이 법은 화재를 [예방]·[경계]하거나 [진압]하고 화재, [재난]·재해, 그 밖의 위급한 상황에서의 [구조·구급] 활동 등을 통하여 국민의 생명·신체 및 재산을 보호함으로써 공공의 [안녕] 및 [질서유지]와 [복리증진]에 이바지함을 목적으로 한다.

제2조 (정의)

① "소방대상물"이란 건축물, 차량, 항해 중인 선박, 선박 건조 구조물, 산림, 그 밖의 인공 구조물 또는 물건을 말한다. [X]
 → 소방대상물의 선박은 「선박법」 제1조의2제1항에 따른 선박으로서 항구에 매어둔 선박만 해당한다.

② "관계지역"이란 소방대상물이 있는 장소 및 그 이웃 지역으로서 화재의 예방·경계·진압, 구조·구급 등의 활동에 필요한 지역을 말한다. [O]

③ "관계인"이란 소방대상물의 [소유자]·[관리자] 또는 [점유자]를 말한다.

④ "소방본부장"이란 시·도에서 화재의 예방·경계·진압·조사 및 구조·구급 등의 업무를 담당하는 기관의 장을 말한다. [X]
 → 기관의 장이 아닌 부서의 장을 말한다.

⑤ "소방대"란 화재를 진압하고 화재, 재난·재해, 그 밖의 위급한 상황에서 구조·구급 활동 등을 하기 위하여 소방공무원, 의무소방원, 자체소방대원으로 구성된 조직체를 말한다. [X]
 → 자체소방대원이 아닌 의용소방대원이다.

⑥ "소방대장"이란 소방본부장 또는 소방서장 등 화재, 재난·재해, 그 밖의 위급한 상황이 발생한 현장에서 소방대를 지휘하는 사람을 말한다. [O]

제3조 (소방기관의 설치 등)

① 시·도의 화재 예방·경계·진압 및 조사, 소방안전교육·홍보와 화재, 재난·재해, 그 밖의 위급한 상황에서의 구조·구급 등의 업무(이하 "소방업무"라 한다)를 수행하는 소방기관의 설치에 필요한 사항은 [대통령령]으로 정한다.
② 소방업무를 수행하는 소방본부장 또는 소방서장은 그 소재지를 관할하는 [시·도지사]의 지휘와 감독을 받는다.
③ 제2항에도 불구하고 [소방청장](는)은 화재 예방 및 대형 재난 등 필요한 경우 시·도 소방본부장 및 소방서장을 지휘·감독할 수 있다.
④ 시·도에서 소방업무를 수행하기 위하여 소방청장 직속으로 소방본부를 둔다. [X]
　→ 시·도지사 직속으로 소방본부를 둔다. (O)

제4조 (119종합상황실의 설치와 운영)

① 소방청장, 소방본부장 및 소방서장은 화재, 재난·재해, 그 밖에 구조·구급이 필요한 상황이 발생하였을 때에 신속한 소방활동을 위한 정보의 수집·분석과 판단·전파, 상황관리, 현장 지휘 및 조정·통제 등의 업무를 수행하기 위하여 119종합상황실을 설치·운영할 수 있다. [X]
　→ 119종합상황실을 설치·운영할 수 있다.(X) / 119종합상황실을 설치·운영하여야 한다.(O)
② 제1항에 따른 119종합상황실의 설치·운영에 필요한 사항은 [행정안전부령]으로 정한다.
③ 소방청장, 소방본부장 또는 소방서장은 신속한 소방활동을 위한 정보를 수집·전파하기 위해 종합상황실에 "소방력 기준에 관한 규칙"에 의한 [전산·통신요원]을 배치하고, 소방청장이 정하는 [유·무선통신시설]을 갖추어야한다.
④ 다음은 소방서의 종합상황실의 경우는 소방본부의 종합상황실에, 소방본부의 종합상황실의 경우는 소방청의 종합상황실에 각각 보고하여야 경우이다. 빈칸을 채우시오.
　㉠ 사망자가 [5]인 이상 발생하거나 사상자가 [10]인 이상 발생한 화재
　㉡ 이재민이 [100]인 이상 발생한 화재
　㉢ 재산피해액이 [50억]원 이상 발생한 화재
　㉣ 항구에 매어둔 총 톤수가 [1천]톤 이상인 선박
　㉤ 연면적 [1만5천]제곱미터 이상인 공장에서 발생한 화재
　㉥ 지정수량의 [3천]배 이상의 위험물의 제조소·저장소·취급소에서 발생한 화재
　㉦ 층수가 [11]층 이상인 건축물에서 발생한 화재
　㉧ 층수가 [5]층 이상이거나 객실이 [30]실 이상인 숙박시설에서 발생한 화재

제4조의2 (소방정보통신망 구축·운영)

① [소방청장 및 시·도지사](은)는 119종합상황실 등의 효율적 운영을 위하여 소방정보통신망을 구축·운영할 수 있다.
② [소방청장 및 시·도지사](은)는 소방정보통신망의 안정적 운영을 위하여 소방정보통신망의 회선을 이중화할 수 있다. 이 경우 이중화된 각 회선은 서로 다른 사업자로부터 제공받아야 한다.
③ 제1항 및 제2항에 따른 소방정보통신망의 구축 및 운영에 필요한 사항은 [행정안전부령]으로 정한다.

제4조의3 (소방기술민원센터의 설치·운영)

① [소방청장 또는 소방본부장]은 소방시설, 소방공사 및 위험물 안전관리 등과 관련된 법령해석 등의 민원을 종합적으로 접수하여 처리할 수 있는 기구(이하 이 조에서 "소방기술민원센터"라 한다)를 설치·운영할 수 있다.
② 소방기술민원센터의 설치·운영 등에 필요한 사항은 [대통령령]으로 정한다.
③ 소방청장 또는 소방본부장은 「소방기본법」 제4조의2제1항에 따른 소방기술민원센터를 소방청 또는 소방서에 각각 설치·운영한다. [X]
   → 소방청 또는 소방본부에 각각 설치·운영한다.
④ 소방기술민원센터는 센터장을 [포함]하여 [18]명 이내로 구성한다.
⑤ [소방청장 또는 소방본부장]은 소방기술민원센터의 업무수행을 위하여 필요하다고 인정하는 경우에는 관계 기관의 장에게 소속 공무원 또는 직원의 파견을 요청할 수 있다.
⑥ ④부터 ⑤까지에서 규정한 사항 외에 소방기술민원센터의 설치·운영에 필요한 사항은 소방청에 설치하는 경우에는 소방청장이 정하고, 소방본부에 설치하는 경우에는 시·도지사가 정한다. [X]
   → 소방본부에 설치하는 경우에는 시·도의 규칙으로 정한다.

제5조 (소방박물관 등의 설립과 운영)

① 소방의 역사와 안전문화를 발전시키고 국민의 안전의식을 높이기 위하여 [소방청장](는)은 소방박물관을, [시·도지사](는)은 소방체험관을 설립하여 운영할 수 있다.
② 제1항에 따른 소방박물관의 설립과 운영에 필요한 사항은 [행정안전부령]으로 정하고, 소방체험관의 설립과 운영에 필요한 사항은 행정안전부령으로 정하는 기준에 따라 [시·도의 조례](으)로 정한다.
③ 소방청장은 소방박물관을 설립·운영하는 경우에는 소방박물관에 소방박물관장 1인과 부관장 1인을 두되, 소방박물관장과 부관장은 소방공무원중에서 소방청장이 임명한다. [X]
   → 소방박물관장은 소방공무원중에서 소방청장이 임명한다. 부관장은 아니다.
④ 소방박물관에는 그 운영에 관한 중요한 사항을 심의하기 위하여 [7]인 이내의 위원으로 구성된 운영위원회를 둔다.

시행규칙 [별표 1]

소방체험관의 설립 및 운영에 관한 기준

① 소방체험관 중 소방안전 체험실로 사용되는 부분의 바닥면적의 합이 900제곱미터 이상이 되어야 한다.
[O]

② 다음은 소방체험관에 반드시 갖추어야 하는 체험실을 모두 고르면? ㉠ ㉣ ㉤ ㉥ ㉦

  ㉠ 화재안전 체험실   ㉡ 전기안전 체험실   ㉢ 가스안전 체험실
  ㉣ 자동차안전 체험실   ㉤ 기후성 재난 체험실   ㉥ 지질성 재난 체험실
  ㉦ 응급처치 체험실

③ 시·도지사는 체험교육 운영인력에 대하여 체험교육과 관련된 지식·기술 및 소양 등에 관한 교육훈련을 연간 12시간 이상 이수하도록 하여야 한다.
[O]

③ 소방체험관의 장은 체험교육의 운영결과, 만족도 조사결과 등을 기록하고 이를 **2년간** 보관하여야 한다.
3년간
[X]

④ 소방체험관의 장은 소방체험관에서 발생한 사고로 인한 이용자 등의 생명·신체나 재산상의 손해를 보상하기 위한 보험 또는 공제에 가입하여야 한다.
[X]
  → 소방체험관의 장(X) → 시·도지사(O)

⑤ 체험실별 체험교육을 총괄하는 교수요원의 자격 (단, 모두 소방공무원이다.)
  ㉠ 소방 관련학과의 [석사] 학위 이상을 취득한 사람
  ㉡ 「소방기본법」 제16조 또는 제16조의3에 따른 소방활동이나 생활안전활동을 [3]년 이상 수행한 경력이 있는 사람

제6조 (소방업무에 관한 종합계획의 수립·시행)

① [소방청장](는)은 화재, 재난·재해, 그 밖의 위급한 상황으로부터 국민의 생명·신체 및 재산을 보호하기 위하여 소방업무에 관한 종합계획을 [5년마다] 수립·시행하여야 하고, 이에 필요한 재원을 확보하도록 노력하여야 한다.

② [시·도지사](는)은 관할 지역의 특성을 고려하여 종합계획의 시행에 필요한 세부계획을 [매년] 수립하여 [소방청장]에게 제출하여야 한다.

③ 그 밖에 종합계획 및 세부계획의 수립·시행에 필요한 사항은 [대통령령]으로 정한다.

> **시행령 제1조의 4 (세부계획 추진실적 등의 평가)**
>
> ① [소방청장]은 재난·재해, 그 밖의 위급한 상황으로부터 국민의 생명·신체 및 재산을 보호하기 위하여 세부계획 수립의 적절성, 세부계획 추진실적 등에 대하여 정기적으로 평가할 수 있다.
>
> ② 소방청장은 제1항에 따른 평가를 하려는 경우 다음 연도의 평가계획을 [11월 30일]까지 시·도지사에게 통지해야 한다.
>
> ③ 제2항에 따라 통지를 받은 시·도지사는 전년도 세부계획 추진실적 등을 [1월 31일]까지 소방청장에게 제출해야 하고, 소방청장은 제1항에 따른 평가결과를 [3월 31일]까지 시·도지사에게 통보해야 한다.

제7조 (소방의 날 제정과 운영 등)

① 국민의 안전의식과 화재에 대한 경각심을 높이고 안전문화를 정착시키기 위하여 매년 [11월 9일]을 소방의 날로 정하여 기념행사를 한다.

② 소방의 날 행사에 관하여 필요한 사항은 소방청장 또는 소방본부장이 따로 정하여 시행할 수 있다. [X]
  → 소방청장 또는 시·도지사

③ 소방청장은 소방행정 발전에 공로가 있다고 인정되는 사람만 명예직 소방대원으로 위촉할 수 있다. [X]
  → 소방청장은 다음 각 호에 해당하는 사람을 명예직 소방대원으로 위촉할 수 있다.
    1. 「의사상자 등 예우 및 지원에 관한 법률」제2조에 따른 의사상자(義死傷者)로서 같은 법 제3조제3호 또는 제4호에 해당하는 사람
    2. 소방행정 발전에 공로가 있다고 인정되는 사람

CHAPTER 02 · 소방장비 및 소방용수시설 등

제8조 (소방력의 기준 등)

① 소방기관이 소방업무를 수행하는 데에 필요한 인력과 장비 등(이하 "소방력"(消防力)이라 한다)에 관한 기준은 [행정안전부령](으)로 정한다.
② [시·도지사](는)은 제1항에 따른 소방력의 기준에 따라 관할구역의 소방력을 확충하기 위하여 필요한 계획을 수립하여 시행하여야 한다.
③ 소방자동차 등 소방장비의 분류·표준화와 그 관리 등에 필요한 사항은 [따로 법률]에서 정한다.

제9조 (소방장비 등에 대한 국고보조)

① 국가는 소방장비의 구입 등 시·도의 소방업무에 필요한 경비의 전부를 보조한다. [X]
   → 전부를 보조한다.(X) / 일부를 보조한다.(O)
② 제1항에 따른 보조 대상사업의 범위와 기준보조율은 [대통령령](으)로 정한다.
③ 다음 중 국고보조 대상 사업의 범위를 모두 고르면? 가, 다
   가. 소방헬리콥터 및 소방정   나. 소방순찰차
   다. 소방전용통신설비 및 전산설비   라. 방열복
   마. 소방관서용 청사의 대수선   바. 소방용수시설
④ 국고보조산정을 위한 기준가격에서 수입물품은 정부고시가격으로 정한다. [X]
   → 수입물품은 정부고시가격으로 정한다. (X)
     수입물품은 조달청에서 조사한 해외시장의 시가로 정한다. (O)
⑤ 국고보조산정을 위한 기준가격에서 정부고시가격 또는 조달청에서 조사한 해외시장의 시가가 없는 물품은 2 이상의 공신력 있는 물가조사기관에서 조사한 가격의 최저가격으로 정한다. [X]
   → 최저가격 (X) / 평균가격 (O)

제10조 (소방용수시설의 설치 및 관리 등) [⑥에서 말하는 소화전에서 승하강식 소화전을 제외한다]

① 소방용수시설이란 소화전, 상수도소화용수설비, 저수조를 말한다. [X]
　→ 소화전, 급수탑, 저수조를 말한다.

② 소방청장은 소방용수시설을 설치하고 유지·관리하여야 한다. [X]
　→ 소방청장이 아닌 시·도지사이다.

③ 「수도법」 제45조에 따라 소화전을 설치하는 일반수도사업자는 관할 소방서장과 사전협의를 거친 후 소화전을 설치하여야 하며, 관할 소방서장이 그 소화전을 유지·관리하여야 한다. [X]
　→ 설치 사실을 관할 소방서장에게 통지하고, 일반수도업자가 소화전을 유지·관리하여야 한다.

④ 시·도지사는 100세대 이상의 아파트에 비상소화장치를 설치하고 유지·관리해야 한다. [X]
　→ 100세대 이상의 아파트가 아닌 화재경계지구와 시·도지사가 비상소화장치의 설치가 필요하다고 인정하는 지역이다.

⑤ 소방용수시설과 비상소화장치의 설치기준은 [행정안전부령](으)로 정한다.

⑥ 지하에 설치하는 소화전 또는 저수조의 경우 소방용수표지에서 맨홀 뚜껑은 지름 648밀리미터 이상의 것으로 하고, 맨홀뚜껑 부근에는 노란색 반사도료로 폭 15센티미터의 선을 그 둘레를 따라 칠한다. [O]

⑦ 지상에 설치하는 소화전, 저수조 및 급수탑의 경우 소방용수표지의 안쪽 문자는 [흰]색, 바깥쪽 문자는 [노란]색으로, 안쪽 바탕은 [붉은]색, 바깥쪽 바탕은 [파란]색으로 하고, 반사재료를 사용해야 한다.

⑧ 소방용수시설을 주거지역·상업지역 및 공업지역에 설치하는 경우에 소방대상물과의 보행거리를 100미터 이하가 되도록 한다. [X]
　→ 보행거리가 아닌 수평거리이다.

⑨ 소화전은 상수도와 연결하여 지하식 또는 지상식의 구조로 하고, 소방용호스와 연결하는 소화전의 연결금속구의 구경은 60밀리미터로 한다. [X]
　→ 60밀리미터가 아닌 65밀리미터로 한다.

⑩ 급수탑의 급수배관의 구경은 100밀리미터 이상으로 하고, 개폐밸브는 지상에서 0.8미터 이상 1.5미터 이하의 위치에 설치하도록 한다. [X]
　→ 지상에서 1.5미터 이상 1.7미터 이하의 위치에 설치하도록 한다.

⑪ 다음은 저수조의 설치기준에 대한 설명이다. 빈칸에 알맞은 내용을 쓰시오.
　㉠ 지면으로부터의 낙차가 [4.5 미터] 이하일 것
　㉡ 흡수부분의 수심이 [0.5 미터] 이상일 것
　㉢ 흡수관의 투입구가 사각형의 경우에는 한 변의 길이가 [60센티미터] 이상, 원형의 경우에는 지름이 [60센티미터] 이상일 것

⑫ 소방본부장 또는 소방서장은 원활한 소방활동을 위하여 소방용수시설에 대한 조사를 연 1회 이상 실시하여야 한다. [X]
　→ 연 1회가 아닌 월 1회 이상 실시하여야 한다.

제11조 (소방업무의 응원)

① [소방본부장 또는 소방서장](는)은 소방활동을 할 때에 긴급한 경우에는 이웃한 [소방본부장 또는 소방서장]에게 소방업무의 응원(應援)을 요청할 수 있다.

② 제1항에 따라 소방업무의 응원을 위하여 파견된 소방대원은 응원을 요청받은 소방본부장 또는 소방서장의 지휘에 따라야 한다.   [X]

→ 응원을 요청받은 (X) / 응원을 요청한 (O)

③ [시·도지사](는)은 제1항에 따라 소방업무의 응원을 요청하는 경우를 대비하여 출동 대상지역 및 규모와 필요한 경비의 부담 등에 관하여 필요한 사항을 행정안전부령으로 정하는 바에 따라 이웃하는 [시·도지사](과)와 협의하여 미리 규약(規約)으로 정하여야 한다.

④ 소방업무의 상호응원협정에 포함되어야 하는 내용으로 옳지 않은 것은? ⓒ
  ㉠ 응원출동의 요청방법   ㉡ 구조·구급업무의 지원
  ㉢ 화재의 예방·경계·진압활동   ㉣ 화재조사활동

제11조의2 (소방력의 동원)

① [소방청장](는)은 해당 시·도의 소방력만으로는 소방활동을 효율적으로 수행하기 어려운 화재, 재난·재해, 그 밖의 구조·구급이 필요한 상황이 발생하거나 특별히 국가적 차원에서 소방활동을 수행할 필요가 인정될 때에는 각 시·도지사에게 행정안전부령으로 정하는 바에 따라 소방력을 동원할 것을 요청할 수 있다.

CHAPTER 04 · 소방활동 등

제16조의 2 (소방지원활동) vs 제16조의 3 (생활안전활동)

① 소방지원활동을 모두 고르시오. ㉠, ㉣, ㉥, ㉦, ㉪
  ㉠ 산불에 대한 예방·진압 등 지원활동
  ㉡ 사회재난에 따른 급수·배수 및 제설 등 지원활동
  ㉢ 단전사고 시 비상전원 또는 조명의 공급의 지원활동
  ㉣ 집회·공연 등 각종 행사 시 사고에 대비한 근접대기 등 지원활동
  ㉤ 붕괴, 낙하 등이 우려되는 고드름, 나무, 위험 구조물 등의 제거활동
  ㉥ 소방시설 오작동 신고에 따른 조치활동
  ㉦ 끼임, 고립 등에 따른 위험제거 및 구출 지원활동
  ㉧ 위해동물, 벌 등의 포획 및 퇴치 지원활동
  ㉩ 군·경찰 등 유관기관에서 실시하는 훈련지원 활동
  ㉪ 화재, 재난·재해로 인한 피해복구 지원활동

② 소방대원은 소방지원활동 및 생활안전활동(이하 "소방지원활동등"이라 한다)을 한 경우 소방지원활동등 기록지에 해당 활동상황을 상세히 기록하고, 소속 소방관서에 [3]년간 보관해야 한다.
③ 소방본부장은 소방지원활동등의 상황을 종합하여 연 [2]회 소방청장에게 보고해야 한다.

제16조의 4 (소방자동차의 보험 가입 등)

① [시·도지사](는)은 소방자동차의 공무상 운행 중 교통사고가 발생한 경우 그 운전자의 법률상 분쟁에 소요되는 비용을 지원할 수 있는 보험에 가입하여야 한다.
② 시·도지사는 제1항에 따른 보험 가입비용의 일부를 지원할 수 있다. [X]
→ 시·도지사 (X) / 국가 (O)

제17조 (소방교육·훈련)

① 소방청장, 소방본부장 또는 소방서장은 소방업무를 전문적이고 효과적으로 수행하기 위하여 소방대원에게 필요한 교육·훈련을 실시할 수 있다. [X]
→ 교육·훈련을 실시하여야 한다.
② 다음 중 소방청장, 소방본부장 또는 소방서장이 화재를 예방하고 화재 발생 시 인명과 재산피해를 최소화하기 위하여 소방안전에 관한 교육과 훈련을 실시할 수 있는 사람으로 옳지 않은 것은? ㉣
  ㉠ 어린이집의 영유아   ㉡ 유치원의 유아
  ㉢ 학교의 학생   ㉣ 홀로사는 노인
③ 현장지휘훈련 대상자인 소방공무원으로 옳은 것은? ㉢
  ㉠ 소방교   ㉡ 소방감   ㉢ 소방경   ㉣ 소방장
④ 소방대원에 대한 교육·훈련의 횟수는 2년마다 1회이고 기간은 2주 이상이다. [O]
⑤ 교육·훈련의 종류 및 대상자, 그 밖에 교육·훈련의 실시에 필요한 사항은 [행정안전부령](으)로 정한다.

제17조의 2 (소방안전교육사)

① 소방청장은 제17조제2항에 따른 소방안전교육을 위하여 소방청장이 실시하는 시험에 합격한 사람에게 소방안전교육사 자격을 부여한다. [O]
② 소방안전교육사는 소방안전교육의 기획·진행·분석·평가 및 홍보업무를 수행한다. [X]
→ 홍보업무 (X) / 교수업무 (O)
③ 제1항에 따른 소방안전교육사 시험의 응시자격, 시험방법, 시험과목, 시험위원, 그 밖에 소방안전교육사 시험의 실시에 필요한 사항은 행정안전부령으로 정한다. [X]
→ 행정안전부령 (X) / 대통령령 (O)
④ 「간호법」 제4조에 따라 간호사 면허를 취득한 후 간호업무 분야에 1년 이상 종사한 사람은 소방안전교육사 시험에 응시할 수 있다. [O]
⑤ 「의용소방대 설치 및 운영에 관한 법률」 제3조에 따라 의용소방대원으로 임명된 후 [5]년 이상 의용소방대 활동을 한 경력이 있는 사람은 소방안전교육사 시험에 응시할 수 있다.

⑥ 「응급의료에 관한 법률」 제36조제3항에 따라 2급 응급구조사 자격을 취득한 후 응급의료 업무 분야에 1년 이상 종사한 사람은 소방안전교육사 시험에 응시할 수 있다. [X]

→ 1년 이상 (X) / 3년 이상 (O)

⑦ 소방공무원으로 [3]년 이상 근무한 경력이 있는 사람이거나 중앙소방학교 또는 지방소방학교에서 [2]주 이상의 소방안전교육사 관련 전문교육과정을 이수한 사람은 소방안전교육사 시험에 응시할 수 있다.

⑧ 「소방시설 설치 및 관리에 관한 법률」 제25조에 따른 소방시설관리사 자격을 취득한 사람은 소방안전교육사 시험에 응시할 수 있다. [O]

제17조의 3 (소방안전교육사의 결격사유)

다음 중 소방안전교육사의 결격사유에 해당하지 않는 것을 모두 고르면? ①, ③

① 피한정후견인

② 금고 이상의 실형을 선고받고 그 집행이 끝나거나(집행이 끝난 것으로 보는 경우를 포함한다) 집행이 면제된 날부터 2년이 지나지 아니한 사람

③ 금고 이상의 형의 집행유예를 선고받고 그 유예기간이 지난 사람

④ 법원의 판결 또는 다른 법률에 따라 자격이 정지되거나 상실된 사람

제17조의 5 (소방안전교육사의 배치)

다음 중 소방안전교육사 배치대상으로 옳은 것을 모두 고르면? ①, ⑤

① 소방청: 2명 이상

② 대한소방공제회: 2명 이상

③ 소방본부: 1명 이상

④ 한국소방산업공제조합: 2명 이상

⑤ 한국소방안전원(시·도지부): 1명 이상

제17조의 6 (한국119청소년단)

① 국가나 지방자치단체는 한국119청소년단에 그 조직 및 활동에 필요한 시설·장비를 지원할 수 있으며, 운영경비와 시설비 및 국내외 행사에 필요한 경비를 보조해야 한다. [X]

→ 경비를 보조해야 한다. (X) / 경비를 보조할 수 있다. (O)

② 한국119청소년단에 관하여 이 법에서 규정한 것을 제외하고는 「민법」 중 사단법인에 관한 규정을 준용한다. [O]

③ 한국119청소년단의 정관 또는 사업의 범위·지도·감독 및 지원에 필요한 사항은 [행정안전부령](으)로 정한다.

제18조 (소방신호)

① 화재예방, 소방활동 또는 소방훈련을 위하여 사용되는 소방신호의 종류와 방법은 [행정안전부령](으)로 정한다.

② 다음 설명을 보고 소방신호의 이름을 적으시오.
   ㉠ [훈련신호] : 훈련상 필요하다고 인정되는 때 발령
   ㉡ [발화신호] : 화재가 발생한 때 발령
   ㉢ [해제신호] : 소화활동이 필요없다고 인정되는 때 발령
   ㉣ [경계신호] : 화재예방상 필요하다고 인정되거나 화재위험경보시 발령

③ 다음은 소방신호의 방법에 대한 설명이다. 빈칸을 채우시오.

종별 \ 신호방법	타종신호	싸이렌신호
경계신호	[1타와 연2타를 반복]	[5]초 간격을 두고 [30]초씩 [3]회
발화신호	[난타]	[5]초 간격을 두고 [5]초씩 [3]회
해제신호	[상당한 간격을 두고 1타씩 반복]	[1]분간 [1]회
훈련신호	[연3타 반복]	[10]초 간격을 두고 [1]분씩 [3]회

제19조 (화재 등의 통지)

① 업무시설이 밀집한 지역은 화재로 오인할 만한 우려가 있는 불을 피우려는 사람은 시·도의 조례로 정하는 바에 따라 관할 소방본부장 또는 소방서장에게 신고하여야 한다. [X]
   → 업무시설이 밀집한 지역은 해당하지 않는다.

② 위험물의 저장 및 처리시설이 있는 지역은 연막(煙幕) 소독을 하려는 자는 시·도의 조례로 정하는 바에 따라 관할 소방본부장 또는 소방서장에게 신고하여야 한다. [X]
   → 위험물의 저장 및 처리시설이 밀집한 지역이다.

③ 공장·창고가 밀집한 지역은 화재로 오인할 만한 우려가 있는 불을 피우려는 사람은 시·도의 조례로 정하는 바에 따라 관할 시·도지사에게 신고하여야 한다. [X]
   → 관할 시·도지사가 아닌 관할 소방본부장 또는 소방서장에게 신고하여야 한다.

④ 그 밖에 시·도의 조례로 정하는 지역 또는 장소는 연막(煙幕) 소독을 하려는 자는 시·도의 조례로 정하는 바에 따라 관할 시·도지사에게 신고하여야 한다. [X]
   → 관할 시·도지사가 아닌 관할 소방본부장 또는 소방서장에게 신고하여야 한다.

제20조 (관계인의 소방활동)

다음 중 관계인의 소방활동 사항으로 옳지 않은 것은? ④

① 소방대가 현장에 도착할 때까지 불을 끄거나 불이 번지지 아니하도록 필요한 조치
② 소방대가 현장에 도착할 때까지 경보를 울리는 조치
③ 소방대가 현장에 도착할 때까지 대피를 유도하는 등의 방법으로 사람을 구출하는 조치
④ 소방대가 현장에 도착할 때까지 화재조사를 실시

제21조 (소방자동차의 우선통행 등)

① 모든 차와 사람은 소방자동차(지휘를 위한 자동차와 구조·구급차를 포함)가 화재진압 및 소방용수를 확보하기 위하여 출동을 할 때에는 이를 방해하여서는 아니 된다. [X]
  → 화재진압 및 소방용수를 확보하기 위하여가 아닌 화재진압 및 구조·구급활동을 위하여 출동 할 때에는 이를 방해하여서는 아니 된다.
② 이 법에 따른 사항을 제외하고는 소방자동차의 우선 통행에 관하여는 「자동차관리법」에서 정하는 바에 따른다. [X]
  → 「자동차관리법」이 아닌 「도로교통법」에서 정하는 바에 따른다.
③ 소방자동차가 화재진압 및 구조·구급 활동을 위하여 출동하는 경우에 한하여 사이렌을 사용할 수 있다. [X]
  → 출동할 때만이 아닌 화재진압 및 구조·구급 활동을 위하여 출동하거나 훈련을 위하여 필요할 때에는 사이렌을 사용할 수 있다.

제21조의2 (소방자동차 전용구역 등)

① 「건축법」제2조제2항제2호에 따른 대통령령으로 정하는 공동주택은 소방본부장 또는 소방서장이 제16조제1항에 따른 소방활동의 원활한 수행을 위하여 공동주택에 소방자동차 전용구역을 설치하여야 한다. [X]
  → 소방본부장 또는 소방서장 (X) / 공동주택의 건축주 (O)
② 소방자동차 전용구역에 차를 주차하거나 전용구역에의 진입을 가로막는 등의 방해행위를 한 자에게는 100만원 이하의 벌금에 처한다. [X]
  → 100만원 이하의 과태료를 부과한다.
③ 전용구역의 설치 기준·방법, 방해행위의 기준, 그 밖의 필요한 사항은 [대통령령](으)로 정한다.
④ 소방자동차 전용구역을 설치해야 하는 공동주택 중 세대수가 [100세대] 이상인 아파트의 건축주는 소방활동의 원활한 수행을 위하여 소방자동차 전용구역을 설치하여야 한다.
⑤ 소방자동차 전용구역을 설치해야 하는 공동주택 중 [3층] 이상의 기숙사의 건축주는 소방활동의 원활한 수행을 위하여 소방자동차 전용구역을 설치하여야 한다.
⑥ 전용구역 노면표지의 외곽선은 빗금무늬로 표시하되, 빗금은 두께를 [30센티미터]로 하여 [50센티미터] 간격으로 표시한다.
⑦ 전용구역 노면표지 도료의 색채는 [황색]을 기본으로 하되, 문자(P, 소방차 전용)는 [백색]으로 표시한다.

제21조의 3 (소방자동차 교통안전 분석 시스템 구축·운영)

① [소방청장 또는 소방본부장]은 대통령령으로 정하는 소방자동차에 행정안전부령으로 정하는 기준에 적합한 운행기록장치를 장착하고 운용하여야 한다.
② [소방청장]은 소방자동차의 안전한 운행 및 교통사고 예방을 위하여 운행기록장치 데이터의 수집·저장·통합·분석 등의 업무를 전자적으로 처리하기 위한 시스템을 구축·운영할 수 있다.
③ [소방청장, 소방본부장, 소방서장]은 소방자동차 교통안전 분석 시스템으로 처리된 자료를 이용하여 소방자동차의 장비운용자 등에게 어떠한 불리한 제재나 처벌을 하여서는 아니 된다.
④ 소방자동차 교통안전 분석 시스템의 구축·운영, 운행기록장치 데이터 및 전산자료의 보관·활용 등에 필요한 사항은 [행정안전부령]으로 정한다.

제23조 (소방활동구역의 설정), 제24조 (소방활동 종사명령), 제25조 (강제처분 등)

① 소방대장은 전기·가스·수도·통신·교통의 업무에 종사하는 사람은 소방활동구역에 출입하는 것을 제한할 수 있다. [O]
② 소방대장은 소방활동구역 안에 있는 소방대상물의 소유자·관리자 또는 점유자가 소방활동구역에 출입하는 것을 제한할 수 있다. [X]
 → 소방대상물의 소유자·관리자 또는 점유자는 소방활동구역의 출입자이다.
③ [소방본부장, 소방서장, 소방대장](는)은 사람을 구출하거나 불이 번지는 것을 막기 위하여 필요할 때에는 화재가 발생하거나 불이 번질 우려가 있는 소방대상물 및 토지를 일시적으로 사용하거나 그 사용의 제한 또는 소방활동에 필요한 처분을 할 수 있다.
④ 소방활동 종사 명령에 따라 소방활동에 종사한 소방대상물의 관계인은 시·도지사로부터 소방활동의 비용을 지급받을 수 있다. [X]
 → 소방대상물의 관계인은 소방활동의 비용을 지급받을 수 없다.

제24조 (소방활동 종사명령), 제25조 (강제처분 등), 제26조 (피난명령), 제27조 (위험시설 등에 대한 긴급조치)

아래의 내용을 보고 설명하는 내용을 적으시오.

| ㉠ 소방활동 종사 명령 | ㉡ 강제처분 등 |
| ㉢ 피난명령 | ㉣ 위험시설 등에 대한 긴급조치 |

① 소방본부장, 소방서장 또는 소방대장은 소방활동을 위하여 긴급하게 출동할 때에는 소방자동차의 통행과 소방활동에 방해가 되는 주차 또는 정차된 차량 및 물건 등을 제거하거나 이동시킬 수 있다. ㉡ 강제처분 등

② 소방본부장, 소방서장 또는 소방대장은 화재, 재난·재해, 그 밖의 위급한 상황이 발생하여 사람의 생명을 위험하게 할 것으로 인정할 때에는 일정한 구역을 지정하여 그 구역에 있는 사람에게 그 구역 밖으로 피난할 것을 명할 수 있다. ㉢ 피난명령

③ 소방본부장, 소방서장 또는 소방대장은 화재, 재난·재해, 그 밖의 위급한 상황이 발생한 현장에서 소방활동을 위하여 필요할 때에는 그 관할구역에 사는 사람 또는 그 현장에 있는 사람으로 하여금 사람을 구출하는 일 또는 불을 끄거나 불이 번지지 아니하도록 하는 일을 하게 할 수 있다. ㉠ 소방활동 종사 명령

④ 소방본부장, 소방서장 또는 소방대장은 화재 진압 등 소방활동을 위하여 필요할 때에는 소방용수 외에 댐·저수지 또는 수영장 등의 물을 사용하거나 수도(水道)의 개폐장치 등을 조작할 수 있다. ㉣ 위험시설 등에 대한 긴급조치

⑤ 소방본부장, 소방서장 또는 소방대장은 화재 발생을 막거나 폭발 등으로 화재가 확대되는 것을 막기 위하여 가스·전기 또는 유류 등의 시설에 대하여 위험물질의 공급을 차단하는 등 필요한 조치를 할 수 있다. ㉣ 위험시설 등에 대한 긴급조치

CHAPTER 07 · [제 7장의 2] 소방산업의 육성·진흥 및 지원 등

제39조의 5 (소방산업과 관련된 기술개발 등의 지원)

① 국가는 소방산업과 관련된 기술(이하 "소방기술"이라 한다)의 개발을 촉진하기 위하여 기술개발을 실시하는 자에게 그 기술개발에 드는 자금의 일부를 출연하거나 보조해야 한다. [X]
  → 일부가 아닌 자금의 전부나 일부를 출연하거나 보조할 수 있다.

CHAPTER 08 · 한국소방안전원

제40조 (한국소방안전원의 설립 등)

① 소방기술과 안전관리기술의 향상 및 홍보, 그 밖의 교육·훈련 등 행정기관이 위탁하는 업무의 수행과 소방 관계 종사자의 기술 향상을 위하여 한국소방안전원을 소방청장의 동의를 받아 설립한다. [X]
  → 소방청장의 동의가 아닌 소방청장의 인가를 받아 설립한다.

② 안전원에 관하여 이 법에 규정된 것을 제외하고는 「민법」 중 사단법인에 관한 규정을 준용한다. [X]
  → 사단법인이 아닌 재단법인에 관한 규정을 준용한다.

제40조의 2 (교육계획의 수립 및 평가 등)

① 소방청장은 소방기술과 안전관리의 기술향상을 위하여 매년 교육 수요조사를 실시하여 교육계획을 수립하고 안전원장의 승인을 받아야 한다. [X]

→ 안전원의 장은 소방기술과 안전관리의 기술향상을 위하여 매년 교육 수요조사를 실시하여 교육계획을 수립하고 소방청장의 승인을 받아야 한다.

② 평가위원회는 위원장 1명을 포함하여 7명 이하의 위원으로 성별을 고려하여 구성하고, 위원장은 위원 중에서 호선(互選)한다. [X]

→ 위원장 1명을 포함하여 9명 이하의 위원으로 성별을 고려하여 구성한다.

제41조 (안전원의 업무)

다음 중 안전원의 업무로 가장 옳지 않은 것은? ③

① 소방기술과 안전관리에 관한 교육 및 조사·연구
② 소방기술과 안전관리에 관한 각종 간행물 발간
③ 소방기술 및 소방산업의 국제 협력을 위한 조사·연구
④ 그 밖에 회원에 대한 기술지원 등 정관으로 정하는 사항

제43조 (안전원의 정관)

① 안전원의 정관에는 주된 사무소 및 대표자의 소재지가 포함되어야 한다. [X]

→ 대표자의 소재지는 포함되지 않는다. 주된 사무소의 소재지가 포함되어야 한다.

제44조 (안전원의 운영 경비)

다음 중 안전원의 운영 및 사업에 소요되는 경비의 재원으로 충당하는 것이 아닌 것은? ④

① 소방기술과 안전관리에 관한 교육 및 조사·연구의 업무 수행에 따른 수입금
② 자산운영수익금
③ 그 밖의 부대수입
④ 소방기술과 안전관리에 관한 각종 간행물 발간에 따른 수입금

제44조의2 (안전원의 임원)

① 안전원에 임원으로 원장 1명을 포함한 [9]명 이내의 이사와 [1]명의 감사를 둔다.
② 제1항에 따른 원장과 감사는 [소방청장]이 임명한다.

제49조의2 (손실보상)

① 생활안전활동에 따른 조치로 인하여 손실을 입은 자는 손실보상의 대상이 된다. [O]

② 강제처분 제2항 또는 제3항으로 인하여 손실을 입은 자는 손실보상의 대상이 되고, 제3항에 해당하는 경우로서 법령을 위반하여 소방자동차의 통행과 소방활동에 방해가 된 경우도 포함한다. [X]
→ 법령을 위반하여 소방자동차의 통행과 소방활동에 방해가 된 경우는 제외한다.

③ 피난 명령을 위반하여 손실을 입은 자는 손실보상의 대상이 된다. [X]
→ 피난명령은 손실보상의 대상에 해당되지 않는다.

④ 손실보상을 청구할 수 있는 권리는 손실이 있음을 안 날부터 [3]년, 손실이 발생한 날부터 [5] 년간 행사하지 아니하면 시효의 완성으로 소멸한다.

⑤ 소방청장등은 손실보상심의위원회의 심사·의결을 거쳐 특별한 사유가 없으면 보상금 지급 청구서를 받은 날부터 [60]일 이내에 보상금 지급 여부 및 보상금액을 결정하여야 한다.

⑥ 소방청장등은 결정일부터 [10]일 이내에 행정안전부령으로 정하는 바에 따라 결정 내용을 청구인에게 통지하고, 보상금을 지급하기로 결정한 경우에는 특별한 사유가 없으면 통지한 날부터 [30]일 이내에 보상금을 지급하여야 한다.

⑦ 손실보상위원회의 위원장은 위원 중에서 호선한다. [X]
→ 손실보상위원회의 위원장은 제13조제3항제1호에 따른 위원(소속 소방공무원) 중에서 소방청장등이 지명한다.

⑧ 「고등교육법」 제2조에 따른 학교에서 법학 또는 행정학을 가르치는 부교수 이상 재직한 사람은 손실보상위원회의 위원이 될 수 있다. [X]
→ 부교수 이상으로 5년 이상 재직한 사람은 손실보상위원회의 위원이 될 수 있다.

⑨ 판사·검사 또는 변호사로 5년 이상 근무한 사람은 손실보상위원회의 위원이 될 수 있다. [O]

⑩ 위촉되는 위원의 임기는 2년으로 한다. 다만, 보상위원회가 해산되는 경우에는 그 해산되는 때에 임기가 만료되는 것으로 한다. [O]

⑪ 보상위원회의 사무를 처리하기 위하여 보상위원회에 간사 [1명]을 두되, 간사는 소속 소방공무원 중에서 [소방청장, 시·도지사]이 지명한다.

CHAPTER 10 · 벌칙

① 정당한 사유 없이 소방용수시설 또는 비상소화장치를 사용하거나 소방용수시설 또는 비상소화장치의 효용을 해치거나 그 정당한 사용을 방해한 사람은 5년 이하의 징역 또는 5천만원 이하의 벌금에 처한다. [O]

② 정당한 사유 없이 관계인이 소방대가 현장에 도착할 때까지 사람을 구출하는 조치 또는 불을 끄거나 불이 번지지 아니하도록 하는 조치를 하지 아니한 경우, 200만원 이하의 벌금에 처한다. [X]
→ 100만원 이하의 벌금에 처한다.

③ 정당한 사유 없이 소방대가 물의 사용이나 수도의 개폐장치의 사용 또는 조작을 하지 못하게 하거나 방해한 자는 100만원 이하의 과태료를 부과한다. [X]
→ 100만원 이하의 벌금에 처한다.

④ 화재 또는 구조·구급이 필요한 상황을 거짓으로 알린 사람은 200만원 이하의 과태료를 부과한다. [X]
→ 500만원 이하의 과태료를 부과한다.

⑤ 소방대가 화재진압·인명구조 또는 구급활동을 위하여 현장에 출동하거나 현장에 출입하는 것을 고의로 방해하는 행위를 한사람은 5년 이하의 징역 또는 5천만원 이하의 벌금에 처한다. [O]

| MEMO |

정태성 말랑말랑 소방관계법규
www.modoofire.com

합격률 76%로 검증된 소방합격을 위한 당연한 선택

PART 2

소방시설공사업법

PART
02 · 소방시설공사업법

CHAPTER 01 · **총칙**

제1조 (목적)

이 법은 소방시설공사 및 소방기술의 관리에 필요한 사항을 규정함으로써 [소방시설업]을 건전하게 발전시키고 소방기술을 [진흥]시켜 화재로부터 공공의 [안전]을 확보하고 [국민경제에 이바지]함을 목적으로 한다.

제2조 (정의)

① 소방시설업이란 소방시설설계업, 소방시설공사업, 소방시설감리업, 방염처리업을 말한다. [X]
  → 소방시설감리업 X → 소방공사감리업
② [소방공사감리업] : 소방시설공사에 관한 발주자의 권한을 대행하여 소방시설공사가 설계도서와 관계 법령에 따라 적법하게 시공되는지를 확인하고, 품질·시공 관리에 대한 기술지도를 하는 영업
③ "감리원"이란 소방시설공사업자에 소속된 소방기술자로서 해당 소방시설공사를 감리하는 사람을 말한다. [X]
  → 소방시설공사업자 X → 소방공사감리업자
④ "발주자"란 소방시설의 설계, 시공, 감리 및 방염(이하 "소방시설공사등"이라 한다)을 소방시설업자에게 도급하는 자를 말한다. 또한 수급인으로서 도급받은 공사를 하도급하는 자를 포함한다. [X]
  → 포함 X → 제외
⑤ [소방시설공사업] : 설계도서에 따라 소방시설을 신설, 증설, 개설, 이전 및 정비하는 영업

제2조의2 (소방시설공사등 관련 주체의 책무)

① [소방청장]은(는) 소방시설공사등의 품질과 안전이 확보되도록 소방시설공사등에 관한 기준 등을 정하여 보급하여야 한다.
② [발주자]은(는) 소방시설이 공공의 안전과 복리에 적합하게 시공되도록 공정한 기준과 절차에 따라 능력 있는 소방시설업자를 선정하여야 하고, 소방시설공사등이 적정하게 수행되도록 노력하여야 한다.
③ [소방시설업자]은(는) 소방시설공사등의 품질과 안전이 확보되도록 소방시설공사등에 관한 법령을 준수하고, 설계도서·시방서(示方書) 및 도급계약의 내용 등에 따라 성실하게 소방시설공사등을 수행하여야 한다.

CHAPTER 02 · 소방시설업

제4조 (소방시설업의 등록)

① 특정소방대상물의 소방시설공사등을 하려는 자는 업종별로 자본금(개인인 경우에는 자산 평가액을 말한다), 기술인력 등 대통령령으로 정하는 요건을 갖추어 [시·도지사]에게 소방시설업을 등록하여야 한다.

② 소방시설공사업의 등록을 하려는 자는 기준을 갖추어 소방청장이 지정하는 금융회사 또는 「소방산업의 진흥에 관한 법률」 제23조에 따른 소방산업공제조합이 별표 1에 따른 자본금 기준금액의 100분의 [20] 이상에 해당하는 금액의 담보를 제공받거나 현금의 예치 또는 출자를 받은 사실을 증명하여 발행하는 확인서를 시·도지사에게 제출하여야 한다.

③ 시·도지사는 접수일부터 [15]일 이내에 협회를 경유하여 소방시설업 등록증 및 소방시설업 등록수첩을 신청인에게 발급해 주어야 한다.

④ [소방시설공사업]을 등록 하려고 하는 사람은 「공인회계사법」 제7조에 따라 금융위원회에 등록한 공인회계사 등이 신청일 전 최근 [90]일 이내에 작성한 자산평가액 또는 소방청장이 정하여 고시하는 바에 따라 작성된 기업진단 보고서를 첨부하여 제출하여야 한다.

⑤ 소방시설업의 등록신청 서류가 첨부서류(전자문서를 포함한다)가 첨부되지 아니한 경우에는 [10]일 이내의 기간을 정하여 이를 보완하게 할 수 있다.

시행령 [별표 1] (소방시설업의 업종별 등록기준 및 영업범위)

① 전문 소방시설설계업은 주된 기술인력이 소방기술사 또는 기계분야와 전기분야의 소방설비기사 각 1명(기계분야 및 전기분야의 자격을 함께 취득한 사람 1명) 이상과 보조기술인력이 2명 이상 필요하다.　　[X]
→ 전문 소방시설설계업X → 전문 소방시설공사업

② 소방공무원으로 재직한 경력이 [3]년 이상인 사람으로서 자격수첩을 발급받은 사람은 소방시설공사업의 보조기술인력이 될 수 있다.

③ 소방시설공사업의 등록하려고 하는 사람은 자본금(자산평가액)이 [1억]원 이상 필요하다.

④ 방염처리업의 종류로는 섬유류 방염업, 실내장식물 방염업, 합판·목재류 방염업이 있다.　　[X]
→ 실내장식물 방염업 → 합성수지류 방염업

⑤ 다음 중 소방시설설계업의 기계분야에 속하는 것을 모두 고르면? ㉠, ㉡, ㉣, ㉥, ㉦

㉠ 인명구조기구	㉡ 제연설비
㉢ 통합감시시설	㉣ 연결살수설비
㉤ 무선통신보조설비	㉥ 소화수조
㉦ 저수조	㉧ 비상조명등

제5조 (등록의 결격사유)

다음 중 소방시설업을 등록할 수 없는 사람은? ②

① 피한정후견인
→ 피한정후견인 (X) / 피성년후견인 (O)

② 「위험물안전관리법」에 따른 금고 이상의 실형을 선고받고 그 집행이 끝나거나(집행이 끝난 것으로 보는 경우를 포함한다) 면제된 날부터 2년이 지나지 아니한 사람

③ 「화재의 예방 및 안전관리에 관한 법률」에 따른 금고 이상의 형의 집행유예를 선고받고 그 유예기간이 지난 사람
→ 유예기간이 지난 사람 X → 금고 이상의 형의 집행유예를 선고받고 그 유예기간 중에 있는사람

④ 등록하려는 소방시설업 등록이 취소된 날부터 3년이 지난 사람
→ 3년 X → 2년이 지나지 아니한 사람

제6조 (등록사항의 변경신고)

① 소방시설업자는 제4조에 따라 등록한 사항 중 행정안전부령으로 정하는 중요 사항을 변경할 때에는 행정안전부령으로 정하는 바에 따라 [시·도지사]에게 신고하여야 한다.

② 소방시설업자는 등록사항이 변경된 경우에는 변경일부터 [30]일 이내에 소방시설업 등록사항 변경신고서에 변경사항별로 서류를 첨부하여 협회에 제출하여야 한다.

③ 등록사항의 변경신고사항은 소방시설업자는 상호(명칭) 또는 영업소 소재지, 기술인력, 자본금이다. [X]
→ 자본금 → 대표자

④ 기술인력이 변경된 경우, 소방시설업 등록증 및 등록수첩, 기술인력 증빙서류를 첨부하여 협회에 제출하여야 한다. [X]
→ 소방시설업 등록증 및 등록수첩 → 소방시설업 등록수첩

⑤ 변경신고 서류를 제출받은 협회는 등록사항의 변경신고 내용을 확인하고 [5]일 이내에 제출된 소방시설업 등록증·등록수첩 및 기술인력 증빙서류에 그 변경된 사항을 기재하여 발급하여야 한다.

⑥ ⑤에도 불구하고 영업소 소재지가 등록된 시·도에서 다른 시·도로 변경된 경우에는 제출받은 변경신고 서류를 접수일로부터 [7]일 이내에 해당 시·도지사에게 보내야 한다.

⑦ 협회는 등록사항의 변경신고 접수현황을 매월 말일을 기준으로 작성하여 다음 달 [10]일까지 별지 제7호의2서식에 따라 시·도지사에게 알려야 한다.

제6조의2 (휴업·폐업 등의 신고)

① 소방시설업자는 휴업·폐업 또는 재개업 신고를 하려면 휴업·폐업 또는 재개업일부터 [30]일 이내에 소방시설업 휴업·폐업·재개업 신고서(전자문서로 된 신고서를 포함한다)에 서류(전자문서를 포함한다)를 첨부하여 협회를 경유하여 [시·도지사]에게 제출하여야 한다.
→ 휴업·폐업신고를 위반하여 신고를 하지 아니하거나 거짓으로 신고한자 과태료 200만원 이하

② 폐업신고를 한 자가 소방시설업 등록이 말소된 후 [6개월] 이내에 같은 업종의 소방시설업을 다시 등록한 경우 해당 소방시설업자는 폐업신고 전 소방시설업자의 지위를 승계한다.

③ ②에 따라 소방시설업자의 지위를 승계한 자에 대해서는 폐업신고 전의 소방시설업자에 대한 행정처분의 효과가 승계되지 않는다. [X]
→ 승계되지 않는다.X → 승계된다.

제7조 (소방시설업자의 지위승계)

① 소방시설업자가 사망한 경우 그 상속인 등은 종전의 소방시설업자의 지위를 승계하려는 경우에는 그 상속일, 양수일 또는 합병일부터 [30]일 이내에 행정안전부령으로 정하는 바에 따라 그 사실을 [시·도지사]에게 신고하여야 한다.

제8조 (소방시설업의 운영)

① 소방시설업자가 소방시설공사등을 맡긴 특정소방대상물의 관계인에게 지체 없이 그 사실을 알려야 하는 사유로 옳지 않은 것은? ㉣
㉠ 소방시설업자의 지위를 승계한 경우
㉡ 소방시설업의 등록취소처분 또는 영업정지처분을 받은 경우
㉢ 휴업하거나 폐업한 경우
㉣ 과태료 처분을 받은 경우

제9조 (등록취소와 영업정지 등)

① 소방시설업자의 1차 등록 취소사유로 옳은 것을 모두 고르면? ㉠, ㉣, ㉦
㉠ 거짓이나 그 밖의 부정한 방법으로 등록한 경우
㉡ 다른 자에게 등록증 또는 등록수첩을 빌려준 경우
㉢ 소방시설공사등의 업무수행의무 등을 고의 또는 과실로 위반하여 다른 자에게 상해를 입히거나 재산 피해를 입힌 경우
㉣ 등록 결격사유에 해당하게 된 경우
㉤ 등록을 한 후 정당한 사유 없이 1년이 지날 때까지 영업을 시작하지 아니하거나 계속하여 1년 이상 휴업한 때
㉥ 소속 소방기술자를 공사현장에 배치하지 아니하거나 거짓으로 한 경우
㉦ 영업정지 기간 중에 소방시설공사등을 한 경우

② 다음은 소방시설업의 행정처분에 대한 설명이다. 빈칸에 들어갈 단어를 고르시오.
  ③ 영업정지 처분기간 중 영업정지에 해당하는 위반사항이 있는 경우에는 종전의 처분기간 [만료일의 다음날]부터 새로운 위반사항에 대한 영업정지의 행정처분을 한다.
  ⓒ 위반행위의 차수에 따른 행정처분기준은 최근 [1]년간 같은 위반행위로 행정처분을 받은 경우에 적용한다. 이 경우 기준 적용일은 위반사항에 대한 [행정처분일]과 그 처분 후 다시 [적발한 날]을 기준으로 한다.

제10조 (과징금처분)

① [시·도지사](은)는 영업정지가 그 이용자에게 불편을 주거나 그 밖에 공익을 해칠 우려가 있을 때에는 영업정지처분을 갈음하여 [2억원] 이하의 과징금을 부과할 수 있다.

CHAPTER 03 · 소방시설공사 등

제1절 설계

제11조 (설계)

① 소방시설설계업을 등록한 자(이하 "설계업자"라 한다)는 이 법이나 이 법에 따른 명령과 화재안전기준에 맞게 소방시설을 설계하여야 한다. 다만, 「소방시설 설치 및 관리에 관한 법률」 제18조제1항에 따른 [중앙] 소방기술심의위원회의 심의를 거쳐 소방시설의 구조와 원리 등에서 특수한 설계로 인정된 경우는 화재안전기준을 따르지 아니할 수 있다.
② 성능위주설계를 할 수 있는 자의 기술인력은 소방기술사 2명 이상이다. [O]

제2절 시공

[시행령] 별표 2 (소방기술자의 배치기준 및 배치기간)

1. 소방기술자의 배치기준

소방기술자의 배치기준	소방시설공사 현장의 기준
가. 행정안전부령으로 정하는 특급기술자인 소방기술자(기계분야 및 전기분야)	1) 연면적 [20만]제곱미터 이상인 특정소방대상물의 공사 현장 2) 지하층을 [포함한] 층수가 [40]층 이상인 특정소방대상물의 공사 현장

나. 행정안전부령으로 정하는 고급기술자 이상의 소방기술자(기계분야 및 전기분야)	1) 연면적 [3만]제곱미터 이상 [20만]제곱미터 미만인 특정소방대상물(아파트는 제외한다)의 공사 현장 2) 지하층을 [포함한] 층수가 [16]층 이상 [40]층 미만인 특정소방대상물의 공사 현장
다. 행정안전부령으로 정하는 중급기술자 이상의 소방기술자(기계분야 및 전기분야)	1) [물분무등소화설비(호스릴 방식의 소화설비는 제외한다)] 또는 [제연설비]가 설치되는 특정소방대상물의 공사 현장 2) 연면적 [5천]제곱미터 이상 [3만]제곱미터 미만인 특정소방대상물(아파트는 제외한다)의 공사 현장 3) 연면적 [1만]제곱미터 이상 [20만]제곱미터 미만인 아파트의 공사 현장
라. 행정안전부령으로 정하는 초급기술자 이상의 소방기술자(기계분야 및 전기분야)	1) 연면적 [1천]제곱미터 이상 [5천]제곱미터 미만인 특정소방대상물(아파트는 제외한다)의 공사 현장 2) 연면적 [1천]제곱미터 이상 [1만]제곱미터 미만인 아파트의 공사 현장 3) 지하구(地下溝)의 공사 현장
마. 법 제28조제2항에 따라 자격수첩을 발급받은 소방기술자	연면적 [1천]제곱미터 미만인 특정소방대상물의 공사 현장

제13조 (착공신고) (단, ③~⑭의 특정소방대상물에서 제조소등과 다중이용업소는 제외한다.)

① 소방시설공사업자는 소방시설공사를 하려면 해당 소방시설공사의 [착공 전]까지 소방시설공사 착공(변경) 신고서를 첨부하여 [소방본부장 또는 소방서장]에게 신고하여야 한다.

② 소방본부장 또는 소방서장은 착공신고 또는 변경신고를 받은 날부터 [2]일 이내에 신고수리 여부를 신고인에게 통지하여야 한다.

③ 특정소방대상물에 옥내·옥외소화전설비를 증설하는 공사는 착공신고 대상이다. [O]

④ 특정소방대상물에 스프링클러설비등을 신설하는 공사는 착공신고 대상이다. [O]

⑤ 특정소방대상물에 비상경보설비를 신설하는 공사는 착공신고 대상이다. [O]

⑥ 특정소방대상물에 설치된 소방시설등을 구성하는 것 중 전부 또는 일부를 개설(改設), 이전(移轉) 또는 정비(整備)하는 공사로서 착공신고 대상이 아닌 것은? ㉢

㉠ 수신반   ㉡ 동력제어반
㉢ 음향장치   ㉣ 소화펌프

⑦ 특정소방대상물에 설치된 소방시설등을 구성하는 것의 전부 또는 일부를 개설(改設), 이전(移轉) 또는 정비(整備)하는 공사는 고장 또는 파손 등으로 인하여 작동시킬 수 없는 소방시설을 긴급히 교체하거나 보수하여야 하는 경우에도 착공신고를 하여야 한다. [X]

→ 신고를 하여야 한다.X → 신고하지 않을 수 있다.

⑧ 특정소방대상물에 연결송수관설비를 신설하는 공사는 착공신고 대상이다. [O]
⑨ 특정소방대상물에 자동화재탐지설비의 경계구역을 증설하는 공사는 착공신고 대상이다. [O]
⑩ 특정소방대상물에 스프링클러설비등의 헤드를 증설하는 공사는 착공신고 대상이다. [X]
　　→ 스프링클러설비등의 헤드를 증설하는 공사X → 스프링클러설비의 방호·방수구역을 증설하는 공사
⑪ 특정소방대상물에 유도등을 신설하는 공사는 착공신고 대상이다. [X]
　　→ 유도등을 신설하는 공사는 착공신고 대상이 아니다.
⑫ 특정소방대상물에 소화용수설비(소화용수설비를 「건설산업기본법 시행령」 별표 1에 따른 기계설비·가스공사업자 또는 상·하수도설비공사업자가 공사하는 경우는 포함)를 신설하는 공사는 착공신고 대상이다. [X]
　　→ 기계설비·가스공사업자 또는 상·하수도설비공사업자가 공사하는 경우는 제외한다.
⑬ 특정소방대상물에 호스릴옥내소화전설비를 신설하는 공사는 착공신고 대상이다. [O]
⑭ 특정소방대상물에 화재알림설비의 경계구역을 증설하는 공사는 착공신고 대상이다. [O]

제14조 (완공검사)

① 공사업자는 소방시설공사를 완공하면 [소방본부장 또는 소방서장]의 완공검사를 받아야 한다.
② 공사업자가 소방대상물 일부분의 소방시설공사를 마친 경우로서 전체 시설이 준공되기 전에 부분적으로 사용할 필요가 있는 경우에는 그 일부분에 대하여 소방본부장이나 소방서장에게 완공검사(이하 "부분완공검사"라 한다)를 신청할 수 있다. [O]

[시행령] 제5조 (완공검사를 위한 현장확인 대상 특정소방대상물의 범위)

① 종교시설은 소방본부장이나 소방서장이 소방시설공사가 공사감리 결과보고서대로 완공되었는지를 현장에서 확인할 수 있다. [O]
② 운수시설은 소방본부장이나 소방서장이 소방시설공사가 공사감리 결과보고서대로 완공되었는지를 현장에서 확인할 수 있다. [X]
　　→ 운수시설이 아니라 운동시설이다.
③ 지하구는 완공검사를 위한 현장확인 대상 특정소방대상물의 범위에 속한다. [X]
　　→ 지하구가 아니라 지하상가이다.
④ 위락시설은 완공검사를 위한 현장확인 대상 특정소방대상물의 범위에 속한다. [X]
　　→ 위락시설은 아니다.
⑤ 창고시설은 소방본부장이나 소방서장이 소방시설공사가 공사감리 결과보고서대로 완공되었는지를 현장에서 확인할 수 있다. [O]
⑥ 수련시설은 소방본부장이나 소방서장이 소방시설공사가 공사감리 결과보고서대로 완공되었는지를 현장에서 확인할 수 있다. [O]

⑦ 물분무등소화설비(호스릴 방식의 소화설비를 포함한다)가 설치되는 특정소방대상물은 완공검사를 위한 현장확인 대상 특정소방대상물의 범위에 속한다. [X]
→ 호스릴 방식의 소화설비는 제외한다.

⑧ 옥외소화전설비가 설치되는 특정소방대상물은 완공검사를 위한 현장확인 대상 특정소방대상물의 범위에 속한다. [X]
→ 옥외소화전은 아니다. 스프링클러설비등, 물분무등소화설비(호스릴 방식의 소화설비는 제외)이다.

⑨ 간이스프링클러가 설치되는 특정소방대상물은 완공검사를 위한 현장확인 대상이다. [O]

⑩ 연면적 [1만]제곱미터 이상이거나 [11]층 이상인 특정소방대상물(아파트는 [제외]한다)은 완공검사를 위한 현장확인 대상 특정소방대상물의 범위에 속한다.

⑪ 가연성가스를 제조·저장 또는 취급하는 시설 중 [지상에 노출된] 가연성가스탱크의 저장용량 합계가 [1천] 톤 이상인 시설은 완공검사를 위한 현장확인 대상 특정소방대상물의 범위에 속한다.

제15조 (공사의 하자보수 등)

① 관계인은 하자보수보증 기간에 소방시설의 하자가 발생하였을 때에는 공사업자에게 그 사실을 알려야 하며, 통보를 받은 공사업자는 [3]일 이내에 하자를 보수하거나 보수 일정을 기록한 하자보수계획을 관계인에게 서면으로 알려야 한다.

② 소방본부장이나 소방서장은 관계인에게 하자보수를 이행하지 아니하는 경우 등을 통보를 받았을 때에는 [지방]소방기술심의위원회에 심의를 요청하여야 하며, 그 심의 결과 인정할 때에는 시공자에게 기간을 정하여 하자보수를 명하여야 한다.

③ 다음 중 하자보수 보증기간이 3년인 것을 모두 고르면? ㉠, ㉡, ㉥, ㉧
  ㉠ 스프링클러설비   ㉡ 비상콘센트설비   ㉢ 비상방송설비
  ㉣ 유도등   ㉤ 무선통신보조설비   ㉥ 자동화재탐지설비
  ㉦ 비상조명등   ㉧ 간이스프링클러설비

제3절 감리

제16조 (감리)

① 소방공사감리업을 등록한 자가 소방공사를 감리할 때 수행하여야 하는 업무로 옳지 않은 것을 모두 고르면?
  ㉡, ㉢, ㉣, ㉥
  ㉠ 소방시설등의 설치계획표의 적법성 검토
  ㉡ 완공된 소방시설의 시공능력평가
    → 완공된 소방시설등의 성능시험
  ㉢ 설계업자가 작성한 시공 상세 도면의 적합성 검토
    → 설계업자가 작성한 시공 상세 도면 → 공사업자가 작성한 시공 상세 도면
  ㉣ 실내장식물의 불연화(不燃化)와 방염 물품의 적합성 검토
    → 방염 물품의 적합성 검토 → 방염 물품의 적법성 검토

ⓗ 소방용품의 위치·규격 및 사용 자재의 적합성 검토
ⓘ 소방시설의 유지·관리
→ 소방시설의 유지·관리업무는 관계인 및 소방안전관리자의 업무이다.
ⓙ 공사업자가 한 소방시설등의 시공이 설계도서와 화재안전기준에 맞는지에 대한 지도·감독

② 상주공사감리 대상에 대한 설명이다. 빈칸을 채우시오.
㉠ 연면적 [3만]제곱미터 이상의 특정소방대상물(아파트는 제외)에 대한 소방시설의 공사
㉡ 지하층을 [포함한] 층수가 [16]층 이상으로서 [500세대] 이상인 아파트에 대한 소방시설의 공사

제17조 (공사감리자의 지정 등)

① 소방본부장 또는 소방서장은 특정소방대상물에 대하여 자동화재탐지설비, 옥내소화전설비 등 대통령령으로 정하는 소방시설을 시공할 때에는 소방시설공사의 감리를 위하여 감리업자를 공사감리자로 지정하여야 한다. [X]
→ 소방본부장 또는 소방서장이 아니라 특정소방대상물의 관계인이다.

② 통합감시시설을 신설 또는 개설하는 특정소방대상물은 공사감리자 지정대상 특정소방대상물의 범위에 해당한다. [O]

③ 연소방지설비를 신설·개설하거나 살수구역을 증설하는 특정소방대상물은 공사감리자 지정대상 특정소방대상물의 범위에 해당한다. [O]

④ 호스릴 방식의 물분무등소화설비를 신설·개설하거나 방호·방수 구역을 증설하는 특정소방대상물은 공사감리자 지정대상 특정소방대상물의 범위에 해당한다. [X]
→ 물분무등소화설비(호스릴 방식의 소화설비는 제외)를 신설·개설하거나 방호·방수 구역을 증설할 때

⑤ 자동화재속보설비를 신설 또는 개설하는 특정소방대상물은 공사감리자 지정대상 특정소방대상물의 범위에 해당한다. [X]
→ 자동화재속보설비는 해당하지 않는다.

⑥ 연결송수관설비를 신설·개설하거나 송수구역을 증설하는 특정소방대상물은 공사감리자 지정대상 특정소방대상물의 범위에 해당한다. [X]
→ 송수구역 증설X → 연결송수관설비를 신설·개설하는 특정소방대상물

⑦ 비상콘센트설비를 신설·개설하거나 전용회로를 증설하는 특정소방대상물은 공사감리자 지정대상 특정소방대상물의 범위에 해당한다. [O]

⑧ 캐비닛형 간이스프링클러설비를 신설·개설하거나 방호·방수 구역을 증설하는 특정소방대상물은 공사감리자 지정대상 특정소방대상물의 범위에 해당한다. [X]
→ 스프링클러설비등(캐비닛형 간이스프링클러설비는 제외한다)을 신설·개설하거나 방호·방수 구역을 증설할 때

⑨ 화재조기진압용 스프링클러설비를 신설·개설하거나 방호·방수 구역을 증설하는 특정소방대상물은 공사감리자 지정대상 특정소방대상물의 범위에 해당한다. [O]

⑩ 특정소방대상물의 관계인은 공사감리자가 변경된 경우에는 변경일부터 [30]일 이내에 소방공사감리자 변경신고서를 첨부하여 소방본부장 또는 소방서장에게 제출하여야 한다.

⑪ 소방본부장 또는 소방서장은 공사감리자 지정신고 또는 변경신고를 받은 날부터 [2일] 이내에 신고수리 여부를 신고인에게 통지하여야 한다.

제18조 (감리원의 배치 등)

① 상주 공사감리 대상인 경우 소방시설용 배관(전선관을 포함)을 설치하거나 매립하는 때부터 소방시설의 성능시험 때까지 소방공사감리현장에 감리원을 배치할 것 [X]
  → 소방시설의 성능시험 때까지 X → 소방시설 완공검사증명서를 발급받을 때까지
② 일반 공사감리 대상인 경우 감리원은 [주 1]회 이상 소방공사감리현장에 배치되어 감리할 것.
③ 일반 공사감리 대상인 경우 1명의 감리원이 담당하는 소방공사감리현장은 [5]개 이하로서 감리현장 연면적의 총 합계가 [10만]제곱미터 이하일 것.
④ 일반 공사감리 대상인 아파트의 경우에는 연면적의 합계에 관계없이 1명의 감리원이 [5]개 이내의 공사현장을 감리할 수 있다.
⑤ 소방공사감리업자는 소방공사감리현장에 배치하는 경우에는 소방공사감리원 배치통보서에, 배치한 감리원이 변경된 경우에는 소방공사감리원 배치변경통보서에 필요한 서류를 첨부하여 감리원 배치일부터 [7]일 이내에 소방본부장 또는 소방서장에게 알려야 한다.

■ 시행령 [별표 4]

소방공사 감리원의 배치기준 및 배치기간 (제11조 관련)

1. 소방공사 감리원의 배치기준

감리원의 배치기준		소방시설공사 현장의 기준
책임감리원	**보조감리원**	
가. 행정안전부령으로 정하는 특급감리원 중 [소방기술사]	행정안전부령으로 정하는 [초급]감리원 이상의 소방공사 감리원(기계분야 및 전기분야)	1) 연면적 [20만]제곱미터 이상인 특정소방대상물의 공사 현장 2) 지하층을 [포함]한 층수가 [40]층 이상인 특정소방대상물의 공사 현장
나. 행정안전부령으로 정하는 특급감리원 이상의 소방공사 감리원(기계분야 및 전기분야)	행정안전부령으로 정하는 [초급]감리원 이상의 소방공사 감리원(기계분야 및 전기분야)	1) 연면적 [3만]제곱미터 이상 [20만]제곱미터 미만인 특정소방대상물(아파트는 제외한다)의 공사 현장 2) 지하층을 [포함한] 층수가 [16]층 이상 [40]층 미만인 특정소방대상물의 공사 현장
다. 행정안전부령으로 정하는 고급감리원 이상의 소방공사 감리원(기계분야 및 전기분야)	행정안전부령으로 정하는 [초급]감리원 이상의 소방공사 감리원(기계분야 및 전기분야)	1) [물분무등소화설비(호스릴 방식의 소화설비는 제외한다)] 또는 [제연설비]가 설치되는 특정소방대상물의 공사 현장 2) 연면적 [3만]제곱미터 이상 [20만]제곱미터 미만인 아파트의 공사 현장
라. 행정안전부령으로 정하는 중급감리원 이상의 소방공사 감리원(기계분야 및 전기분야)		연면적 [5천]제곱미터 이상 [3만]제곱미터 미만인 특정소방대상물의 공사 현장

마. 행정안전부령으로 정하는 **초급감리원 이상의 소방공사 감리원**(기계분야 및 전기분야)	1) 연면적 [5천]제곱미터 미만인 특정소방대상물의 공사 현장 2) [지하구]의 공사 현장

제19조 (위반사항에 대한 조치)

① 감리업자는 감리를 할 때 소방시설공사가 설계도서나 화재안전기준에 맞지 아니할 때에는 [관계인]에게 알리고, [공사업자]에게 그 공사의 시정 또는 보완 등을 요구하여야 한다.

② 감리업자는 공사업자가 제1항에 따른 요구를 이행하지 아니하고 그 공사를 계속할 때에는 행정안전부령으로 정하는 바에 따라 [소방본부장이나 소방서장]에게 그 사실을 보고하여야 한다.

제20조 (공사감리 결과의 통보 등)

① 감리업자는 소방공사의 감리를 마쳤을 때에는 [7]일 이내에 그 감리 결과를 그 특정소방대상물의 [관계인], 소방시설공사의 [도급인], 그 특정소방대상물의 공사를 감리한 [건축사]에게 서면으로 알리고, [소방본부장이나 소방서장]에게 공사감리 결과보고서를 제출하여야 한다.

제20조의3 (방염처리능력 평가 및 공시)

① [소방청장]은 방염처리업자의 방염처리능력 평가 요청이 있는 경우 해당 방염처리업자의 방염처리 실적 등에 따라 방염처리능력을 평가하여 공시할 수 있다.

제22조 (하도급의 제한)

① 제21조에 따라 도급을 받은 자는 소방시설의 설계, 시공, 감리를 제3자에게 하도급할 수 없다. 다만, [시공]의 경우에는 대통령령으로 정하는 바에 따라 도급받은 소방시설공사의 [일부]를 다른 공사업자에게 하도급할 수 있다.

제22조의2 (하도급계약의 적정성 심사 등)

① 발주자는 하도급계약금액이 도급금액 중 하도급부분에 상당하는 금액의 100분의 [82]에 해당하는 금액에 미달하는 경우 또는 하도급계약금액이 소방시설공사등에 대한 발주자의 예정가격의 100분의 [60]에 해당하는 금액에 미달하는 경우 하수급인의 시공 및 수행능력, 하도급계약 내용의 적정성 등을 심사할 수 있다.

② 발주자는 하수급인 또는 하도급계약 내용의 변경을 요구하려는 경우에는 하도급에 관한 사항을 통보받은 날 또는 그 사유가 있음을 안 날부터 [30]일 이내에 서면으로 하여야 한다.

③ 하도급계약심사위원회는 위원장 1명과 부위원장 1명을 제외하여 10명 이내의 위원으로 구성한다.　　[X]
　　→ 제외하여 X → 포함하여

④ 소방 분야의 [박사]학위를 취득하고 그 분야에서 [3]년 이상 연구 또는 실무경험이 있는 사람은 하도급계약심사위원회의 위원이 될 수 있다.

⑤ 하도급계약심사위원회 위원의 임기는 2년으로 하며, 한 차례만 연임할 수 있다.　　[X]
　　→ 2년 → 3년

제23조 (도급계약의 해지)

특정소방대상물의 관계인 또는 발주자가 해당 도급계약의 수급인의 도급계약을 해지할 수 있는 사유로 옳은 것은? ④

① 소방시설업이 등록취소되거나 과태료 처분을 받은 경우
　　→ 과태료 처분 X → 소방시설업이 등록취소되거나 영업정지된 경우

② 소방시설업의 기술인력이 변경된 경우
　　→ 해당 X → 소방시설업을 휴업하거나 폐업한 경우

③ 정당한 사유 없이 20일 이상 소방시설공사를 계속하지 아니하는 경우
　　→ 20일 X → 정당한 사유 없이 30일 이상 소방시설공사를 계속하지 아니하는 경우

④ 발주자가 적정성 심사를 하여 하수급인 또는 하도급계약 내용의 변경에 따른 요구에 정당한 사유 없이 따르지 아니하는 경우

제26조 (시공능력 평가 및 공시)

① 시·도지사는 관계인 또는 발주자가 적절한 공사업자를 선정할 수 있도록 하기 위하여 공사업자의 신청이 있으면 그 공사업자의 소방시설공사 실적, 자본금 등에 따라 시공능력을 평가하여 공시할 수 있다.　　[X]
　　→ 시·도지사 X → 소방청장

② 시공능력은 공사업자가 도급받을 수 있는 1건의 공사도급금액으로 하고, 시공능력 평가의 유효기간은 공시일부터 2년간으로 한다.　　[X]
　　→ 2년간 → 1년간

CHAPTER 04 · 소방기술자

제28조 (소방기술 경력 등의 인정 등)

① [소방청장]은(는) 소방기술의 효율적인 활용과 소방기술의 향상을 위하여 소방기술과 관련된 자격·학력 및 경력을 가진 사람을 소방기술자로 인정할 수 있다.

② 소방기술자 자격수첩 또는 경력수첩을 다른 사람에게 빌려준 경우 그 자격을 취소하여야 한다.   [O]
  → 부정 / 빌려준 경우가 1차 취소사유이다.

③ 자격이 취소된 사람은 취소된 날부터 [2]년간 자격수첩 또는 경력수첩을 발급받을 수 없다.

④ 소방공무원으로서 관련 업무 경력이 3년 이상인 사람은 중급감리원의 업무를 수행할 수 있다.   [X]
  → 중급감리원이 아닌 초급감리원의 업무를 수행할 수 있다.

⑤ 학사학위를 취득한 후 소방 관련 업무를 [11]년간 수행한 사람은 특급기술자 업무를 수행할 수 있다.

⑥ 소방시설관리사 자격을 취득한 후 소방 관련 업무를 [5]년간 수행한 사람은 특급기술자 업무를 수행할 수 있다.

⑦ 소방설비기사 기계분야 자격을 취득한 후 소방 관련 업무를 [8]년간 수행한 사람은 해당분야 특급감리원의 업무를 수행할 수 있다.

⑧ 소방설비기사 기계분야 자격을 취득한 후 소방 관련 업무를 [5]년간 수행한 사람은 해당분야 고급감리원의 업무를 수행할 수 있다.

⑨ 점검자의 기술등급

  1) 기술자격에 따른 기술등급

구 분	기술자격
특급 점검자	◦ 소방시설관리사, 소방기술사 ◦ 소방설비기사 자격을 취득한 후 [8]년 이상 소방 관련 업무를 수행한 사람 ◦ 소방설비산업기사 자격을 취득한 후 소방시설관리업체에서 [10]년 이상 점검업무를 수행한 사람
고급 점검자	◦ 소방설비기사 자격을 취득한 후 [5]년 이상 소방 관련 업무를 수행한 사람 ◦ 소방설비산업기사 자격을 취득한 후 [8]년 이상 소방 관련 업무를 수행한 사람
중급 점검자	◦ 소방설비기사 자격을 취득한 사람 ◦ 소방설비산업기사 자격을 취득한 후 [3]년 이상 소방 관련 업무를 수행한 사람
초급 점검자	◦ 소방설비산업기사 자격을 취득한 사람

2) 학력 · 경력 등에 따른 기술등급

구 분	학력·경력자
고급 점검자	◦ 학사 이상의 학위를 취득한 후 [9]년 이상 소방 관련 업무를 수행한 사람 ◦ 전문학사학위를 취득한 후 [12]년 이상 소방 관련 업무를 수행한 사람
중급 점검자	◦ 학사 이상의 학위를 취득한 후 [6]년 이상 소방 관련 업무를 수행한 사람 ◦ 전문학사학위를 취득한 후 [9]년 이상 소방 관련 업무를 수행한 사람 ◦ 고등학교를 졸업한 후 [12]년 이상 소방 관련 업무를 수행한 사람

제29조 (소방기술자의 실무교육)

① 소방기술자는 실무교육을 [2년마다] 1회 이상 받아야 한다.

② 실무교육기관등의 장은 소방기술자에 대한 실무교육을 실시하려면 교육일정 등 교육에 필요한 계획을 수립하여 소방청장에게 보고한 후 교육 [10]일 전까지 교육대상자에게 알려야 한다.

CHAPTER 05 · 소방시설업자협회

제30조의2 (소방시설업자협회의 설립) / 제30조의3 (협회의 업무) / 제30조의4 (「민법」의 준용)

① [소방시설업자](은)는 소방시설업자의 권익보호와 소방기술의 개발 등 소방시설업의 건전한 발전을 위하여 소방시설업자협회(이하 "협회"라 한다)를 설립할 수 있다.

② 소방시설업자협회를 설립하려면 소방시설업자 [10]명 이상이 발기하고 창립총회에서 정관을 의결한 후 소방청장에게 인가를 신청하여야 한다.

③ 소방시설업자협회는 소방산업의 발전 및 소방기술의 향상을 위한 지원 업무를 한다. [O]

④ 협회에 관하여 이 법에 규정되지 아니한 사항은 「민법」 중 [사단법인]에 관한 규정을 준용한다.

⑤ 협회는 소방시설업의 기술발전과 소방기술의 진흥을 위한 교육, 연구, 분석 및 평가업무를 한다. [X]
　→ 교육 → 조사

제32조 (청문)

다음 중 청문대상으로 옳지 않은 것은? ⓔ

㉠ 소방시설업 등록취소처분
㉡ 소방시설업 영업정지처분
㉢ 소방기술 인정 자격취소처분
㉣ 소방기술 인정 자격정지처분

제36조 (벌칙)

① 관계인이 공사감리자를 지정하지 아니한 경우 300만원 이하의 벌금에 처한다. [X]
　→ 300만원이 아닌 1년이하의 징역 또는 1천만원 이하의 벌금에 처한다.

② 소방시설업 등록을 하지 아니하고 영업을 한 사람은 1년 이하의 징역 또는 1천만원 이하의 벌금에 처한다. [X]
　→ 1년 이하의 징역 또는 1천만원 이하의 벌금이 아닌 3년 이하의 징역 또는 3천만원 이하의 벌금에 처한다.

③ 공사감리 결과의 통보 또는 공사감리 결과보고서의 제출을 거짓으로 한 사람은 1년 이하의 징역 또는 1천만원 이하의 벌금에 처한다. [O]

④ 다른 자에게 자기의 성명이나 상호를 사용하여 소방시설공사등을 수급 또는 시공하게 하거나 소방시설업의 등록증이나 등록수첩을 빌려준 자는 300만원 이하의 벌금에 처한다. [O]

| MEMO |

정태성 말랑말랑 소방관계법규
www.modoofire.com

합격률 76%로 검증된 소방합격을 위한 당연한 선택

PART 3

위험물안전관리법

PART 03 · 위험물안전관리법

CHAPTER 01 · 총칙

제1조 (목적)

이 법은 위험물의 [저장]·[취급] 및 [운반]과 이에 따른 안전관리에 관한 사항을 규정함으로써 위험물로 인한 [위해]를 방지하여 공공의 [안전]을 확보함을 목적으로 한다.

제2조 (정의)

1. "위험물"이라 함은 [인화성] 또는 [발화성] 등의 성질을 가지는 것으로서 [대통령령]이 정하는 물품을 말한다.
2. "지정수량"이라 함은 위험물의 종류별로 위험성을 고려하여 대통령령이 정하는 수량으로서 제조소등의 설치허가 등에 있어서 최저의 기준이 되는 수량을 말한다. [O]
3. "취급소"라 함은 지정수량 이상의 위험물을 저장외의 목적으로 취급하기 위한 대통령령이 정하는 장소로서 허가를 받은 장소를 말한다. [X]
    → 저장외의 목저 X → 제조이이 목적
4. "제조소 등"이라 함은 제조소·[저장소] 및 [취급소]를 말한다.

[시행령] 별표 1 (위험물 및 지정수량)

1~4까지는 아래의 보기를 보고 빈칸을 쓰시오.

> 산화력의 잠재적인 위험성, 화염에 의한 발화의 위험성, 인화의 위험성, 충격에 대한 민감성, 폭발의 위험성, 가열분해의 격렬함

1. "산화성고체"라 함은 고체로서 [산화력의 잠재적인 위험성] 또는 [충격에 대한 민감성]을 판단하기 위하여 소방청장이 정하여 고시하는 시험에서 고시로 정하는 성질과 상태를 나타내는 것을 말한다.

2. "자기반응성물질"이라 함은 고체 또는 액체로서 [폭발의 위험성] 또는 [가열분해의 격렬함]을 판단하기 위하여 고시로 정하는 시험에서 고시로 정하는 성질과 상태를 나타내는 것을 말하며, 위험성 유무와 등급에 따라 제1종 또는 제2종으로 분류한다.

3. "산화성액체"라 함은 액체로서 [산화력의 잠재적인 위험성]을 판단하기 위하여 고시로 정하는 시험에서 고시로 정하는 성질과 상태를 나타내는 것을 말한다.

4. "가연성고체"라 함은 고체로서 [화염에 의한 발화의 위험성] 또는 [인화의 위험성]을 판단하기 위하여 고시로 정하는 시험에서 고시로 정하는 성질과 상태를 나타내는 것을 말한다.

5. 질산은 그 농도가 36중량퍼센트 이상인 것에 한한다. [X]
   → 농도가 36중량퍼센트 X → 비중이 1.49 이상

6. 황은 순도가 [60]중량퍼센트 이상인 것을 말한다.

7. "철분"이라 함은 철의 분말로서 53마이크로미터의 표준체를 통과하는 것이 50중량퍼센트 미만인 것을 말한다. [X]
   → 미만인 것을 말한다 X → 미만인 것은 제외한다.

8. 마그네슘은 2밀리미터의 체를 통과하지 아니하는 덩어리 상태의 것을 말한다. [X]
   → 덩어리 상태의 것을 말한다 X → 2밀리미터의 체를 통과하지 아니하는 덩어리 상태의 것은 제외한다. 직경 2밀리미터 이상의 막대 모양의 것은 제외한다.

9. "제2석유류"라 함은 등유, 경유 그 밖에 1기압에서 인화점이 섭씨 [21]도 이상 [70]도 미만인 것을 말한다. 다만, 도료류 그 밖의 물품에 있어서 가연성 액체량이 [40]중량퍼센트 이하이면서 인화점이 섭씨 [40]도 이상인 동시에 연소점이 섭씨 [60]도 이상인 것은 제외한다.

10. 과산화수소는 그 농도가 [36]중량퍼센트 이상인 것에 한한다.

[시행령] 별표 2 (위험물을 저장하기 위한 장소)

다음 중 옥외저장소에 저장하는 위험물의 종류로 옳지 않은 것은? ③

① 2류 위험물 중 인화점이 섭씨 0도 이상인 인화성고체
　　→ 2류 위험물 중 황 또는 인화성고체(인화점이 섭씨 0도 이상인 것에 한한다)
② 4류 위험물 중 제3석유류·제4석유류
　　→ 4류 위험물 중 특수인화물 제외한 제1,2,3,4석유류, 알코올류 및 동식물유류
③ 5류 위험물 중 질산에스터류
④ 6류 위험물 중 할로젠간 화합물
　　→ 옥외저장소에 저장하는 위험물의 종류는 크게 2,4,6류 위험물이다.

[시행령] 별표 3 (위험물을 취급하기 위한 장소)

① [주유취급소] : 고정된 주유설비에 의하여 자동차·항공기 또는 선박 등의 연료탱크에 직접 주유하기 위하여 위험물(「석유 및 석유대체연료 사업법」제29조의 규정에 의한 가짜석유제품에 해당하는 물품을 제외한다.)을 취급하는 장소(위험물을 용기에 옮겨 담거나 차량에 고정된 5천리터 이하의 탱크에 주입하기 위하여 고정된 급유설비를 병설한 장소를 포함한다)
② [판매취급소] : 점포에서 위험물을 용기에 담아 판매하기 위하여 지정수량의 [40]배 이하의 위험물을 취급하는 장소
③ [이송취급소] : 배관 및 이에 부속된 설비에 의하여 위험물을 이송하는 장소

[시행규칙] 제5조 (탱크 용적의 산정기준)

위험물을 저장 또는 취급하는 탱크의 용량은 해당 탱크의 공간용적에서 내용적을 뺀 용적으로 한다.　　[X]
→ 공간용적에서 내용적을 뺀 용적 X → 내용적에서 공간용적을 뺀 용적

제3조 (적용제외)

「위험물안전관리법」은 항공기·선박·철도 및 차량에 의한 위험물의 저장·취급 및 운반에 있어서는 이를 적용하지 아니한다.　　[X]
→ 항공기·선박·철도 및 차량 X → 항공기·선박·철도 및 궤도

제4조 (지정수량 미만인 위험물의 저장·취급)

지정수량 미만인 위험물의 저장 또는 취급에 관한 기술상의 기준은 시·도의 조례로 정한다.　　[O]

제5조 (위험물의 저장 및 취급의 제한)

① 시·도의 조례가 정하는 바에 따라 관할소방서장의 [승인]을 받아 지정수량 이상의 위험물을 [90]일 이내의 기간동안 임시로 저장 또는 취급하는 경우 제조소등이 아닌 장소에서 지정수량 이상의 위험물을 취급할 수 있다.

② 군부대가 지정수량 이상의 위험물을 군사외의 목적으로 임시로 저장 또는 취급하는 경우에는 제조소등이 아닌 장소에서 지정수량 이상의 위험물을 취급할 수 있다. [X]

→ 군사외의 목적으로 X → 군사목적으로 임시로 저장 또는 취급

[시행규칙] 제42조 (경보설비의 기준)

① 지정수량의 [10]배 이상의 위험물을 저장 또는 취급하는 제조소등(이동탱크저장소를 제외한다)에는 화재 발생시 이를 알릴 수 있는 경보설비를 설치하여야 한다.

② ①에 따른 경보설비로 옳지 않은 것은? ⓒ

   ㉠ 확성장치   ㉡ 비상방송설비
   ㉢ 단독경보형감지기   ㉣ 비상경보설비

[시행규칙] 별표 17 소화설비, 경보설비 및 피난설비의 기준

가. 소요단위 계산법

1) 제조소 또는 취급소의 건축물은 외벽이 내화구조인 것은 연면적 [100]㎡를 1소요단위로 하며, 외벽이 내화구조가 아닌 것은 연면적 [50]㎡를 1소요단위로 할 것
2) 저장소의 건축물은 외벽이 내화구조인 것은 연면적 [150]㎡를 1소요단위로 하고, 외벽이 내화구조가 아닌 것은 연면적 [75]㎡를 1소요단위로 할 것
3) 위험물은 지정수량의 [10]배를 1소요단위로 할 것

Ⅲ. 피난설비

1. 주유취급소 중 건축물의 [2]층 이상의 부분을 점포·휴게음식점 또는 전시장의 용도로 사용하는 것에 있어서는 당해 건축물의 2층 이상으로부터 주유취급소의 부지 밖으로 통하는 출입구와 당해 출입구로 통하는 통로·계단 및 출입구에 [유도등]을 설치하여야 한다.
2. [옥내주유취급소]에 있어서는 당해 사무소 등의 출입구 및 피난구와 당해 피난구로 통하는 통로· 계단 및 출입구에 유도등을 설치하여야 한다.

CHAPTER 02 · 위험물시설의 설치 및 변경

제6조 (위험물시설의 설치 및 변경 등)

① 제조소등을 설치하고자 하는 자는 대통령령이 정하는 바에 따라 그 설치장소를 관할하는 [시·도지사]의 허가를 받아야 한다.

② 제조소등의 위치·구조 또는 설비 가운데 행정안전부령이 정하는 사항을 변경하고자 하는 때는 1일 전까지 행정안전부령이 정하는 바에 따라 시·도지사에게 신고하여야 한다.　　　　　　　　　　　　　　　　　　　[X]
→ 제조소등의 위치·구조 또는 설비 가운데 행정안전부령이 정하는 사항을 변경하고자 하는 때에도 ①과 같이 관할하는 시·도지사의 허가를 받아야 한다.

③ 제조소등의 위치·구조 또는 설비의 변경없이 당해 제조소등에서 저장하거나 취급하는 위험물의 지정수량의 배수 또는 품명·수량을 변경하고자 하는 자는 변경하고자 하는 날의 [1]일 전까지 행정안전부령이 정하는 바에 따라 [시·도지사]에게 신고하여야 한다.
→ 배수 또는 품명, 수량 변경 / 1일 전 / 행정안전부령 / 시·도지사 신고

④ 수산용으로 필요한 난방시설을 위한 지정수량 25배의 저장소는 신고를 하지 아니하고 위험물의 품명·수량 또는 지정수량의 배수를 변경할 수 있다.　　　　　　　　　　　　　　　　　　　　　　　　　　　　　　　[X]
→ 25배 X → 20배

⑤ 농예용으로 필요한 건조시설을 위한 지정수량 10배의 취급소는 신고를 하지 아니하고 위험물의 품명·수량 또는 지정수량의 배수를 변경할 수 있다.　　　　　　　　　　　　　　　　　　　　　　　　　　　　　　　[X]
→ 취급소 X → 저장소

⑥ 주택의 난방시설(공동주택의 중앙난방시설을 제외)을 위한 취급소는 신고를 하지 아니하고 위험물의 품명·수량 또는 지정수량의 배수를 변경할 수 있다.　　　　　　　　　　　　　　　　　　　　　　　　　　　　　　　[O]

제7조 (군용위험물시설의 설치 및 변경에 대한 특례)

군사목적 또는 군부대시설을 위한 제조소등을 설치하거나 그 위치, 구조 또는 설비를 변경하고자 하는 군부대의 장은 대통령령이 정하는 바에 따라 미리 제조소등의 소재지를 관할하는 시·도지사의 허가를 받아야 한다. [X]
→ 허가 X → 협의한 경우 허가를 받은 것으로 본다.

제8조 (탱크안전성능검사)

① 위험물을 저장 또는 취급하는 탱크로서 대통령령이 정하는 탱크(이하 "위험물탱크"라 한다)가 있는 제조소등의 설치 또는 그 위치·구조 또는 설비의 변경에 관하여 허가를 받은 자가 위험물탱크의 설치 또는 그 위치·구조 또는 설비의 변경공사를 하는 때에는 [완공검사를 받기 전에] 제5조제4항의 규정에 따른 기술기준에 적합한지의 여부를 확인하기 위하여 [시·도지사](이)가 실시하는 탱크안전성능검사를 받아야 한다.

② 탱크안전성능검사의 종류로는 기초·지반검사, 충수(充水)·수압검사, 용접부검사, 탱크재질검사가 있다. [X]
→ 탱크재질검사 X → 암반탱크검사

③ 시·도지사가 면제할 수 있는 탱크안전성능검사는 [충수·수압검사]로 한다.

④ 옥외탱크저장소의 액체위험물탱크 중 그 용량이 50만리터 이상인 탱크는 법적기준으로 기초·지반검사를 받아야 한다. [X]
→ 옥외탱크저장소의 액체위험물탱크 중 그 용량이 100만리터 이상인 탱크는 기초·지반검사를 받아야한다.

⑤ 옥내탱크저장소의 액체위험물탱크 중 그 용량이 100만리터 이상인 탱크는 용접부검사를 받아야 한다. [X]
→ 옥내탱크저장소 X → 옥외탱크저장소

제9조 (완공검사)

① 제6조제1항의 규정에 따른 허가를 받은 자가 제조소등의 설치를 마쳤거나 그 위치·구조 또는 설비의 변경을 마친 때에는 당해 제조소등마다 [시·도지사]가 행하는 완공검사를 받아 제5조제4항의 규정에 따른 기술기준에 적합하다고 인정받은 후가 아니면 이를 사용하여서는 아니된다.

② 제조소등의 위치·구조 또는 설비를 변경함에 있어서 변경허가를 신청하는 때에 화재예방에 관한 조치사항을 기재한 서류를 제출하는 경우에는 당해 변경공사와 관계가 없는 부분은 완공검사를 받기 전에 미리 사용할 수는 없다. [X]
→ 없다 X → 있다.

[시행규칙] 제20조 (완공검사의 신청시기)

법 제9조제1항의 규정에 의한 제조소등의 완공검사 신청시기는 다음 각호의 구분에 의한다.

1. 지하탱크가 있는 제조소등의 경우 : 당해 지하탱크를 [매설하기 전]
2. 이동탱크저장소의 경우 : 이동저장탱크를 [완공하고] 상치장소를 확보한 [후]
3. 이송취급소의 경우 : 이송배관 공사의 전체 또는 일부를 완료한 후. 다만, 지하·하천 등에 매설하는 이송배관의 공사의 경우에는 이송배관을 매설하기 [전]
4. 제1호 내지 제3호에 해당하지 아니하는 제조소등의 경우 : 제조소등의 공사를 [완료한 후]

제10조 (제조소등 설치자의 지위승계)

제조소등의 설치자의 지위를 승계한 자는 행정안전부령이 정하는 바에 따라 승계한 날부터 [30]일 이내에 [시·도지사]에게 그 사실을 신고하여야 한다.

제11조 (제조소등의 폐지)

제조소등의 관계인은 당해 제조소등의 용도를 폐지(장래에 대하여 위험물시설로서의 기능을 완전히 상실시키는 것을 말한다)한 때에는 행정안전부령이 정하는 바에 따라 제조소등의 용도를 폐지한 날부터 [14]일 이내에 [시·도지사]에게 신고하여야 한다.

제13조 (과징금처분)

① [시·도지사]는 제조소등에 대한 사용의 정지가 그 이용자에게 심한 불편을 주거나 그 밖에 공익을 해칠 우려가 있는 때에는 사용정지처분에 갈음하여 [2억]원 이하의 과징금을 부과할 수 있다.

시·도지사	관리업	영업정지	3000만원
	시설업	영업정지	2억원
	제조소등	사용정지	2억원

CHAPTER 03 · 위험물시설의 안전관리

제15조 (위험물안전관리자)

① 이동탱크저장소의 관계인은 위험물의 안전관리에 관한 직무를 수행하게 하기 위하여 제조소등마다 대통령령이 정하는 위험물취급자격자를 위험물안전관리자로 선임하여야 한다. [X]
  → 이동탱크저장소 X → 제조소등(허가를 받지 아니하는 제조소등과 이동탱크저장소를 제외)의 관계인
② 소방공무원으로 근무한 경력이 [3]년 이상인 자는 위험물 취급자격자가 될 수 있고, [4]류 위험물을 취급할 수 있다.
③ 안전관리자를 선임한 제조소등의 관계인은 그 안전관리자를 해임하거나 안전관리자가 퇴직한 때에는 해임하거나 퇴직한 날부터 [30]일 이내에 다시 안전관리자를 선임하여야 한다.
④ 제조소등의 관계인은 제1항 및 제2항에 따라 안전관리자를 선임한 경우에는 선임한 날부터 [14]일 이내에 행정안전부령으로 정하는 바에 따라 [소방본부장이나 소방서장]에게 신고하여야 한다.
⑤ 대리자가 안전관리자의 직무를 대행하는 기간은 [30]일을 초과할 수 없다.

[시행령] 제12조 (1인의 안전관리자를 중복하여 선임할 수 있는 경우 등)

① 법 제15조제8항 전단에 따라 다수의 제조소등을 설치한 자가 1인의 안전관리자를 중복하여 선임할 수 있는 경우는 다음 각 호의 어느 하나와 같다.

1. 위험물을 차량에 고정된 탱크 또는 운반용기에 옮겨 담기 위한 [5]개 이하의 일반취급소 [일반취급소간의 거리(보행거리를 말한다. 제3호 및 제4호에서 같다)가 300미터 이내인 경우에 한한다]와 그 일반취급소에 공급하기 위한 위험물을 저장하는 저장소를 동일인이 설치한 경우
2. 보일러·버너 또는 이와 비슷한 것으로서 위험물을 소비하는 장치로 이루어진 [7]개 이하의 일반취급소와 그 일반취급소에 공급하기 위한 위험물을 저장하는 저장소를 동일인이 설치한 경우
3. 동일구내에 있거나 상호 100미터 이내의 거리에 있는 저장소로서 저장소의 규모, 저장하는 위험물의 종류 등을 고려하여 행정안전부령이 정하는 저장소를 동일인이 설치한 경우

> 시행규칙 제56조 (1인의 안전관리자를 중복하여 선임할 수 있는 저장소 등)
> 1. [10]개 이하의 옥내저장소
> 2. [30]개 이하의 옥외탱크저장소
> 3. [옥내탱크저장소, 지하탱크저장소, 간이탱크저장소]
> 4. [10]개 이하의 옥외저장소
> 5. [10]개 이하의 암반탱크저장소

4. 다음 각목의 기준에 모두 적합한 [5]개 이하의 제조소등을 동일인이 설치한 경우
   가. 각 제조소등이 동일구내에 위치하거나 상호 [100]미터 이내의 거리에 있을 것.
   나. 각 제조소등에서 저장 또는 취급하는 위험물의 최대수량이 지정수량의 [3천]배 미만일 것.

제16조 (탱크시험자의 등록 등)

① 탱크시험자가 되고자 하는 자는 대통령령이 정하는 기술능력·시설 및 자본금을 갖추어 시·도지사에게 등록하여야 한다. [X]
→ 기술능력·시설 및 자본금 X → 기술능력·시설 및 장비

② 등록한 사항 가운데 행정안전부령이 정하는 중요사항을 변경한 경우에는 그 날부터 [30]일 이내에 시·도지사에게 변경신고를 하여야 한다.

③ 다음 각 호의 어느 하나에 해당하는 자는 탱크시험자로 등록하거나 탱크시험자의 업무에 종사할 수 없다.
1. [피성년후견인]
2. 이 법, 「소방기본법」, 「화재의 예방 및 안전관리에 관한 법률」, 「소방시설 설치 및 관리에 관한 법률」 또는 「소방시설공사업법」에 따른 금고 이상의 실형의 선고를 받고 그 집행이 종료(집행이 종료된 것으로 보는 경우를 포함한다)되거나 집행이 면제된 날부터 [2]년이 지나지 아니한 자
3. 이 법, 「소방기본법」, 「화재의 예방 및 안전관리에 관한 법률」, 「소방시설 설치 및 관리에 관한 법률」 또는 「소방시설공사업법」에 따른 금고 이상의 형의 집행유예 선고를 받고 그 [유예기간 중에 있는 자]
4. 탱크시험자의 등록이 취소된 날부터 [2]년이 지나지 아니한 자

④ 시·도지사가 탱크시험자의 등록을 반드시 취소(1차 취소)하여야 하는 사유로 옳지 않은 것은? ㉣
  ㉠ 허위 그 밖의 부정한 방법으로 등록을 한 경우
  ㉡ 등록의 결격사유에 해당하게 된 경우
  ㉢ 등록증을 다른 자에게 빌려준 경우
  ㉣ 등록기준에 미달하게 된 경우

[시행령] 제15조 (예방규정)

① 법 제17조제1항에서 "대통령령으로 정하는 제조소등"이란 다음 각 호의 어느 하나에 해당하는 제조소등을 말한다.
  1. 지정수량의 [10]배 이상의 위험물을 취급하는 제조소
  2. 지정수량의 [100]배 이상의 위험물을 저장하는 옥외저장소
  3. 지정수량의 [150]배 이상의 위험물을 저장하는 옥내저장소
  4. 지정수량의 [200]배 이상의 위험물을 저장하는 옥외탱크저장소
  5. [암반탱크저장소]
  6. [이송취급소]
  7. 지정수량의 [10]배 이상의 위험물을 취급하는 일반취급소.
② 법 제17조제4항에서 "대통령령으로 정하는 제조소등"이란 제1항에 따른 제조소등 가운데 저장 또는 취급하는 위험물의 최대수량의 합이 지정수량의 [3천]배 이상인 제조소등을 말한다. 이 경우 소방청장은 예방규정 이행 실태 평가 대상인 제조소등의 위험성 등을 고려하여 행정안전부령으로 정하는 바에 따라 평가 방법을 다르게 할 수 있다.

제18조 (정기점검 및 정기검사)

① [대통령령이 정하는 제조소등의 관계인]은 그 제조소등에 대하여 행정안전부령이 정하는 바에 따라 제5조제4항의 규정에 따른 기술기준에 적합한지의 여부를 정기적으로 점검하고 점검결과를 기록하여 보존하여야 한다.
② 정기점검을 한 [제조소등의 관계인]은 점검을 한 날부터 [30]일 이내에 점검결과를 [시·도지사]에게 제출 하여야한다.
③ 위험물을 취급하는 탱크로서 지하에 매설된 탱크가 있는 제조소·주유취급소 또는 일반취급소는 정기점검 대상이다. [O]
④ 지하탱크저장소 정기점검 대상이다. [O]
⑤ 암반탱크저장소는 정기점검 대상이다. [O]
  → 예방규정을 작성해야 하는 제조소등에 해당된다.

⑥ 옥외탱크저장소 중 저장 또는 취급하는 액체위험물의 최대수량이 100만리터 이상인 것은 구조안전점검 대상이다. [X]

   → 100만리터 이상 X → 50만리터 이상

⑦ 특정·준특정옥외탱크저장소란 옥외탱크저장소 중 저장 또는 취급하는 액체위험물의 최대수량이 50만리터 이상인 것이다. [O]

⑧ 구조안전점검 시기는 제조소등의 설치허가에 따른 완공검사합격확인증을 교부받은 날부터 [12]년 이내에 한다.

⑨ 정기검사의 대상은 액체위험물을 저장 또는 취급하는 50만리터 이상의 옥외탱크저장소이다. [O]

제19조 (자체소방대)

① 제 [4]류 위험물을 취급하는 최대수량의 합이 지정수량의 [3천]배 이상인 [제조소] 또는 [일반취급소]에 자체소방대를 설치한다.

② 제조소 또는 일반취급소에서 취급하는 제4류 위험물의 최대수량의 합이 지정수량의 12만배 이상 24만배 미만인 사업소에는 화학소방자동차 [2]대와 자체소방대원 [10]인을 두어야 한다.

③ 자체소방대를 설치하는 일반취급소로 옳은 것은? ㉢

   ㉠ 이동저장탱크 그 밖에 이와 유사한 것에 위험물을 주입하는 일반취급소

   ㉡ 용기에 위험물을 옮겨 담는 일반취급소

   ㉢ 알코올류를 취급하는 일반취급소

   ㉣ 「광산안전법」의 적용을 받는 일반취급소

      → 자체소방대의 설치 제외대상인 일반취급소 - 광용이보유

■ 시행규칙 [별표 23]

화학소방자동차에 갖추어야 하는 소화능력 및 설비의 기준
(제75조제1항관련)

화학소방자동차의 구분	소화능력 및 설비의 기준
포수용액 방사차	포수용액의 방사능력이 매분 [2,000ℓ] 이상일 것
	소화약액탱크 및 소화약액혼합장치를 비치할 것
	[10만ℓ] 이상의 포수용액을 방사할 수 있는 양의 소화약제를 비치할 것
분말 방사차	분말의 방사능력이 매초 [35㎏] 이상일 것
	분말탱크 및 가압용가스설비를 비치할 것
	[1,400㎏] 이상의 분말을 비치할 것
할로젠화합물 방사차	할로젠화합물의 방사능력이 매초 [40㎏] 이상일 것
	할로젠화합물탱크 및 가압용가스설비를 비치할 것
	[1,000㎏] 이상의 할로젠화합물을 비치할 것
이산화탄소 방사차	이산화탄소의 방사능력이 매초 [40㎏] 이상일 것
	이산화탄소저장용기를 비치할 것
	[3,000㎏] 이상의 이산화탄소를 비치할 것
제독차	가성소다 및 규조토를 각각 [50㎏] 이상 비치할 것

CHAPTER 04 · 위험물의 운반 등

제20조 (위험물의 운반)

① 수납하는 위험물에 제5류 위험물에 있어서는 "화기엄금" 및 "가연물접촉주의"에 관한 주의사항을 표시할 것. [X]

→ 가연물접촉주의 (X) 충격주의 (O)

② 수납하는 위험물에 제2류 위험물 중 철분·금속분·마그네슘 또는 이들중 어느 하나 이상을 함유한 것에 있어서는 "화기엄금" 및 "물기엄금"에 관한 주의사항을 표시할 것. [X]

→ 화기엄금 (X) 화기주의 (O)

③ 고체위험물은 운반용기 내용적의 98% 이하의 수납율로 수납할 것. [X]

→ 98% (X) / 95% (O)

④ 자연발화성물질중 알킬알루미늄등은 운반용기의 내용적의 90% 이하의 수납율로 수납하되, 50℃의 온도에서 5% 이상의 공간용적을 유지하도록 할 것. [O]

⑤ 제4류 위험물 중 알코올류는 위험등급 I에 해당한다. [X]

→ 위험등급 I (X) / 위험등급 II (O)

⑥ 제1류 위험물 중 무기과산화물은 위험등급 I에 해당한다. [O]

[시행령] 제19조 (운송책임자의 감독·지원을 받아 운송하여야 하는 위험물)

1. [알킬알루미늄]
2. [알킬리튬]
3. 제1호 또는 제2호의 물질을 함유하는 위험물

CHAPTER 05 · 감독 및 조치명령

제22조의2 (위험물 누출 등의 사고 조사)

[소방청장, 소방본부장 또는 소방서장](는)은 위험물의 누출·화재·폭발 등의 사고가 발생한 경우 사고의 원인 및 피해 등을 조사하여야 한다.

제23조 (탱크시험자에 대한 명령)

[시·도지사, 소방본부장 또는 소방서장]은 탱크시험자에 대하여 당해 업무를 적정하게 실시하게 하기 위하여 필요하다고 인정하는 때에는 감독상 필요한 명령을 할 수 있다.

제24조 (무허가장소의 위험물에 대한 조치명령)

[시·도지사, 소방본부장 또는 소방서장]은 위험물에 의한 재해를 방지하기 위하여 제6조제1항의 규정에 따른 허가를 받지 아니하고 지정수량 이상의 위험물을 저장 또는 취급하는 자(제6조제3항의 규정에 따라 허가를 받지 아니하는 자를 제외한다)에 대하여 그 위험물 및 시설의 제거 등 필요한 조치를 명할 수 있다.

제25조 (제조소등에 대한 긴급 사용정지명령 등)

[시·도지사, 소방본부장 또는 소방서장]은 공공의 안전을 유지하거나 재해의 발생을 방지하기 위하여 긴급한 필요가 있다고 인정하는 때에는 제조소등의 관계인에 대하여 당해 제조소등의 사용을 일시정지하거나 그 사용을 제한할 것을 명할 수 있다.

제28조 (안전교육)

[시행령] 제20조 (안전교육대상자)

① 다음 중 제조소 등의 안전교육 대상자로 옳지 않은 사람은? ⓒ
   ㉠ 안전관리자로 선임된 자
   ㉡ 제조소등의 관계인
      → 해당 X
   ㉢ 탱크시험자의 기술인력으로 종사하는 자
   ㉣ 위험물운송자로 종사하는 자
② 위험물운송자는 종사한 날부터 6개월 이내에 실무교육을 받고, 그 이후에는 해당 실무교육을 받은 후 [3]년마다 1회 실무교육을 받아야 한다.
③ 탱크시험자의 기술인력으로 종사하는 자의 교육기관은 [기술원]이다.

제29조 (청문)

시·도지사, 소방본부장 또는 소방서장이 일정한 처분을 할 때에는 청문을 실시하여야 한다. 이 처분으로 옳은 것을 모두 고르면? ㉠, ㉢

㉠ 제조소등 설치허가의 취소
㉡ 제조소등 설치허가의 사용정지
㉢ 탱크시험자의 등록취소
㉣ 탱크시험자의 영업정지

제29조의2 (위험물 안전관리에 관한 협회)

① 소방청장은 위험물의 안전관리, 사고 예방을 위한 안전기술 개발, 그 밖에 위험물 안전관리의 건전한 발전을 도모하기 위하여 위험물 안전관리에 관한 협회를 설립할 수 있다. [X]
  → 소방청장 (X) / 제조소등의 관계인, 위험물운송자, 탱크시험자 및 안전관리자의 업무를 위탁받아 수행할 수 있는 안전관리대행기관으로 소방청장의 지정을 받은 자 (O)

② 협회는 소방청장의 동의를 받아 주된 사무소의 소재지에 설립등기를 함으로써 성립한다. [X]
  → 소방청장의 인가를 받아 주된 사무소의 소재지에 설립등기를 함으로써 성립한다.

③ 협회에 관하여 이 법에서 규정한 것 외에는 「민법」중 [사단법인]에 관한 규정을 준용한다.

위험물의 종류 및 지정수량 (행정안전부령으로 정하는 위험물은 지정수량을 적지 않아도 됨.)

ex) 특수인화물: 4류 – 인화성 액체 – 50L

① 퍼옥소붕산염류 : 1류 – 산화성 고체
② 유기금속화합물 : 3류 – 자연발화성 물질 및 금수성 물질 – 50kg
③ 금속의 아지화합물 : 5류 – 자기반응성 물질
④ 알칼리토금속 : 3류 – 자연발화성 물질 및 금수성 물질 – 50kg
⑤ 2석유류(비수용성) : 4류 – 인화성 액체 – 1000L
⑥ 다이크로뮴산염류 : 1류 – 산화성 고체 – 1000kg
⑦ 황화인 : 2류 – 가연성 고체 – 100kg
⑧ 과산화수소 : 6류 – 산화성 액체 – 300kg
⑨ 알코올류 : 4류 – 인화성 액체 – 400L
⑩ 칼슘의 탄화물 : 3류 – 자연발화성 물질 및 금수성 물질 – 300kg

CHAPTER 06 · 벌칙

제33조~37조 (벌칙)

① 안전관리자 또는 그 대리자가 참여하지 아니한 상태에서 위험물을 취급한 자는 1천500만원 이하의 벌금에 처한다. [X]

　→ 1천만원 이하의 벌금에 처한다.

② 제조소등에 대한 긴급 사용정지·제한명령을 위반한 자는 1년 이하의 징역 또는 1천만원 이하의 벌금에 처한다. [O]

③ 저장소 또는 제조소등이 아닌 장소에서 지정수량 이상의 위험물을 저장 또는 취급한 자는 5년 이하의 징역 또는 1억원 이하의 벌금에 처한다. [X]

　→ 3년 이하의 징역 또는 3천만원 이하의 벌금에 처한다.

시행규칙 [별표 4]

제조소의 위치·구조 및 설비의 기준
(제28조관련)

Ⅰ. 안전거리(제 [6]류 위험물을 취급하는 제조소를 제외)

　가. 주거용으로 사용되는 것(제조소가 설치된 부지내에 있는 것을 제외)에 있어서는 [10]m 이상

　나. 학교·병원·극장 그 밖에 다수인을 수용하는 시설에 있어서는 [30]m 이상

　다. 유형문화재와 기념물 중 지정문화재에 있어서는 [50]m 이상

　라. 고압가스, 액화석유가스 또는 도시가스를 저장 또는 취급하는 시설로서 [20]m 이상

　마. 사용전압이 7,000V 초과 35,000V 이하의 특고압가공전선에 있어서는 [3]m 이상

　바. 사용전압이 35,000V를 초과하는 특고압가공전선에 있어서는 [5]m 이상

Ⅱ. 보유공지

취급하는 위험물의 최대수량	공지의 너비
지정수량의 10배 이하	[3]m 이상
지정수량의 10배 초과	[5]m 이상

Ⅲ. 표지 및 게시판

1. 제조소에는 보기 쉬운 곳에 다음 각목의 기준에 따라 "위험물 제조소"라는 표시를 한 표지를 설치하여야 한다.

　가. 표지는 한변의 길이가 [0.3]m 이상, 다른 한변의 길이가 [0.6]m 이상인 직사각형으로 할 것.

　나. 표지의 바탕은 [백]색으로, 문자는 [흑]색으로 할 것.

2. 제조소에는 보기 쉬운 곳에 다음 각목의 기준에 따라 방화에 관하여 필요한 사항을 게시한 게시판을 설치하여야 한다.

　가. 게시판은 한변의 길이가 [0.3]m 이상, 다른 한변의 길이가 [0.6]m 이상인 직사각형으로 할 것.

　나. 나목의 게시판의 바탕은 [백]색으로, 문자는 [흑]색으로 할 것.

　다. 나목의 게시판 외에 저장 또는 취급하는 위험물에 따라 다음의 규정에 의한 주의사항을 표시한 게시판을 설치할 것.

　　1) 제1류 위험물 중 알칼리금속의 과산화물은 [물기엄금]

　　2) 제2류 위험물(인화성고체를 제외)에 있어서는 [화기주의]

　　3) 제5류 위험물에 있어서는 [화기엄금]

　라. 라목의 게시판의 색은 "물기엄금"을 표시하는 것에 있어서는 [청색]바탕에 [백색] 문자로, "화기주의" 또는 "화기엄금"을 표시하는 것에 있어서는 [적색]바탕에 [백색]문자로 할 것.

Ⅳ. 건축물의 구조

위험물을 취급하는 건축물의 구조는 다음 각호의 기준에 의하여야 한다.

1. 독립된 건축물로 지면에서 처마까지의 높이가 6m 미만인 단층건물로 한다.   [X]
   → 지하층이 없도록 한다.
2. 벽·기둥·바닥·보·서까래 및 계단을 불연재료로 하고, 연소(延燒)의 우려가 있는 외벽은 출입구 외의 개구부가 있는 내화구조의 벽으로 하여야 한다.   [X]
   → 개구부가 있는 → 개구부가 없는
3. 지붕은 [가벼운] 불연재료로 덮어야 한다.
4. 연소의 우려가 있는 외벽에 설치하는 출입구에는 수시로 열 수 있는 자동폐쇄식의 60분+방화문·60분방화문 또는 30분방화문을 설치하여야 한다.   [X]
   → 자동폐쇄식의 60분+방화문 또는 60분방화문을 설치하여야 한다.
5. 위험물을 취급하는 건축물의 창 및 출입구에 유리를 이용하는 경우에는 망입유리로 하여야 한다.   [O]
6. 액체의 위험물을 취급하는 건축물의 바닥은 위험물이 스며들지 못하는 재료를 사용하고, 적당한 경사를 두어 그 [최저부]에 집유설비를 하여야 한다.

Ⅴ. 채광·조명 및 환기설비

1. 위험물을 취급하는 건축물에는 다음 각목의 기준에 의하여 위험물을 취급하는데 필요한 채광·조명 및 환기의 설비를 설치하여야 한다.
   가. 채광설비는 불연재료로 하고, 연소의 우려가 없는 장소에 설치하되 채광면적을 [최소]로 할 것.
   나. 조명설비는 다음의 기준에 적합하게 설치할 것.
       1) 가연성가스 등이 체류할 우려가 있는 장소의 조명등은 방폭등으로 할 것.
       2) 전선은 내화·내열전선으로 할 것.
       3) 점멸스위치는 출입구 [바깥]부분에 설치할 것. 다만, 스위치의 스파크로 인한 화재·폭발의 우려가 없을 경우에는 그러하지 아니하다.
   다. 환기설비는 다음의 기준에 의할 것.
       1) 환기는 [자연배기방식]으로 할 것.
       2) 급기구는 당해 급기구가 설치된 실의 바닥면적 [150]㎡ 마다 1개 이상으로 하되, 급기구의 크기는 [800]㎠ 이상으로 할 것.
       3) 급기구는 [낮은 곳]에 설치하고 가는 눈의 구리망 등으로 인화방지망을 설치할 것.
       4) 환기구는 지붕위 또는 지상 [2]m 이상의 높이에 회전식 고정벤티레이터 또는 루프팬 방식으로 설치할 것.

Ⅵ. 배출설비

1. 배출설비는 [국소방식]으로 하여야 한다.
2. 배출능력은 1시간당 배출장소 용적의 [20]배 이상인 것으로 하여야 한다.
3. 배출설비의 급기구 및 배출구는 다음 각목의 기준에 의하여야 한다.
    가. 급기구는 [높은 곳]에 설치하고, 가는 눈의 구리망 등으로 인화방지망을 설치할 것.
    나. 배출구는 지상 [2]m 이상으로서 연소의 우려가 없는 장소에 설치하고, 배출 덕트가 관통하는 벽 부분의 바로 가까이에 화재시 자동으로 폐쇄되는 방화댐퍼를 설치할 것.
4. 배풍기는 [강제배기방식]으로 하고, 옥내 덕트의 내압이 대기압 이상이 되지 아니하는 위치에 설치하여야 한다.

Ⅶ. 옥외설비의 바닥

옥외에서 액체위험물을 취급하는 설비의 바닥은 다음 각호의 기준에 의하여야 한다.

1. 바닥의 둘레에 높이 [0.15]m 이상의 턱을 설치하는 등 위험물이 외부로 흘러나가지 아니하도록 하여야 한다.
2. 바닥은 콘크리트 등 위험물이 스며들지 아니하는 재료로 하고, 제1호의 턱이 있는 쪽이 [낮게] 경사지게 하여야 한다.
3. 바닥의 [최저부]에 집유설비를 하여야 한다.

Ⅷ. 위험물 취급탱크

1. 옥외에 있는 위험물취급탱크로서 액체위험물(이황화탄소를 제외한다)을 취급하는 것의 주위에는 다음의 기준에 의하여 방유제를 설치할 것.
    1) 하나의 취급탱크 주위에 설치하는 방유제의 용량은 당해 탱크용량의 [50]% 이상으로 하고, 2 이상의 취급탱크 주위에 하나의 방유제를 설치하는 경우 그 방유제의 용량은 당해 탱크 중 용량이 최대인 것의 [50]%에 나머지 탱크용량 합계의 [10]%를 가산한 양 이상이 되게 할 것.

	제조소 옥외탱크저장소 방유제	옥외탱크저장소의 방유제
1기	50%	용량의 110% 이상
2기 이상	최대 50% + 나머지 합 10%	최대 용량의 110% 이상

Ⅺ. 고인화점 위험물의 제조소의 특례

고인화점위험물이란 인화점이 [100]℃ 이상인 제[4]류 위험물을 말한다.

[별표 5]
옥내저장소의 위치·구조 및 설비의 기준
(제29조관련)

Ⅰ. 옥내저장소의기준

1. 저장창고는 위험물의 저장을 전용으로 하는 독립된 건축물로 하여야 한다. [O]
2. 저장창고는 지면에서 처마까지의 높이(이하 "처마높이"라 한다)가 [6]m 미만인 단층건물로 하고 그 바닥을 지반면보다 높게 하여야 한다.
3. 하나의 저장창고의 바닥면적이 1,000㎡ 이하의 면적으로 하여야 하는 위험물을 고르면? ㉢, ㉣, ㉥, ㉧

   ㉠ 제3석유류   ㉡ 인화성고체   ㉢ 알킬알루미늄
   ㉣ 질산   ㉤ 알코올류   ㉥ 무기과산화물
   ㉦ 금속분   ㉧ 유기금속화합물

   → 바닥면적이 1,000㎡ 이하의 면적으로 하여야 하는 위험물은 더 위험한 물질이다.

Ⅲ. 복합용도 건축물의 옥내저장소의 기준

옥내저장소중 지정수량의 [20]배 이하의 것(옥내저장소외의 용도로 사용하는 부분이 있는 건축물에 설치하는 것에 한한다)의 위치·구조 및 설비의 기술기준은 Ⅰ제3호, 제11호 내지 제17호의 규정에 의하는 외에 다음 각호의 기준에 의하여야 한다.

1. 옥내저장소는 벽·기둥·바닥 및 보가 내화구조인 건축물의 1층 또는 2층의 어느 하나의 층에 설치하여야 한다. [O]
2. 옥내저장소의 용도에 사용되는 부분의 바닥은 지면보다 [높게] 설치하고 그 층고를 [6]m 미만으로 하여야 한다.
3. 옥내저장소의 용도에 사용되는 부분의 바닥면적은 [75]㎡ 이하로 하여야 한다.
4. 옥내저장소의 용도에 사용되는 부분은 벽·기둥·바닥·보 및 지붕(상층이 있는 경우에는 상층의 바닥)을 내화구조로 하고, 출입구외의 개구부가 없는 두께 [70]㎜ 이상의 철근콘크리트조 또는 이와 동등 이상의 강도가 있는 구조의 바닥 또는 벽으로 당해 건축물의 다른 부분과 구획되도록 하여야 한다.
5. 옥내저장소의 용도에 사용되는 부분의 출입구에는 수시로 열 수 있는 자동폐쇄방식의 60분+방화문 또는 60분방화문을 설치하여야 한다. [O]
6. 옥내저장소의 용도에 사용되는 부분에는 창을 설치하지 아니하여야 한다. [O]
7. 옥내저장소의 용도에 사용되는 부분의 환기설비 및 배출설비에는 방화상 유효한 댐퍼 등을 설치하여야 한다. [O]

[별표 6]

옥외탱크저장소의 위치·구조 및 설비의 기준

(제30조관련)

II. 보유공지

저장 또는 취급하는 위험물의 최대수량	공지의 너비
지정수량의 500배 이하	[3]m 이상
지정수량의 500배 초과 1,000배 이하	[5]m 이상
지정수량의 1,000배 초과 2,000배 이하	[9]m 이상
지정수량의 2,000배 초과 3,000배 이하	[12]m 이상
지정수량의 3,000배 초과 4,000배 이하	[15]m 이상

VI. 옥외저장탱크의 외부구조 및 설비

가. 밸브없는 통기관

   1) 지름은 [30]㎜ 이상일 것.

   2) 끝부분은 수평면보다 [45]도 이상 구부려 빗물 등의 침투를 막는 구조로 할 것.

IX. 방유제

1. 제3류, 제4류 및 제5류 위험물 중 인화성이 있는 액체(이황화탄소를 제외한다)의 옥외탱크저장소의 탱크 주위에는 다음 각목의 기준에 의하여 방유제를 설치하여야 한다.

   가. 방유제의 용량은 방유제안에 설치된 탱크가 하나인 때에는 그 탱크 용량의 [110]% 이상, 2기 이상인 때에는 그 탱크 중 용량이 최대인 것의 용량의 [110]% 이상으로 할 것.

   나. 방유제는 높이 [0.5]m 이상 [3]m 이하, 두께 [0.2]m 이상, 지하매설깊이 [1]m 이상으로 할 것.

   다. 방유제내의 면적은 [8만]㎡ 이하로 할 것.

   라. 방유제내의 설치하는 옥외저장탱크의 수는 [10](방유제내에 설치하는 모든 옥외저장탱크의 용량이 20만ℓ 이하이고, 당해 옥외저장탱크에 저장 또는 취급하는 위험물의 인화점이 70℃ 이상 200℃ 미만인 경우에는 [20]) 이하로 할 것. 다만, 인화점이 200℃ 이상인 위험물을 저장 또는 취급하는 옥외저장탱크에 있어서는 그러하지 아니하다.

   마. 방유제 외면의 2분의 1 이상은 자동차 등이 통행할 수 있는 [3]m 이상의 노면폭을 확보한 구내도로에 직접 접하도록 할 것.

바. 방유제는 옥외저장탱크의 지름에 따라 그 탱크의 옆판으로부터 다음에 정하는 거리를 유지할 것. 다만, 인화점이 200℃ 이상인 위험물을 저장 또는 취급하는 것에 있어서는 그러하지 아니하다.
  1) 지름이 15m 미만인 경우에는 탱크 높이의 [3]분의 1 이상
  2) 지름이 15m 이상인 경우에는 탱크 높이의 [2]분의 1 이상

사. 방유제는 철근콘크리트로 하고, 방유제와 옥외저장탱크 사이의 지표면은 불연성과 불침윤성이 있는 구조(철근콘크리트 등)로 할 것.

아. 용량이 [1,000만]ℓ 이상인 옥외저장탱크의 주위에 설치하는 방유제에는 다음의 규정에 따라 당해 탱크마다 간막이 둑을 설치할 것.
  1) 간막이 둑의 높이는 [0.3]m(방유제내에 설치되는 옥외저장탱크의 용량의 합계가 2억ℓ를 넘는 방유제에 있어서는 1m)이상으로 하되, 방유제의 높이보다 [0.2]m 이상 낮게 할 것.
  2) 간막이 둑은 흙 또는 철근콘크리트로 할 것.
  3) 간막이 둑의 용량은 간막이 둑안에 설치된 탱크의 용량의 [10]% 이상일 것.

자. 용량이 [100만]ℓ 이상인 위험물을 저장하는 옥외저장탱크에 있어서는 카목의 밸브 등에 그 개폐상황을 쉽게 확인할 수 있는 장치를 설치할 것.

차. 높이가 1m를 넘는 방유제 및 간막이 둑의 안팎에는 방유제내에 출입하기 위한 계단 또는 경사로를 약 [50]m마다 설치할 것.

[별표 8]

지하탱크저장소의 위치·구조 및 설비의 기준

(제32조관련)

Ⅰ. 지하탱크저장소의 기준

1. 탱크전용실은 지하의 가장 가까운 벽·피트·가스관 등의 시설물 및 대지경계선으로부터 [0.1]m 이상 떨어진 곳에 설치하고, 지하저장탱크와 탱크전용실의 안쪽과의 사이는 [0.1]m 이상의 간격을 유지하도록 하며, 당해 탱크의 주위에 마른 모래 또는 습기 등에 의하여 응고되지 아니하는 입자지름 [5]mm 이하의 마른 자갈분을 채워야 한다.
2. 지하저장탱크의 윗부분은 지면으로부터 [0.6]m 이상 아래에 있어야 한다.
3. 지하저장탱크를 2 이상 인접해 설치하는 경우에는 그 상호간에 [1]m(당해 2 이상의 지하저장탱크의 용량의 합계가 지정수량의 100배 이하인 때에는 0.5m) 이상의 간격을 유지하여야 한다.

[별표 9]

간이탱크저장소의 위치·구조 및 설비의 기준

(제33조관련)

1. 하나의 간이탱크저장소에 설치하는 간이저장탱크는 그 수를 [3] 이하로 하고, 동일한 품질의 위험물의 간이저장탱크를 [2] 이상 설치하지 아니하여야 한다.
2. 간이저장탱크는 움직이거나 넘어지지 아니하도록 지면 또는 가설대에 고정시키되, 옥외에 설치하는 경우에는 그 탱크의 주위에 너비 [1]m 이상의 공지를 두고, 전용실안에 설치하는 경우에는 탱크와 전용실의 벽과의 사이에 [0.5]m 이상의 간격을 유지하여야 한다.
3. 간이저장탱크의 용량은 [600]ℓ 이하이어야 한다.
4. 간이저장탱크는 두께 3.2㎜ 이상의 강판으로 흠이 없도록 제작하여야 하며, 70㎪의 압력으로 10분간의 수압시험을 실시하여 새거나 변형되지 아니하여야 한다. [O]
5. 간이저장탱크에는 다음 각 목의 구분에 따른 기준에 적합한 밸브 없는 통기관 또는 대기밸브부착 통기관을 설치하여야 한다.
    가. 밸브 없는 통기관
        1) 통기관의 지름은 [25]㎜ 이상으로 할 것.
        2) 통기관은 옥외에 설치하되, 그 선단의 높이는 지상 [1.5]m 이상으로 할 것.
        3) 통기관의 선단은 수평면에 대하여 아래로 [45]° 이상 구부려 빗물 등이 침투하지 아니하도록 할 것.

[별표 10]

이동탱크저장소의 위치·구조 및 설비의 기준
(제34조관련)

Ⅰ. 상치장소

이동탱크저장소의 상치장소는 다음 각호의 기준에 적합하여야 한다.

1. 옥외에 있는 상치장소는 화기를 취급하는 장소 또는 인근의 건축물로부터 [5]m 이상(인근의 건축물이 1층인 경우에는 [3]m 이상)의 거리를 확보하여야 한다.
2. 옥내에 있는 상치장소는 벽·바닥·보·서까래 및 지붕이 내화구조 또는 불연재료로 된 건축물의 [1]층에 설치하여야 한다.

Ⅱ. 이동저장탱크의 구조

1. 이동저장탱크의 구조는 다음 각목의 기준에 의하여야 한다.
    가. 탱크(맨홀 및 주입관의 뚜껑을 포함한다)는 두께 [3.2]㎜ 이상의 강철판 또는 이와 동등 이상의 강도·내식성 및 내열성이 있다고 인정하여 소방청장이 정하여 고시하는 재료 및 구조로 위험물이 새지 아니하게 제작할 것.
2. 이동저장탱크는 그 내부에 4,000ℓ 이하마다 [3.2]㎜ 이상의 강철판 또는 이와 동등 이상의 강도·내열성 및 내식성이 있는 금속성의 것으로 칸막이를 설치하여야 한다. 다만, 고체인 위험물을 저장하거나 고체인 위험물을 가열하여 액체 상태로 저장하는 경우에는 그러하지 아니하다.
3. 제2호의 규정에 의한 칸막이로 구획된 각 부분마다 맨홀과 다음 각목의 기준에 의한 안전장치 및 방파판을 설치하여야 한다. 다만, 칸막이로 구획된 부분의 용량이 [2,000]ℓ 미만인 부분에는 방파판을 설치하지 아니할 수 있다.
    가. 방파판
        1) 두께 [1.6]㎜ 이상의 강철판 또는 이와 동등 이상의 강도·내열성 및 내식성이 있는 금속성의 것으로 할 것.
        2) 하나의 구획부분에 2개 이상의 방파판을 이동탱크저장소의 진행방향과 [평행]으로 설치하되, 각 방파판은 그 높이 및 칸막이로부터의 거리를 다르게 할 것.
4. 맨홀·주입구 및 안전장치 등이 탱크의 상부에 돌출되어 있는 탱크에 있어서는 다음 각목의 기준에 의하여 부속장치의 손상을 방지하기 위한 측면틀 및 방호틀을 설치하여야 한다. 다만, 피견인자동차에 고정된 탱크에는 측면틀을 설치하지 아니할 수 있다.
    가. 방호틀
        1) 두께 [2.3]㎜ 이상의 강철판 또는 이와 동등 이상의 기계적 성질이 있는 재료로써 산모양의 형상으로 하거나 이와 동등 이상의 강도가 있는 형상으로 할 것.
        2) 정상부분은 부속장치보다 [50]㎜ 이상 높게 하거나 이와 동등 이상의 성능이 있는 것으로 할 것.

[별표 13]

주유취급소의 위치·구조 및 설비의 기준

(제37조관련)

Ⅰ. 주유공지 및 급유공지

1. 주유취급소의 고정주유설비의 주위에는 주유를 받으려는 자동차 등이 출입할 수 있도록 너비 [15]m 이상, 길이 [6]m 이상의 콘크리트 등으로 포장한 공지(이하 "주유공지"라 한다)를 보유하여야 하고, 공지의 바닥은 주위 지면보다 [높게] 하고, 그 표면을 적당하게 경사지게 하여 새어나온 기름 그 밖의 액체가 공지의 외부로 유출되지 아니하도록 배수구·집유설비 및 유분리장치를 하여야 한다.

Ⅱ. 표지 및 게시판

[황색] 바탕에 [흑색] 문자로 "주유중엔진정지"라는 표시를 한 게시판을 설치하여야 한다.

Ⅲ. 고정주유설비 등

3. 고정주유설비 또는 고정급유설비의 주유관의 길이는 [5]m(현수식의 경우에는 지면위 0.5m의 수평면에 수직으로 내려 만나는 점을 중심으로 반경 [3]m) 이내로 하고 그 선단에는 축적된 정전기를 유효하게 제거할 수 있는 장치를 설치하여야 한다.
4. 고정주유설비 또는 고정급유설비는 다음 각목의 기준에 적합한 위치에 설치하여야 한다.
   가. 고정주유설비의 중심선을 기점으로 하여 도로경계선까지 [4]m 이상, 부지경계선·담 및 건축물의 벽까지 [2]m(개구부가 없는 벽까지는 1m) 이상의 거리를 유지하고, 고정급유설비의 중심선을 기점으로 하여 도로경계선까지 [4]m 이상, 부지경계선 및 담까지 1m 이상, 건축물의 벽까지 2m(개구부가 없는 벽까지는 1m) 이상의 거리를 유지할 것
   나. 고정주유설비와 고정급유설비의 사이에는 [4]m 이상의 거리를 유지할 것

Ⅴ. 건축물 등의 제한 등

1. 주유취급소에는 주유 또는 그에 부대하는 업무를 위하여 사용되는 다음 각목의 건축물 또는 시설 외에는 다른 건축물 그 밖의 공작물을 설치할 수 없다.
   가. 주유 또는 등유·경유를 옮겨 담기 위한 작업장
   나. 주유취급소의 업무를 행하기 위한 사무소
   다. 자동차 등의 점검 및 간이정비를 위한 작업장
   라. 자동차 등의 세정을 위한 작업장
   마. 주유취급소에 출입하는 사람을 대상으로 한 점포·휴게음식점 또는 전시장
   바. 주유취급소의 관계자가 거주하는 주거시설
   사. 전기자동차용 충전설비(전기를 동력원으로 하는 자동차에 직접 전기를 공급하는 설비를 말한다. 이하 같다)
   아. 그 밖의 소방청장이 정하여 고시하는 건축물 또는 시설

2. 제1호 각목의 건축물 중 주유취급소의 직원 외의 자가 출입하는 나목·다목 및 마목의 용도에 제공하는 부분의 면적의 합은 [1000]㎡를 초과할 수 없다.

Ⅶ. 담 또는 벽

1. 주유취급소의 주위에는 자동차 등이 출입하는 쪽외의 부분에 높이 [2]m 이상의 내화구조 또는 불연재료의 담 또는 벽을 설치하되, 주유취급소의 인근에 연소의 우려가 있는 건축물이 있는 경우에는 소방청장이 정하여 고시하는 바에 따라 방화상 유효한 높이로 하여야 한다.

ⅩⅤ. 고객이 직접 주유하는 주유취급소의 특례

2. 셀프용고정주유설비의 기준은 다음의 각목과 같다.
   가. 주유노즐은 자동차 등의 연료탱크가 가득 찬 경우 자동적으로 정지시키는 구조일 것. [O]
   나. 주유호스는 [200]kg중 이하의 하중에 의하여 파단(破斷) 또는 이탈되어야 하고, 파단 또는 이탈된 부분으로부터의 위험물 누출을 방지할 수 있는 구조일 것.
   다. 휘발유와 경유 상호간의 오인에 의한 주유를 방지할 수 있는 구조일 것. [O]

[별표 14]

판매취급소의 위치·구조 및 설비의 기준

(제38조관련)

Ⅰ. 판매취급소의 기준

1. 1종 판매취급소는 저장 또는 취급하는 위험물의 수량이 지정수량의 [20]배 이하인 판매취급소이다.

2. 제2종 판매취급소는 저장 또는 취급하는 위험물의 수량이 지정수량의 [40]배 이하인 판매취급소이다.

3. 제1종 판매취급소는 건축물의 1층 또는 2층에 설치할 것. [X]
   → 1층 또는 2층 X → 건축물의 1층

4. 제1종 판매취급소의 용도로 사용하는 부분의 창 또는 출입구에 유리를 이용하는 경우에는 망입유리로 할 것. [O]

5. 제2종 판매취급소의 용도로 사용하는 부분중 연소의 우려가 없는 부분에 한하여 창을 두되, 당해 창에는 60분+방화문·60분방화문 또는 30분방화문을 설치할 것. [O]

6. 위험물을 배합하는 실은 다음에 의할 것.

   1) 바닥면적은 [6]㎡ 이상 [15]㎡ 이하로 할 것.

   2) 내화구조 또는 불연재료로 된 벽으로 구획할 것.

   3) 바닥은 위험물이 침투하지 아니하는 구조로 하여 적당한 경사를 두고 집유설비를 할 것.

   4) 출입구에는 수시로 열 수 있는 자동폐쇄식의 60분+방화문 또는 60분방화문을 설치할 것. [O]

   5) 출입구 문턱의 높이는 바닥면으로부터 [0.1]m 이상으로 할 것.

정태성 말랑말랑 소방관계법규
www.modoofire.com

합격률 76%로 검증된 소방합격을 위한 당연한 선택

PART 4

소방의 화재조사에 관한 법률

PART 04 · 소방의 화재조사에 관한 법률

약칭: 화재조사법

CHAPTER 01 · 총칙

제1조 (목적)

이 법은 [화재예방] 및 [소방정책]에 활용하기 위하여 화재원인, 화재성장 및 확산, 피해현황 등에 관한 [과학적]·전문적인 조사에 필요한 사항을 규정함을 목적으로 한다.

제2조 (정의)

① 이 법에서 사용하는 용어의 뜻은 다음과 같다.
  1. "화재"란 사람의 의도에 반하거나 고의 또는 과실에 의하여 발생하는 연소 현상으로서 [소화]할 필요가 있는 현상 또는 사람의 의도에 반하여 발생하거나 확대된 [화학적] 폭발현상을 말한다.
  2. "[화재조사]"란 소방청장, 소방본부장 또는 소방서장이 화재원인, 피해상황, 대응활동 등을 파악하기 위하여 자료의 수집, 관계인등에 대한 질문, 현장 확인, 감식, 감정 및 실험 등을 하는 일련의 행위를 말한다.
  3. "[화재조사관]"이란 화재조사에 전문성을 인정받아 화재조사를 수행하는 소방공무원을 말한다.
  4. "관계인등"에 해당하지 않는 사람은? ⓒ
     ⊙ 화재가 발생한 소방대상물의 관계인
     ⓒ 화재를 발생시키거나 화재발생과 관계된 사람
     ⓒ 화재 현장을 지나간 사람
     ⓔ 소화활동을 행하거나 인명구조활동(유도대피 포함)에 관계된 사람

CHAPTER 02 · 화재조사의 실시 등

제5조 (화재조사의 실시)

① [소방관서장]은 화재발생 사실을 알게 된 때에는 지체 없이 화재조사를 하여야 한다. 이 경우 수사기관의 범죄수사에 지장을 주어서는 아니 된다.

② 화재조사를 하는 경우 조사하여야 하는 사항으로 옳지 않은 것은? ⓜ

    ㉠ 화재발생건축물과 구조물, 화재유형별 화재위험성 등에 관한 사항

    ㉡ 화재로 인한 인명·재산피해상황

    ㉢ 대응활동에 관한 사항

    ㉣ 소방시설 등의 설치·관리 및 작동 여부에 관한 사항

    ㉤ 소방시설의 시공능력평가의 결과

③ 제1항 및 제2항에 따른 화재조사의 대상 및 절차 등에 필요한 사항은 [대통령령](으)로 정한다.

> **[시행령] 제3조 (화재조사의 내용·절차)**
>
> ① 법 제5조제2항제6호에서 "대통령령으로 정하는 사항"이란 「화재의 예방 및 안전관리에 관한 법률」 제7조에 따른 화재안전조사의 실시 결과에 관한 사항을 말한다.
>
> ② 화재조사는 다음 각 호의 절차에 따라 실시한다.
>
>   1. [현장출동 중 조사] : 화재발생 접수, 출동 중 화재상황 파악 등
>
>   2. [화재현장 조사] : 화재의 발화(發火)원인, 연소상황 및 피해상황 조사 등
>
>   3. [정밀조사] : 감식·감정, 화재원인 판정 등
>
>   4. 화재조사 결과 보고

제6조 (화재조사전담부서의 설치·운영 등)

① [소방관서장](는)은 전문성에 기반하는 화재조사를 위하여 화재조사전담부서를 설치·운영하여야 한다.

② 화재조사전담부서에 화재조사관을 [2]명 이상 배치해야 한다.

③ 「국가기술자격법」에 따른 국가기술자격의 직무분야 중 소방설비 분야의 기사 또는 산업기사 자격을 취득한 소방공무원은 화재조사관이 될 수 있다.   [X]

    → 「국가기술자격법」에 따른 국가기술자격의 직무분야 중 <u>화재감식평가</u> 분야의 기사 또는 산업기사 자격을 취득한 소방공무원은 화재조사관이 될 수 있다.

④ 국립과학수사연구원 또는 소방청장이 인정하는 외국의 화재조사 관련 기관에서 2주 이상 화재조사에 관한 전문교육을 이수한 소방공무원은 화재조사관 자격시험에 응시할 수 있다. [X]

→ 국립과학수사연구원 또는 소방청장이 인정하는 외국의 화재조사 관련 기관에서 <u>8주 이상</u> 화재조사에 관한 전문교육을 이수한 소방공무원은 화재조사관 자격시험에 응시할 수 있다

⑤ 전담부서에 배치된 화재조사관은 영 제6조제1항제3호의 의무 보수교육을 [2년마다] 받아야 한다. 다만, 전담부서에 배치된 후 처음 받는 의무 보수교육은 배치 후 [1년] 이내에 받아야 한다.

제7조 (화재합동조사단의 구성·운영)

① [소방관서장](는)은 사상자가 많거나 사회적 이목을 끄는 화재 등 대통령령으로 정하는 대형화재 등이 발생한 경우 종합적이고 정밀한 화재조사를 위하여 유관기관 및 관계 전문가를 포함한 화재합동조사단을 구성·운영할 수 있다.

② 제1항에 따른 화재합동조사단의 구성과 운영 등에 필요한 사항은 [대통령령](으)로 정한다.

> **[시행령] 제7조 (화재합동조사단의 구성·운영)**
>
> ① 사망자가 [5]명 이상 발생한 화재는 정밀한 화재조사를 위하여 유관기관 및 관계 전문가를 포함한 화재합동조사단을 구성·운영할 수 있다.
>
> ② 화재조사 업무에 관한 경력이 [3]년 이상인 소방공무원은 화재합동조사단의 단원이 될 수 있다.
>
> ③ 「고등교육법」 제2조에 따른 학교 또는 이에 준하는 교육기관에서 화재조사, 소방 또는 안전관리 등 관련 분야 조교수 이상의 직에 [3]년 이상 재직한 사람은 화재합동조사단의 단원이 될 수 있다.

제8조 (화재현장 보존 등)

① 소방관서장은 화재조사를 위하여 필요한 범위에서 화재현장 보존조치를 하거나 화재현장과 그 인근 지역을 통제구역으로 설정할 수 있다. 방화(放火) 또는 실화(失火)의 혐의로 수사의 대상이 된 경우에도 또한 같다. [X]

→ 방화(放火) 또는 실화(失火)의 혐의로 수사의 대상이 된 경우에는 관할 경찰서장 또는 해양경찰서장(이하 "경찰서장"이라 한다)이 통제구역을 설정한다.

② 누구든지 소방관서장 또는 경찰서장의 허가 없이 통제구역에 출입하여서는 아니 된다. 이를 위반하여 허가 없이 통제구역에 출입한 사람은 200만원 이하의 과태료를 부과한다. [O]

③ 화재현장 보존조치, 통제구역의 설정 및 출입 등에 필요한 사항은 [대통령령](으)로 정한다.

제9조 (출입·조사 등)

① [소방관서장](는)은 화재조사를 위하여 필요한 경우에 관계인에게 보고 또는 자료 제출을 명하거나 화재조사관으로 하여금 해당 장소에 출입하여 화재조사를 하게 하거나 관계인등에게 질문하게 할 수 있다.

② 제1항에 따라 화재조사를 하는 화재조사관은 그 권한을 표시하는 증표를 지니고 이를 관계인등에게 보여주지 않아도 된다. [X]
  → 화재조사관은 그 권한을 표시하는 증표를 지니고 이를 관계인등에게 보여주어야 한다.

③ 제1항에 따라 화재조사를 하는 화재조사관은 관계인의 정당한 업무를 방해하거나 화재조사를 수행하면서 알게 된 비밀을 다른 용도로 사용하거나 다른 사람에게 누설하여서는 아니 된다. 만약, 비밀을 다른 용도로 사용하거나 다른 사람에게 누설한 사람은 300만원 이하의 벌금에 처한다. [O]

제10조 (관계인등의 출석 등)

① [소방관서장](는)은 화재조사가 필요한 경우 관계인등을 소방관서에 출석하게 하여 질문할 수 있다.

② 제1항에 따른 관계인등의 출석 및 질문 등에 필요한 사항은 [대통령령](으)로 정한다.

③ 소방관서장은 관계인등의 출석을 요구하려면 출석일 [3]일 전까지 규정된 사항을 관계인등에게 알려야 한다.

제11조 (화재조사 증거물 수집 등)

① [소방관서장](는)은 화재조사를 위하여 필요한 경우 증거물을 수집하여 검사·시험·분석 등을 할 수 있다. 다만, 범죄수사와 관련된 증거물인 경우에는 수사기관의 장과 협의하여 수집할 수 있다.

② 소방관서장은 수사기관의 장이 방화 또는 실화의 혐의가 있어서 이미 피의자를 체포하였거나 증거물을 압수하였을 때에 화재조사를 위하여 필요한 경우에는 범죄수사에 지장을 주지 아니하는 범위에서 그 피의자 또는 증거물을 압수 할 수 있다. [X]
  → 압수된 증거물에 대한 조사를 할 수 있다.

③ 제1항에 따른 증거물 수집의 범위, 방법 및 절차 등에 필요한 사항은 [대통령령](으)로 정한다.

CHAPTER 03 · 화재조사 결과의 공표 등

제14조 (화재조사 결과의 공표)

① [소방관서장](는)은 국민이 유사한 화재로부터 피해를 입지 않도록 하기 위한 경우 등 필요한 경우 화재조사 결과를 공표할 수 있다. 다만, 수사가 진행 중이거나 수사의 필요성이 인정되는 경우에는 관계 수사기관의 장과 공표 여부에 관하여 사전에 협의하여야 한다.
② 제1항에 따른 공표의 범위·방법 및 절차 등에 관하여 필요한 사항은 [행정안전부령](으)로 정한다.

제15조 (화재조사 결과의 통보)

[소방관서장](는)은 화재조사 결과를 중앙행정기관의 장, 지방자치단체의 장, 그 밖의 관련 기관·단체의 장 또는 관계인 등에게 통보하여 유사한 화재가 발생하지 않도록 필요한 조치를 취할 것을 요청할 수 있다.

제16조 (화재증명원의 발급)

① [소방관서장](는)은 화재와 관련된 이해관계인 또는 화재발생 내용 입증이 필요한 사람이 화재를 증명하는 서류(이하 이 조에서 "화재증명원"이라 한다) 발급을 신청하는 때에는 화재증명원을 발급하여야 한다.
② 화재증명원의 발급신청 절차·방법·서식 및 기재사항, 온라인 발급 등에 필요한 사항은 [행정안전부령](으)로 정한다.

CHAPTER 04 · 화재조사 기반구축

제17조 (감정기관의 지정·운영 등)

① [소방청장](는)은 과학적이고 전문적인 화재조사를 위하여 대통령령으로 정하는 시설과 전문인력 등 지정기준을 갖춘 기관을 화재감정기관(이하 "감정기관"이라 한다)으로 지정·운영하여야 한다.

② 소방청장은 제1항에 따라 지정된 감정기관에서의 과학적 조사·분석 등에 소요되는 비용의 전부 또는 일부를 지원해야 한다. [X]

　→ 비용의 전부 또는 일부를 <u>지원할 수 있다</u>.

③ 소방청장이 감정기관으로 지정받은 자의 지정을 반드시 취소하여야 하는 사유로 옳은 것은? ㉠

　㉠ 거짓이나 그 밖의 부정한 방법으로 지정을 받은 경우
　㉡ 지정기준에 적합하지 아니하게 된 경우
　㉢ 고의 또는 중대한 과실로 감정 결과를 사실과 다르게 작성한 경우
　㉣ 그 밖에 대통령령으로 정하는 사항을 위반한 경우

④ 소방청장은 감정기관의 지정을 취소하려면 청문을 하여야 한다. [O]

⑤ 감정기관의 지정기준, 지정 절차, 지정 취소 및 운영 등에 필요한 사항은 [대통령령](으)로 정한다.

[시행령] 제12조 (화재감정기관의 지정기준)

① 화재조사에 필요한 다음 각 목의 구분에 따른 전문인력을 각각 보유할 것

　가. 주된 기술인력: 다음의 어느 하나에 해당하는 사람을 [2]명 이상 보유할 것
　　1) 「국가기술자격법」에 따른 국가기술자격의 직무분야 중 화재감식평가 분야의 기사 자격 취득 후 화재조사 관련 분야에서 [5]년 이상 근무한 사람
　　2) 화재조사관 자격 취득 후 화재조사 관련 분야에서 [5]년 이상 근무한 사람
　　3) 이공계 분야의 박사학위 취득 후 화재조사 관련 분야에서 [2]년 이상 근무한 사람

　나. 보조 기술인력: 다음의 어느 하나에 해당하는 사람을 [3]명 이상 보유할 것
　　1) 「국가기술자격법」에 따른 국가기술자격의 직무분야 중 화재감식평가 분야의 기사 또는 산업기사 자격을 취득한 사람
　　2) 화재조사관 자격을 취득한 사람
　　3) 소방청장이 인정하는 화재조사 관련 국제자격증 소지자
　　4) 이공계 분야의 석사 이상 학위 취득 후 화재조사 관련 분야에서 [1]년 이상 근무한 사람

제19조 (국가화재정보시스템의 구축·운영)
① [소방청장](는)은 화재조사 결과, 화재원인, 피해상황 등에 관한 화재정보를 종합적으로 수집·관리하여 화재예방과 소방활동에 활용할 수 있는 국가화재정보시스템을 구축·운영하여야 한다.
② 제1항에 따른 화재정보의 수집·관리 및 활용 등에 필요한 사항은 [대통령령](으)로 정한다.

제20조 (연구개발사업의 지원)
① [소방청장](는)은 화재조사 기법에 필요한 연구·실험·조사·기술개발 등(이하 이 조에서 "연구개발사업"이라 한다)을 지원하는 시책을 수립할 수 있다.

CHAPTER 05 · 벌칙

제21조 (벌칙) 제23조 (과태료)
① 제8조제3항(화재현장 보존 등)을 위반하여 허가 없이 화재현장에 있는 물건 등을 이동시키거나 변경·훼손한 사람은 300만원 이하의 벌금에 처한다. [O]
② 정당한 사유 없이 제10조제1항(관계인등의 출석 등)에 따른 출석을 거부하거나 질문에 대하여 거짓으로 진술한 사람은 200만원 이하의 과태료를 부과한다. [O]

MEMO

정태성 말랑말랑 소방관계법규
www.modoofire.com

합격률 76%로 검증된 소방합격을 위한 당연한 선택

PART 5

소방시설 설치 및 관리에 관한 법률

PART
05 · 약칭: 소방시설법
소방시설 설치 및 관리에 관한 법률

CHAPTER 01 · **총칙**

제1조 (목적)

이 법은 [특정소방대상물] 등에 설치하여야 하는 소방시설등의 설치·관리와 [소방용품] 성능관리에 필요한 사항을 규정함으로써 국민의 생명·신체 및 재산을 보호하고 공공의 [안전]과 [복리 증진]에 이바지함을 목적으로 한다.

제2조 (정의)

① 이 법에서 사용하는 용어의 뜻은 다음과 같다.
  1. "소방시설"이란 소화설비, 경보설비, 피난구조설비, 소방용수설비, 그 밖에 소방활동설비로서 대통령령으로 정하는 것을 말한다. [X]
     → "소방시설"이란 소화설비, 경보설비, 피난구조설비, <u>소화용수설비</u>, 그 밖에 <u>소화활동설비</u>로서 대통령령으로 정하는 것을 말한다.
  2. "소방시설등"이란 [소방시설]과 [비상구], 그 밖에 소방 관련 시설로서 [대통령령]으로 정하는 것을 말한다.
  3. "특정소방대상물"이란 건축물 등의 규모·용도 및 수용인원 등을 고려하여 소방시설을 설치하여야 하는 소방대상물로서 [대통령령]으로 정하는 것을 말한다.
  4. "[화재안전성능]"이란 화재를 예방하고 화재발생 시 피해를 최소화하기 위하여 소방대상물의 재료, 공간 및 설비 등에 요구되는 안전성능을 말한다.
  5. "[성능위주설계]"란 건축물 등의 재료, 공간, 이용자, 화재 특성 등을 종합적으로 고려하여 공학적 방법으로 화재 위험성을 평가하고 그 결과에 따라 화재안전성능이 확보될 수 있도록 특정소방대상물을 설계하는 것을 말한다.
  6. "화재안전기준"이란 소방시설 설치 및 관리를 위한 다음 각 목의 기준을 말한다.
     가. [성능기준] : 화재안전 확보를 위하여 재료, 공간 및 설비 등에 요구되는 안전성능으로서 소방청장이 고시로 정하는 기준
     나. [기술기준] : 가목에 따른 성능기준을 충족하는 상세한 규격, 특정한 수치 및 시험방법 등에 관한 기준으로서 행정안전부령으로 정하는 절차에 따라 소방청장의 승인을 받은 기준
  7. "소방용품"이란 소방시설등을 구성하거나 소방용으로 사용되는 제품 또는 기기로서 [대통령령]으로 정하는 것을 말한다.

[시행령] 제2조 (정의)

1. "무창층"(無窓層)이란 [지상층] 중 다음 각 목의 요건을 모두 갖춘 개구부의 면적의 합계가 해당 층의 바닥면적의 [30분의 1] [이하]가 되는 층을 말한다.

    가. 크기는 지름 [50]센티미터 이상의 [원이] 통과할 수 있는 크기일 것

    나. 해당 층의 바닥면으로부터 개구부 [밑]부분까지의 높이가 [1.2]미터 이내일 것

    다. 도로 또는 차량이 진입할 수 있는 빈터를 향할 것 [O]

    라. 화재 시 건축물로부터 쉽게 피난할 수 있도록 창살이나 그 밖의 장애물을 설치할 것 [X]
      → 창살이나 그 밖의 장애물이 설치할 것이 아닌 설치되지 아니해야 한다.

    마. 내부 또는 외부에서 쉽게 부수거나 열 수 있을 것 [O]

2. "피난층"이란 곧바로 1층으로 갈 수 있는 출입구가 있는 층을 말한다. [X]
    → 1층이 아닌 곧바로 지상으로 갈 수 있는 출입구가 있는 층을 말한다.

시행령 [별표 1] (소방시설)

① 피난사다리, 피난유도선, 피난구유도등은 피난기구에 해당한다. [X]
   → 피난유도선과 피난유도등은 유도등의 종류이다.

② 비상콘센트설비, 연결송수관설비, 제연설비는 소방시설 중 소화활동설비에 속한다. [O]

③ 소화기구, 옥내소화전, 연결살수설비는 소방시설 중 소화설비에 속한다. [X]
   → 연결살수설비는 소방시설 중 소화활동설비에 속한다.

④ 자동화재탐지설비, 자동화재속보설비, 통합감시시설은 소방시설 중 경보설비에 속한다. [O]

⑤ 소화용수설비에는 소화전, 저수조, 급수탑이 있다. [X]
   → 소화용수설비에는 상수도소화용수설비, 소화수조, 저수조, 그 밖의 소화용수설비가 있다.
   → 소화전, 저수조, 급수탑은 소방용수시설이다.

⑥ 물분무등소화설비를 모두 적으시오.

   1) 물분무소화설비   2) 미분무소화설비   3) 포소화설비
   4) 이산화탄소소화설비   5) 할론소화설비   6) 할로겐화합물 및 불활성기체 소화설비
   7) 분말소화설비   8) 강화액소화설비   9) 고체에어로졸소화설비

⑦ 소화활동설비의 종류를 모두 적으시오.

   1) 제연설비   2) 연결송수관설비   3) 연결살수설비
   4) 비상콘센트설비   5) 무선통신보조설비   6) 연소방지설비

⑧ 비상경보설비의 종류를 모두 적으시오.

   1) 비상벨설비   2) 자동식사이렌설비

⑨ 인명구조기구의 종류를 모두 적으시오.

   1) 방열복, 방화복(안전모, 보호장갑 및 안전화를 포함한다)   2) 공기호흡기   3) 인공소생기

⑩ 비상방송설비, 누전차단기는 경보설비에 해당한다. [X]
   → 누전차단기가 아니라 누전경보기가 경보설비이다.

⑪ 상수도소화용수설비, 소화수조·정화조는 소화용수설비에 해당한다. [X]
   → 정화조는 해당하지 않는다. 상수도소화용수설비, 소화수조·저수조, 그 밖의 소화용수설비에 해당한다.

⑫ 스프링클러설비, 간이스프링클러설비, 소화기구는 소화설비에 해당한다. [O]

시행령 [별표 2] (특정소방대상물)

① 도서관, 병설유치원은 교육연구시설에 속한다. [X]
　→ 교육연구시설 중 병설유치원으로 사용되는 부분은 제외한다. 병설유치원은 노유자시설 중 아동 관련 시설에 해당한다.

② 야외음악당, 어린이회관, 산업전시장, 박람회장은 관광휴게시설에 속한다. [X]
　→ 산업전시장, 박람회장은 문화 및 집회시설에 해당한다.

③ 동·식물원은 동물 및 식물 관련 시설에 속한다. [X]
　→ 동·식물원은 문화 및 집회시설에 해당한다.

④ 소방서, 119안전센터는 업무시설에 속한다. [O]

⑤ 종교집회장에 설치하는 봉안당(奉安堂)은 묘지 관련 시설에 속한다. [X]
　→ 종교집회장에 설치하는 봉안당은 종교시설에 해당한다.

⑥ 운전학원·정비학원, 항공관제탑은 항공기 및 자동차 관련 시설에 속한다. [X]
　→ 항공관제탑은 운수시설에 해당한다.

⑦ 다음은 지하구에 대한 설명이다. 빈칸에 들어갈 단어를 적으시오.

　가. 전력·통신용의 전선이나 가스·냉난방용의 배관 또는 이와 비슷한 것을 집합수용하기 위하여 설치한 지하 인공구조물로서 사람이 점검 또는 보수를 하기 위하여 출입이 가능한 것 중 다음의 어느 하나에 해당하는 것
　　1) 전력 또는 통신사업용 지하 인공구조물로서 전력구(케이블 접속부가 없는 경우에는 제외한다) 또는 통신구 방식으로 설치된 것
　　2) 1)외의 지하 인공구조물로서 폭이 [1.8]미터 이상이고 높이가 [2]미터 이상이며 길이가 [50]미터 이상인 것
　나. 「국토의 계획 및 이용에 관한 법률」 제2조제9호에 따른 [공동구]

⑧ 어린이집, 정신요양시설, 노인의료복지시설은 노유자시설에 속한다. [O]

⑨ 하나의 건축물이 근린생활시설, 판매시설, 업무시설, 숙박시설 또는 위락시설의 용도와 주택의 용도로 함께 사용되는 것은 복합건축물에 속한다. [O]

⑩ 마을회관, 경찰서, 유스호스텔, 공공도서관은 업무시설에 속한다. [X]
　→ 유스호스텔은 수련시설에 해당한다.

⑪ 체육관 및 운동장으로서 관람석의 바닥면적의 합계가 1천㎡ 이상인 것은 운동시설에 해당한다. [X]
　→ 문화 및 집회시설에 해당한다.

⑫ 야외극장, 관망탑, 휴게소는 관광 휴게시설이다. [O]

⑬ 공중화장실, 변전소, 양수장, 정수장, 대피소는 업무시설에 속한다. [O]

⑭ 같은 건축물에 무도학원의 용도로 쓰는 바닥면적의 합계가 500㎡ 이상인 것은 교육연구시설에 속한다. [X]
　→ 무도학원은 위락시설에 속한다.

⑮ 「게임산업진흥에 관한 법률」 제2조제6호의2에 따른 청소년게임제공업 및 일반게임제공업의 시설, 같은 조 제7호에 따른 인터넷컴퓨터게임시설제공업의 시설 및 같은 조 제8호에 따른 복합유통게임제공업의 시설로서 같은 건축물에 해당 용도로 쓰는 바닥면적의 합계가 500㎡ 미만인 것은 근린생활시설에 해당한다. [O]

⑯ 슈퍼마켓과 일용품 등의 소매점으로서 같은 건축물에 해당 용도로 쓰는 바닥면적의 합계가 1천㎡ 이상인 것은 판매시설에 해당한다. [O]

⑰ 화장시설, 묘지와 자연장지에 부수되는 건축물, 장례식장은 묘지 관련 시설에 해당한다. [X]
  → 장례식장은 장례시설에 해당한다.

⑱ 가스시설이란 산소 또는 가연성 가스를 제조·저장 또는 취급하는 시설 중 지상에 노출된 산소 또는 가연성 가스 탱크의 저장용량의 합계가 [100]톤 이상이거나 저장용량이 [30]톤 이상인 탱크가 있는 가스시설로서 가스 제조시설, 가스 저장시설, 가스 취급시설을 말한다.

⑲ 둘 이상의 특정소방대상물이 다음 각 목의 어느 하나에 해당되는 구조의 복도 또는 통로로 연결된 경우에는 이를 하나의 소방대상물로 보는 경우로 옳지 않은 것은? ㉢

㉠ 내화구조로 된 연결통로가 벽이 없는 구조로서 그 길이가 6m 이하인 경우

㉡ 컨베이어로 연결되거나 플랜트설비의 배관 등으로 연결되어 있는 경우

㉢ 내화구조가 아닌 연결통로로 연결된 경우

㉣ 자동방화셔터 또는 60분+방화문이 설치된 피트로 연결된 경우

시행령 [별표 3] (소방용품)

① 소화설비를 구성하는 제품 또는 기기 중 소화약제 외의 것을 이용한 간이소화용구는 소방용품에 해당한다. [X]
   → 소화약제 외의 것을 이용한 간이소화용구는 제외한다.
② 경보설비를 구성하는 제품 또는 기기 중 발신기, 수신기, 중계기, 감지기 및 음향장치(사이렌만 해당)는 소방용품에 해당한다. [X]
   → 음향장치(경종만 해당)는 소방용품에 해당한다.
③ 피난구조설비를 구성하는 제품 또는 기기 중 피난사다리, 구조대, 완강기(지지대를 포함), 간이완강기(지지대를 포함)는 소방용품에 해당한다. [O]
④ 소화용으로 사용하는 제품 또는 기기 중 상업용 주방자동소화장치, 포소화설비, 미분무소화설비는 소방용품에 해당한다. [X]
   → 미분무소화설비는 해당하지 않는다.
⑤ 피난구조설비를 구성하는 제품 또는 기기 중 피난유도선, 통로유도등, 객석유도등 및 예비 전원이 내장된 휴대용 비상조명등은 소방용품에 해당한다. [X]
   → 피난유도선이 아닌 피난구유도등이다. 휴대용 비상조명등이 아닌 예비전원이 내장된 비상조명등이다.
⑥ 경보설비를 구성하는 제품 또는 기기 중 누전차단기 및 가스누설경보기는 경보설비에 속한다. [X]
   → 누전차단기가 아닌 누전경보기이다.
⑦ 피난구조설비를 구성하는 제품 또는 기기 중 공기호흡기(충전기를 포함한다)는 소방용품에 해당한다. [O]
⑧ 소방용품은 소화설비를 구성하는 제품 또는 기기, 경보설비를 구성하는 제품 또는 기기, 피난구조설비를 구성하는 제품 또는 기기, 소화용수설비를 구성하는 제품 또는 기기, 소화활동설비를 구성하는 제품 또는 기기로 구성되어 있다. [X]
   → 소화용수설비, 소화활동설비를 구성하는 제품 또는 기기는 소방용품이 아니다.

| CHAPTER 02 · **소방시설등의 설치·관리 및 방염** |

제1절 건축허가등의 동의 등

제6조 (건축허가등의 동의 등)

① 건축물 등의 신축·증축·개축·재축(再築)·이전·용도변경 또는 대수선(大修繕)의 허가·협의 및 사용승인(「주택법」제15조에 따른 승인 및 같은 법 제49조에 따른 사용검사, 「학교시설사업 촉진법」제4조에 따른 승인 및 같은 법 제13조에 따른 사용승인을 포함하며, 이하 "건축허가등"이라 한다)의 권한이 있는 행정기관은 건축허가등을 할 때 미리 그 건축물 등의 시공지(施工地) 또는 소재지를 관할하는 [소방본부장이나 소방서장]의 동의를 받아야 한다.

② 건축물 등의 증축·개축·재축·용도변경 또는 대수선의 신고를 수리(受理)할 권한이 있는 행정기관은 그 신고를 수리하면 그 건축물 등의 시공지 또는 소재지를 관할하는 소방본부장이나 소방서장에게 [지체 없이] 그 사실을 알려야 한다.

③ 제1항에 따라 사용승인에 대한 동의를 할 때에는 「소방시설공사업법」제14조제3항에 따른 소방시설공사의 완공검사증명서를 발급하는 것으로 동의를 갈음할 수 있다. 이 경우 제1항에 따른 건축허가등의 권한이 있는 행정기관은 소방시설공사의 완공검사증명서를 확인하여야 한다. [O]

④ 제1항에 따른 건축허가등을 할 때 소방본부장이나 소방서장의 동의를 받아야 하는 건축물 등의 범위는 [대통령령]으로 정한다.

[시행령] 제7조 (건축허가등의 동의대상물의 범위 등)

① 빈칸 채우기

> **시행령 제7조 (건축허가등의 동의대상물의 범위 등)**
>
> 1. 연면적이 [400]제곱미터 이상인 건축물이나 시설. 다만, 다음 각 목의 어느 하나에 해당하는 건축물이나 시설은 해당 목에서 정한 기준 이상인 건축물이나 시설로 한다.
>   가. 「학교시설사업 촉진법」에 따라 건축등을 하려는 학교시설: [100]제곱미터
>   나. **노유자(老幼者) 시설 및 수련시설**: [200]제곱미터
>   다. 「정신건강증진 및 정신질환자 복지서비스 지원에 관한 법률」에 따른 **정신의료기관**(입원실이 없는 정신건강의학과 의원은 제외한다.): [300]제곱미터
>   라. 「장애인복지법」에 따른 **장애인 의료재활시설**: [300]제곱미터
> 2. 지하층 또는 무창층이 있는 건축물로서 **바닥면적이** [150]제곱미터(공연장의 경우에는 [100]제곱미터) 이상인 층이 있는 것

3. 차고·주차장 또는 주차 용도로 사용되는 시설로서 다음 각 목의 어느 하나에 해당하는 것
   가. 차고·주차장으로 사용되는 **바닥면적이** [200]제곱미터 이상인 층이 있는 건축물이나 주차시설
   나. 승강기 등 기계장치에 의한 주차시설로서 **자동차** [20]대 이상을 주차할 수 있는 시설
4. 층수가 [6]층 이상인 건축물
5. 공장 또는 창고시설로서 「화재의 예방 및 안전관리에 관한 법률 시행령」 별표 2에서 정하는 수량의 [750]배 이상의 특수가연물을 저장·취급하는 것
6. 가스시설로서 지상에 노출된 탱크의 저장용량의 합계가 [100]톤 이상인 것

② 풍력발전소는 연면적이 400㎡ 이상인 경우에 한하여 건축허가 등의 동의 대상물에 해당된다. [X]
  → 풍력발전소는 면적에 상관없이 건축허가 등의 동의 대상물에 해당된다.
③ 관망탑, 항공관제탑, 항공기격납고, 방송용 송수신탑은 면적에 상관없이 건축허가 등의 동의 대상물에 해당된다. [O]
④ 발전시설 중 전기저장시설은 면적에 상관없이 건축허가 등의 동의 대상물에 해당된다. [O]
⑤ 특정소방대상물에 설치되는 소화기구, 가스누설경보기, 단독경보형감지기가 화재안전기준에 적합한 경우 그 특정소방대상물은 소방본부장 또는 소방서장의 건축허가등의 동의대상에서 제외된다. [O]
⑥ 특정소방대상물에 설치되는 방열복·방화복·공기호흡기 및 인공소생기, 비상조명등 또는 유도표지가 화재안전기준에 적합한 경우 그 특정소방대상물은 소방본부장 또는 소방서장의 건축허가등의 동의대상에서 제외된다. [X]
  → 비상조명등은 제외되지 않는다.
⑦ 「소방시설공사업법 시행령」 제4조에 따른 소방시설공사의 착공신고 대상에 해당하지 않는 경우 해당 특정소방대상물은 소방본부장 또는 소방서장의 건축허가등의 동의대상에서 제외된다. [O]
⑧ 특정소방대상물에 설치하는 자동소화장치, 누전경보기가 화재안전기준에 적합한 경우 그 특정소방대상물은 소방본부장 또는 소방서장의 건축허가등의 동의대상에서 제외된다. [O]

시행규칙 제3조 (건축허가등의 동의요구)

① 동의 요구를 받은 소방본부장 또는 소방서장은 건축허가등의 동의 요구서류를 접수한 날부터 [5]일(특급소방안전관리대상물에 해당하는 경우에는 [10]일) 이내에 건축허가등의 동의여부를 회신해야 한다.

② 소방본부장 또는 소방서장은 동의 요구서 및 첨부서류의 보완이 필요한 경우에는 [4]일 이내의 기간을 정하여 보완을 요구할 수 있다. 이 경우 보완기간은 ①에 따른 회신기간에 [산입하지 아니하고], 보완 기간 내에 보완하지 않는 경우에는 동의 요구서를 반려해야 한다.

③ 건축허가등의 동의를 요구한 기관이 그 건축허가등을 취소하였을 때에는 취소한 날부터 [7]일 이내에 건축물 등의 시공지 또는 소재지를 관할하는 소방본부장 또는 소방서장에게 그 사실을 통보해야 한다.

④ 「건축법」제11조에 따른 허가의 권한이 있는 행정기관이 건축허가등의 동의를 요구하는 때 소방시설공사업등록증과 소방시설을 공사한 기술인력의 기술자격증 사본을 건축물 등의 시공지(施工地) 또는 소재지를 관할하는 소방본부장 또는 소방서장에게 첨부해야 한다.   [X]
→ 소방시설설계업등록증과 소방시설을 설계한 기술인력의 기술자격증 사본

⑤ 건축물 등의 시공지(施工地) 또는 소재지를 관할하는 소방본부장 또는 소방서장에게 첨부하여야 하는 서류 중 건축물 설계도서에는 건축물 개요 및 배치도, 실내·실외 마감재료표 등, 소방자동차 진입 동선도 및 부서 공간 위치도(조경계획을 포함한다), 실내장식물 방염대상물품 설치 계획 등이 있다.   [X]
→ 실내장식물 방염대상물품 설치 계획은 소방시설 설계도서에 해당한다.

제7조 (소방시설의 내진설계기준)

내진설계를 해야하는 소방시설은 무엇인가?

옥내소화전설비, 스프링클러설비, 물분무등소화설비를 말한다.

제8조 (성능위주설계)

① 연면적·높이·층수 등이 일정 규모 이상인 대통령령으로 정하는 특정소방대상물(증축하는 것만 해당한다)에 소방시설을 설치하려는 자는 성능위주설계를 하여야 한다. [X]

→ 증축이 아닌 신축하는 것만 해당한다.

[시행령] 제9조 (성능위주설계를 해야 하는 특정소방대상물의 범위)

1. 연면적 [20만]제곱미터 이상인 특정소방대상물. 다만, 아파트등은 [제외]한다.
2. [50]층 이상(지하층은 [제외]한다)이거나 지상으로부터 높이가 [200]미터 이상인 아파트등
3. [30]층 이상(지하층을 [포함]한다)이거나 지상으로부터 높이가 [120]미터 이상인 특정소방대상물(아파트등은 제외한다)
4. 연면적 [3만]제곱미터 이상인 철도 및 도시철도 시설
5. 창고시설 중 연면적 [10만]제곱미터 이상인 것 또는 [지하층]의 층수가 [2]개층 이상이고 지하층의 바닥면적의 합계가 [3만]제곱미터 이상인 것
6. 하나의 건축물에 「영화 및 비디오물의 진흥에 관한 법률」 제2조제10호에 따른 영화상영관이 [10]개 이상인 특정소방대상물
7. 별표 2 제27호의 터널 중 수저(水底)터널 또는 길이가 [5천]미터 이상인 것

---

② 제1항에 따라 소방시설을 설치하려는 자가 성능위주설계를 한 경우에는 「건축법」 제11조에 따른 건축허가를 신청하기 전에 해당 특정소방대상물의 시공지 또는 소재지를 관할하는 [소방서장]에게 신고하여야 한다. 해당 특정소방대상물의 연면적·높이·층수의 변경 등 행정안전부령으로 정하는 사유로 신고한 성능위주설계를 변경하려는 경우에도 또한 같다.

③ 성능위주설계의 신고 또는 변경신고를 하려는 자는 해당 특정소방대상물이 「건축법」 제4조의2에 따른 건축위원회의 심의를 받아야 하는 건축물인 경우에는 그 심의를 신청한 후에 성능위주설계의 기본설계도서(基本設計圖書) 등에 대해서 해당 특정소방대상물의 시공지 또는 소재지를 관할하는 소방서장의 사후검토를 받아야 한다. [X]

→ 성능위주설계의 신고 또는 변경신고를 하려는 자는 해당 특정소방대상물이 「건축법」 제4조의2에 따른 건축위원회의 심의를 받아야 하는 건축물인 경우에는 그 심의를 신청하기 전에 성능위주설계의 기본설계도서(基本設計圖書) 등에 대해서 해당 특정소방대상물의 시공지 또는 소재지를 관할하는 소방서장의 사전검토를 받아야 한다.

제9조 (성능위주설계평가단)

① 성능위주설계에 대한 전문적·기술적인 검토 및 평가를 위하여 소방청 또는 소방본부에 성능위주설계 평가단을 둔다. [O]

② 평가단의 구성 및 운영 등에 필요한 사항은 [행정안전부령]으로 정한다.

시행규칙 제10조 (평가단의 구성)

① 평가단은 평가단장을 포함하여 [50]명 이내의 평가단원으로 성별을 고려하여 구성한다.

② 평가단장은 소방청장 또는 소방본부장이 된다. [X]
→ 평가단장은 화재예방 업무를 담당하는 부서의 장 또는 평가단원 중에서 학식·경험·전문성 등을 종합적으로 고려하여 소방청장 또는 소방본부장이 임명하거나 위촉한다.

③ 건축 또는 소방 관련 석사학위 이상을 취득한 자로서 건축허가등의 업무를 1년 이상 담당한 소방공무원은 평가단원이 될 수 있다. [X]
→ 건축 또는 소방 관련 석사학위 이상을 취득한 자로서 건축허가등의 업무를 1년 이상 담당하고 「소방공무원 교육훈련규정」 제3조제2항에 따른 중앙소방학교에서 실시하는 성능위주설계 교육을 이수한 소방공무원은 평가단원이 될 수 있다.

④ 건축 분야 및 소방방재 분야 전문가 중 「소방시설공사업법」 제28조제3항에 따른 특급감리원 자격 소지자로서 소방공사 현장 감리업무를 10년 이상 수행한 사람은 평가단원이 될 수 있다. [O]

⑤ 평가단 회의는 평가단장과 평가단장이 회의마다 지명하는 [6]명 이상 [8]명 이하의 평가단원으로 구성·운영하며, 평가단원 과반수의 출석으로 개의(開議)하고, 출석 평가단원 과반수의 찬성으로 의결한다.

⑥ 위촉된 평가단원의 임기는 [2년]으로 하되, [2회]에 한정하여 연임할 수 있다.

제10조 (주택에 설치하는 소방시설)

① 다음 각 호의 주택의 소유자는 대통령령으로 정하는 소방시설을 설치하여야 한다.
  1. 「건축법」 제2조제2항제1호의 단독주택
  2. 「건축법」 제2조제2항제2호의 공동주택(아파트 및 기숙사는 [제외]한다)

[시행령] 제13조 (주택용 소방시설)

"대통령령으로 정하는 소방시설"이란 [소화기] 및 [단독경보형감지기]를 말한다.

---

② 주택용 소방시설의 설치기준 및 자율적인 안전관리 등에 관한 사항은 [시·도의 조례](으)로 정한다.

제2절 특정소방대상물에 설치하는 소방시설의 관리 등

제12조 (특정소방대상물에 설치하는 소방시설의 관리 등)

① [특정소방대상물의 관계인](는)은 대통령령으로 정하는 소방시설을 화재안전기준에 따라 설치·관리하여야 한다.

② 특정소방대상물의 관계인은 제1항에 따라 소방시설을 설치·관리하는 경우 화재 시 소방시설의 기능과 성능에 지장을 줄 수 있는 폐쇄(잠금을 포함한다. 이하 같다)·차단 등의 행위를 어떠한 경우에도 하여서는 아니 된다. [X]

→ 소방시설의 점검·정비를 위하여 필요한 경우 폐쇄·차단은 할 수 있다.

시행령 [별표 7] (수용인원의 산정 방법)

① 강의실·교무실·상담실·실습실·휴게실 용도로 쓰이는 특정소방대상물: 해당 용도로 사용하는 바닥면적의 합계를 [1.9]㎡로 나누어 얻은 수

② 강당, 문화 및 집회시설, 운동시설, 종교시설: 해당 용도로 사용하는 바닥면적의 합계를 [4.6]㎡로 나누어 얻은 수

③ 침대가 없는 숙박시설: 해당 특정소방대상물의 종사자 수에 숙박시설 바닥면적의 합계를 [3]㎡로 나누어 얻은 수를 합한 수

④ 긴 의자의 경우에는 의자의 정면 너비를 [0.45]m로 나누어 얻은 수로 한다

⑤ 바닥면적을 산정할 때에는 복도, 계단 및 화장실의 바닥면적을 포함한다. [X]

→ 복도, 계단 및 화장실의 바닥면적을 포함하지 않는다.

⑥ 계산 결과 소수점 이하의 수는 반올림한다. [O]

시행령 [별표 4] (특정소방대상물의 관계인이 특정소방대상물에 설치·관리해야 하는 소방시설의 종류)

① 스프링클러설비를 설치해야 하는 특정소방대상물

1) 문화 및 집회시설(동·식물원은 제외) 중 영화상영관의 용도로 쓰이는 층의 바닥면적이 지하층 또는 무창층인 경우에는 [500]㎡ 이상, 그 밖의 층의 경우에는 [1천]㎡ 이상인 것,

2) 종교시설로서 무대부가 지하층·무창층 또는 4층 이상의 층에 있는 경우에는 무대부의 면적이 [300]㎡ 이상인 것, 무대부가 그 외의 층에 있는 경우에는 무대부의 면적이 [500]㎡ 이상인 것

3) 판매시설, 운수시설 및 창고시설(물류터미널로 한정한다)로서 바닥면적의 합계가 [5천]㎡ 이상이거나 수용인원이 [500]명 이상인 경우에는 모든 층

4) 층수가 [6]층 이상인 특정소방대상물의 경우에는 모든 층.

5) 의료시설 중 종합병원, 병원, 치과병원, 한방병원 및 요양병원 용도로 사용되는 시설의 바닥면적의 합계가 [600]㎡ 이상인 것은 모든 층

6) 지하상가로서 연면적 [1천]㎡ 이상인 것

② 「소방시설 설치 및 관리에 관한 법률 시행령」상 관광호텔 및 병원에 설치하는 인명구조기구의 기준으로 옳은 것은? ㉢

㉠ 지하층을 포함한 5층 이상인 관광호텔, 지하층을 제외한 층수가 7층 이상인 병원
㉡ 지하층을 포함한 5층 이상인 관광호텔, 지하층을 포함한 층수가 7층 이상인 병원
㉢ 지하층을 제외한 7층 이상인 관광호텔, 지하층을 제외한 층수가 5층 이상인 병원
㉣ 지하층을 포함한 7층 이상인 관광호텔, 지하층을 포함한 층수가 5층 이상인 병원

③ 물분무등소화설비를 설치해야 하는 특정소방대상물
 1) [항공기격납고]
 2) 차고, 주차용 건축물 또는 철골 조립식 주차시설. 이 경우 연면적 [800]㎡ 이상인 것만 해당한다.
 3) 건축물 내부에 설치된 차고 또는 주차장으로서 사용되는 부분의 면적이 [200]㎡ 이상인 경우 해당 부분
 4) 기계장치에 의한 주차시설을 이용하여 [20]대 이상의 차량을 주차할 수 있는 시설
 5) 특정소방대상물에 설치된 전기실·발전실·변전실·축전지실·통신기기실 또는 전산실, 그 밖에 이와 비슷한 것으로서 바닥면적이 [300]㎡ 이상인 것

④ 자동화재탐지설비를 설치해야 하는 특정소방대상물
 1) 층수가 [6]층 이상인 건축물
 2) 터널로서 길이가 [1천]m 이상인 것
 3) 정신의료기관 또는 의료재활시설로 사용되는 바닥면적의 합계가 [300]㎡ 이상인 시설
 4) 장례시설 및 복합건축물로서 연면적 [600]㎡ 이상인 경우에는 모든 층
 5) 교육연구시설(교육시설 내에 있는 기숙사 및 합숙소를 포함한다), 수련시설(수련시설 내에 있는 기숙사 및 합숙소를 포함하며, 숙박시설이 있는 수련시설은 제외한다)은 연면적 [2천]㎡ 이상인 경우에는 모든 층

⑤ 간이스프링클러설비를 설치해야 하는 특정소방대상물
 1) 근린생활시설로 사용하는 부분의 바닥면적 합계가 [1천]㎡ 이상인 것은 모든 층
 2) 교육연구시설 내에 합숙소로서 연면적 [100]㎡ 이상인 것
 3) 종합병원, 병원, 치과병원, 한방병원 및 요양병원(의료재활시설은 제외한다)으로 사용되는 바닥면적의 합계가 [600]㎡ 미만인 시설
 4) 근린생활시설 중 의원, 치과의원 및 한의원으로서 입원실 또는 인공신장실이 없는 시설   [X]
  → 입원실 또는 인공신장실이 있는 시설이 대상이다.
 5) 복합건축물로서 연면적 [1천]㎡ 이상인 것은 모든 층

⑥ 터널로서 길이가 500m 이상인 것에 비상경보설비를 설치한다. [O]
⑦ 층수가 [30]층 이상인 것으로서 [16]층 이상 부분의 모든 층에 무선통신보조설비를 설치한다.
⑧ 지상 1층 및 2층의 바닥면적의 합계가 [9천]㎡ 이상인 것은 옥외소화전설비를 설치한다.
⑨ 문화 및 집회시설, 종교시설, 운동시설로서 무대부의 바닥면적이 [200]㎡ 이상인 것은 제연설비를 설치한다.
⑩ 아파트등 및 오피스텔의 모든 층에는 주거용 주방자동소화장치를 설치한다. [O]
⑪ 근린생활시설, 판매시설 등은 연면적 [1천5백]㎡ 이상이거나 지하층·무창층 또는 4층 이상인 층 중 바닥면적이 [300]㎡ 이상인 층이 있는 것은 모든 층에 옥내소화전설비를 설치한다.
⑫ 연면적 400㎡ 미만의 유치원에 단독경보형감지기를 설치한다. [O]
⑬ 연면적 1천㎡ 이상의 지하상가에 설치하는 소방시설의 종류로 옳지 않은 것은? ㉢
   ㉠ 자동화재탐지설비   ㉡ 제연설비
   ㉢ 간이스프링클러설비   ㉣ 무선통신보조설비

제13조 (소방시설기준 적용의 특례)

① 소방본부장이나 소방서장은 제12조제1항 전단에 따른 대통령령 또는 화재안전기준이 변경되어 그 기준이 강화되는 경우 기존의 특정소방대상물(건축물의 신축·개축·재축·이전 및 대수선 중인 특정소방대상물을 포함한다)의 소방시설에 대하여는 [변경 전]의 대통령령 또는 화재안전기준을 적용한다. 다만, 다음 각 호의 어느 하나에 해당하는 소방시설의 경우에는 대통령령 또는 화재안전기준의 변경으로 [강화된] 기준을 적용할 수 있다.

1. 다음 각 목의 소방시설 중 대통령령 또는 화재안전기준으로 정하는 것
   가. [소화기구]   나. [비상경보설비]   다. [자동화재속보설비]
   라. [피난구조설비]   마. [자동화재탐지설비]

2. 다음 각 목의 특정소방대상물에 설치하는 소방시설 중 대통령령 또는 화재안전기준으로 정하는 것
   가. 「국토의 계획 및 이용에 관한 법률」 제2조제9호에 따른 공동구에 설치하는
      [소화기] [자동소화장치] [자동화재탐지설비]
      [통합감시시설] [유도등] [연소방지설비]
   나. 전력 및 통신사업용 지하구에 설치하는
      [소화기] [자동소화장치] [자동화재탐지설비]
      [통합감시시설] [유도등] [연소방지설비]
   다. 노유자(老幼者) 시설에 설치하는
      [간이스프링클러설비] [자동화재탐지설비] [단독경보형 감지기]
   라. 의료시설에 설치하는
      [스프링클러설비], [간이스프링클러설비], [자동화재탐지설비] [자동화재속보설비]

② 소방본부장이나 소방서장은 기존의 특정소방대상물이 [증축]되거나 [용도변경]되는 경우에는 대통령령으로 정하는 바에 따라 [증축] 또는 [용도변경] 당시의 소방시설의 설치에 관한 대통령령 또는 화재안전기준을 적용한다.

③ 「소방시설 설치 및 관리에 관한 법률 시행령」상 특정소방대상물이 증축되는 경우, 원칙적으로 소방시설기준 적용에 관한 설명으로 옳은 것은? ㉣
   ㉠ 기존 부분을 포함한 특정소방대상물의 전체에 대하여 증축 전 소방시설의 설치에 관한 대통령령 또는 화재 안전기준을 적용하여야 한다.
   ㉡ 기존 부분은 증축 전에 적용되던 소방시설의 설치에 관한 대통령령 또는 화재안전기준을 적용하고 증축 부분은 증축 당시의 소방시설의 설치에 관한 대통령령 또는 화재안전기준을 적용하여야 한다.
   ㉢ 증축 부분은 증축 전에 적용되던 소방시설의 설치에 관한 대통령령 또는 화재안전기준을 적용하고, 기존 부분은 증축 당시의 소방시설의 설치에 관한 대통령령 또는 화재안전기준을 적용하여야 한다.
   ㉣ 기존 부분을 포함한 특정소방대상물의 전체에 대하여 증축 당시의 소방시설의 설치에 관한 대통령령 또는 화재안전기준을 적용하여야 한다.

④ 다음 중 기존 부분에 대해서는 증축 당시의 소방시설의 설치에 관한 대통령령 또는 화재안전기준을 적용하지 않는 경우로 옳은 것은? ㉡
   ㉠ 기존 부분과 증축 부분이 내화구조로 된 바닥과 벽으로 구획되어 있지 않은 경우
   ㉡ 기존 부분과 증축 부분이 「건축법 시행령」 제64조제1항제2호에 따른 60분+방화문으로 구획되어 있는 경우
   ㉢ 기존 부분과 증축 부분이 「건축법 시행령」 제64조제1항제2호에 따른 60분방화문으로 구획되어 있는 경우
   ㉣ 그 밖에 증축되는 범위가 경미하여 관할 소방본부장 또는 소방서장이 화재 위험도가 높다고 인정하는 경우

⑤ 소방시설을 설치하지 않을 수 있는 특정소방대상물 및 소방시설의 범위
   ㉠ 음료수 공장의 세정 또는 충전을 하는 작업장, 그 밖에 이와 비슷한 용도로 사용하는 것은 화재 위험도가 낮은 특정소방대상물에 해당한다. [X]
      → 화재안전기준을 적용하기 어려운 특정소방대상물에 해당한다.
   ㉡ 원자력발전소, 중·저준위방사성폐기물의 저장시설은 화재안전기준을 달리 적용하여야 하는 특수한 용도 또는 구조를 가진 특정소방대상물에 해당한다. [O]
   ㉢ 석재, 불연성금속, 불연성 건축재료 등의 가공공장·기계조립공장 또는 불연성 물품을 저장하는 창고는 옥외소화전 및 연결살수설비를 설치하지 아니할 수 있다. [O]
   ㉣ 자체소방대가 설치된 제조소등에 부속된 사무실은 연결살수설비 및 연결송수관설비를 설치하지 아니할 수 있다. [O]
   ㉤ 정수장, 수영장, 목욕장, 어류양식용 시설, 그 밖에 이와 비슷한 용도로 사용되는 것은 자동화재탐지설비, 상수도소화용수설비 및 연결살수설비를 설치하지 아니할 수 있다. [O]

제14조 (특정소방대상물별로 설치하여야 하는 소방시설의 정비 등)

① 제12조제1항에 따라 대통령령으로 소방시설을 정할 때에는 특정소방대상물의 규모·용도·수용인원 및 화재특성 등을 고려하여야 한다. [X]
　→ 규모·용도·수용인원 및 이용자 특성을 고려하여야 한다.

② [소방청장]은 건축 환경 및 화재위험특성 변화사항을 효과적으로 반영할 수 있도록 제1항에 따른 소방시설 규정을 [3]년에 1회 이상 정비하여야 한다.

③ [소방청장]은 건축 환경 및 화재위험특성 변화 추세를 체계적으로 연구하여 제2항에 따른 정비를 위한 개선방안을 마련하여야 한다.

④ 제3항에 따른 연구의 수행 등에 필요한 사항은 [행정안전부령]으로 정한다.

제15조 (건설현장의 임시소방시설 설치 및 관리)

① 난연성·불연성 물질을 취급하거나 가연성 가스를 발생시키는 작업은 임시소방시설을 설치해야 하는 작업에 해당한다. [X]
　→ 인화성·가연성·폭발성 물질을 취급하거나 가연성 가스를 발생시키는 작업이다.

② 임시소방시설의 종류로는 소화기, 간이소화장치, 비상경보장치, 누전경보기, 간이피난유도선, 비상조명등, 방화포가 있다. [X]
　→ 임시소방시설의 종류로는 소화기, 간이소화장치, 비상경보장치, 가스누설경보기, 간이피난유도선, 비상조명등, 방화포가 있다.

시행령 [별표 8]

임시소방시설의 종류와 설치기준 등(제17조 관련)

2. 임시소방시설을 설치해야 하는 공사의 종류와 규모
    가. 소화기: 법 제6조제1항에 따라 소방본부장 또는 소방서장의 동의를 받아야 하는 특정소방대상물의 신축·증축·개축·재축·이전·용도변경 또는 대수선 등을 위한 공사 중 법 제15조제1항에 따른 화재위험작업의 현장(이하 이 표에서 "화재위험작업현장"이라 한다)에 설치한다.
    나. 간이소화장치: 다음의 어느 하나에 해당하는 공사의 화재위험작업현장에 설치한다.
        1) 연면적 [3천]㎡ 이상
        2) 지하층, 무창층 또는 4층 이상의 층. 이 경우 해당 층의 바닥면적이 [600]㎡ 이상인 경우만 해당한다.
    다. 비상경보장치: 다음의 어느 하나에 해당하는 공사의 화재위험작업현장에 설치한다.
        1) 연면적 [400]㎡ 이상
        2) 지하층 또는 무창층. 이 경우 해당 층의 바닥면적이 [150]㎡ 이상인 경우만 해당한다.
    라. 가스누설경보기: 바닥면적이 [150]㎡ 이상인 지하층 또는 무창층의 화재위험작업현장에 설치한다.
    마. 간이피난유도선: 바닥면적이 [150]㎡ 이상인 지하층 또는 무창층의 화재위험작업현장에 설치한다.
    바. 비상조명등: 바닥면적이 [150]㎡ 이상인 지하층 또는 무창층의 화재위험작업현장에 설치한다.
    사. 방화포: [용접·용단] 작업이 진행되는 화재위험작업현장에 설치한다.

3. 임시소방시설과 기능 및 성능이 유사한 소방시설로서 임시소방시설을 설치한 것으로 보는 소방시설
    가. 간이소화장치를 설치한 것으로 보는 소방시설: 소방청장이 정하여 고시하는 기준에 맞는 소화기(연결송수관설비의 방수구 인근에 설치한 경우로 한정한다) 또는 [옥내소화전설비]
    나. 비상경보장치를 설치한 것으로 보는 소방시설: [비상방송설비, 자동화재탐지설비]
    다. 간이피난유도선을 설치한 것으로 보는 소방시설: [피난유도선, 피난구유도등, 통로유도등, 비상조명등]

제17조 (소방용품의 내용연수 등)

① 특정소방대상물의 관계인은 내용연수가 경과한 소방용품을 교체하여야 한다. 이 경우 내용연수를 설정하여야 하는 소방용품의 종류 및 그 내용연수 연한에 필요한 사항은 대통령령으로 정한다.

[시행령] 제19조 (내용연수 설정대상 소방용품)

① 법 제17조제1항 후단에 따라 내용연수를 설정해야 하는 소방용품은 [분말형태의 소화약제를 사용하는 소화기]로 한다.
② 제1항에 따른 소방용품의 내용연수는 [10]년으로 한다.

제18조 (소방기술심의위원회)

① 다음 중 소방청에 중앙소방기술심의위원회(=중앙위원회)의 심의사항을 모두 고르면? ㉢, ㉤

㉠ 소방본부장 또는 소방서장이 화재안전기준 또는 위험물 제조소등의 시설기준의 적용에 관하여 기술검토를 요청하는 사항

㉡ 연면적 10만제곱미터 미만의 특정소방대상물에 설치된 소방시설의 설계·시공·감리의 하자 유무에 관한 사항

㉢ 소방시설에 하자가 있는지의 판단에 관한 사항

㉣ 소방시설공사의 하자를 판단하는 기준에 관한 사항

㉤ 새로운 소방시설과 소방용품 등의 도입 여부에 관한 사항

[시행령] 제21조 (소방기술심의위원회의 구성 등)

① 중앙소방기술심의위원회는 위원장을 포함하여 [60]명 이내의 위원으로 성별을 고려하여 구성한다.

② 지방소방기술심의위원회는 위원장을 포함하여 [5]명 이상 [9]명 이하의 위원으로 구성한다.

③ 중앙위원회의 회의는 위원장과 위원장이 회의마다 지정하는 [6]명 이상 [12]명 이하의 위원으로 구성하고, [중앙위원회]는 분야별 소위원회를 구성·운영할 수 있다.

[시행령] 제22조 (위원의 임명·위촉)

① 중앙위원회의 위원은 [과장급] 직위 이상의 소방공무원과 다음 각 호의 어느 하나에 해당하는 사람 중에서 소방청장이 임명하거나 성별을 고려하여 위촉한다.

1. [소방기술사, 소방시설관리사]
2. [석사] 이상의 소방 관련 학위를 소지한 사람
3. 소방 관련 법인·단체에서 소방 관련 업무에 [5]년 이상 종사한 사람
4. 소방공무원 교육기관, 대학교 또는 연구소에서 소방과 관련된 교육이나 연구에 [5]년 이상 종사한 사람

② 중앙위원회 및 지방위원회의 위원 중 위촉위원의 임기는 [2]년으로 하되, 한 차례만 연임할 수 있다.

제3절 방염

제20조 (특정소방대상물의 방염 등) 제21조 (방염성능의 검사)

① 방염성능기준 이상의 실내장식물 등을 설치해야 하는 특정소방대상물
  ㉠ 층수가 11층 이상의 아파트는 방염대상물품을 설치해야 하는 특정소방대상물이다. [X]
    → 아파트는 제외한다.
  ㉡ 옥내에 있는 수영장은 방염대상물품을 설치해야 하는 특정소방대상물이다. [X]
    → 수영장은 제외한다.
  ㉢ 숙박이 가능한 수련시설은 방염대상물품을 설치해야 하는 특정소방대상물이다. [O]
  ㉣ 교육연구시설 중 합숙소는 방염대상물품을 설치해야 하는 특정소방대상물이다. [O]
  ㉤ 근린생활시설 중 의원, 치과의원, 한의원, 조산원, 산후조리원, 체력단련장, 공연장, 종교집회장은 방염대상물품을 설치해야 하는 특정소방대상물이다. [O]
  ㉥ 방송통신시설 중 방송국 및 촬영소는 방염대상물품을 설치해야 하는 특정소방대상물이다. [O]

② 제조 또는 가공 공정에서 방염처리를 한 물품으로 옳은 것은? ㉣
  ㉠ 흡음(吸音)재 또는 방음(防音)재
    → 현장에서 방염처리 가능한 방염대상물품
  ㉡ 창문에 설치하는 커튼류(블라인드는 제외)
    → 블라인드 포함
  ㉢ 두께가 2밀리미터 이상인 벽지류(종이벽지는 제외)
    → 두께가 2밀리미터 미만의 벽지류
  ㉣ 암막·무대막(영화상영관에 설치하는 스크린과 가상체험 체육시설업에 설치하는 스크린을 포함)
  ㉤ 단란주점영업, 유흥주점영업 및 노래연습장업의 영업장에 설치하는 섬유류 또는 합성수지류 등을 원료로 하여 제작된 침구류·소파 및 의자
    → 침구류는 아니다.

③ 방염성능기준에 대한 설명이다. 빈칸을 채우시오.
  1. 버너의 불꽃을 제거한 때부터 불꽃을 올리며 연소하는 상태가 그칠 때까지 시간은 [20]초 이내일 것
  2. 버너의 불꽃을 제거한 때부터 불꽃을 올리지 않고 연소하는 상태가 그칠 때까지 시간은 [30]초 이내일 것
  3. 탄화한 면적은 [50]제곱센티미터 이내, 탄화한 길이는 [20]센티미터 이내일 것
  4. 불꽃에 의하여 완전히 녹을 때까지 불꽃의 접촉 횟수는 [3]회 이상일 것
  5. 소방청장이 정하여 고시한 방법으로 발연량(發煙量)을 측정하는 경우 최대연기밀도는 [400] 이하일 것

④ 방염대상물품 중 설치 현장에서 방염처리를 하는 합판·목재류는 시·도지사가 실시하는 방염성능검사를 받은 것이어야 한다. [O]

CHAPTER 03 · 소방시설등의 자체점검

제22조 [소방시설등의 자체점검]

① 자체점검의 구분 및 대상, 점검인력의 배치기준, 점검자의 자격, 점검 장비, 점검 방법 및 횟수 등 자체점검 시 준수하여야 할 사항은 [행정안전부령]으로 정한다.

시행규칙 [별표 3]

소방시설등 자체점검의 구분 및 대상, 점검자의 자격, 점검 장비, 점검 방법 및 횟수 등 자체점검 시 준수해야할 사항

1. 소방시설등에 대한 자체점검은 다음과 같이 구분한다.
    가. [작동점검]: 소방시설등을 인위적으로 조작하여 소방시설이 정상적으로 작동하는지를 소방청장이 정하여 고시하는 소방시설등 작동점검표에 따라 점검하는 것을 말한다.

2. 작동점검과 종합점검의 구분
    ① 「화재의 예방 및 안전관리에 관한 법률 시행령」 별표 4 제1호가목의 특급소방안전관리대상물은 작동점검 대상이다. [X]
        → 특급소방안전관리대상물은 작동점검 대상이 아니다.
    ② 관리업에 등록된 기술인력 중 소방시설관리사 또는 「소방시설공사업법 시행규칙」 별표 4의2 따른 특급점검자는 2급 소방안전관리대상물의 작동점검을 할 수 있는 기술인력이다. [X]
        → 특급점검자는 2급 소방안전관리대상물의 작동점검을 할 수 있는 기술인력이 아니다.
    ③ 물분무등소화설비[호스릴(Hose Reel) 방식의 물분무등소화설비만을 설치한 경우는 [제외]한다]가 설치된 연면적 [5,000]㎡ 이상인 특정소방대상물(제조소등은 [제외]한다)
    ④ 「공공기관의 소방안전관리에 관한 규정」 제2조에 따른 공공기관 중 연면적이 [1,000]㎡ 이상인 것으로서 [옥내소화전설비] 또는 [자동화재탐지설비]가 설치된 것은 종합점검 대상이다.
    ⑤ 「다중이용업소의 안전관리에 관한 특별법 시행령」 제2조제1호나목, 같은 조 제2호(비디오물소극장업은 제외한다)·제6호·제7호·제7호의2 및 제7호의5의 다중이용업의 영업장이 설치된 특정소방대상물로서 연면적이 [2,000]㎡ 이상인 것은 종합점검 대상이다.
    ⑥ 스프링클러설비가 설치된 특정소방대상물은 종합점검대상이다. [O]
    ⑦ 소방안전관리자로 선임된 소방시설관리사 또는 소방공사감리자는 종합점검을 할 수 있는 기술 인력이다. [X]
        → 소방공사감리자가 아닌 소방기술사가 종합정검을 할 수 있는 기술인력이다.

3. 점검 횟수 및 시기
① 최초점검: 법 제22조제1항제1호에 따라 소방시설이 신설된 경우 「건축법」 제22조에 따라 건축물을 사용할 수 있게 된 날부터 [60]일 이내 점검하는 것을 말한다.
② 작동점검은 [연] [1]회 이상 실시하며, 종합점검 대상은 종합점검(최초점검은 제외한다)을 받은 달부터 [6개월]이 되는 달에 실시한다.
③ 종합점검은 건축물의 사용승인일이 속하는 다음 달에 연 1회 이상 실시한다.   [X]
　→ 종합점검은 건축물의 사용승인일이 속한 달에 연 1회 이상 실시한다.
④ 특급 소방안전관리대상물의 종합점검은 반기에 1회 이상 실시한다.   [O]
⑤ 소방본부장 또는 소방서장은 소방청장이 소방안전관리가 우수하다고 인정한 특정소방대상물에 대해서는 [3]년의 범위에서 소방청장이 고시하거나 정한 기간 동안 종합점검을 면제할 수 있다.

시행규칙 [별표 4]

소방시설등의 자체점검 시 점검인력의 배치기준

1. 점검인력 1단위는 다음과 같다.
   가. 관리업자가 점검하는 경우에는 주된 점검인력인 특급점검자 [1]명과 보조 점검인력인 영 별표 9에 따른 주된 기술인력 또는 보조 기술인력 [2]명을 점검인력 1단위로 하되, 점검인력 1단위에 보조 점검인력으로 [2]명(같은 건축물을 점검할 때는 [4]명) 이내의 주된 기술인력 또는 보조 기술인력을 추가할 수 있다.
   나. 소방안전관리자로 선임된 소방시설관리사 또는 소방기술사가 점검하는 경우에는 주된 점검인력인 소방시설관리사 또는 소방기술사 중 [1]명과 보조 점검인력 [2]명을 점검인력 1단위로 하되, 점검인력 1단위에 [2]명 이내의 보조 점검인력을 추가할 수 있다. 이 경우 보조 점검인력은 해당 특정소방대상물의 관계인, 소방안전관리보조자 또는 관리업자 소속의 소방기술인력으로 할 수 있다.
   다. 관계인이 점검하는 경우에는 주된 점검인력인 관계인 [1]명과 보조 점검인력 [2]명을 점검인력 1단위로 한다. 이 경우 보조 점검인력은 해당 특정소방대상물의 관계인, 소방안전관리자, 소방안전관리보조자 또는 관리업자 소속의 소방기술인력으로 할 수 있다.

2. 점검인력 1단위가 하루 동안 점검할 수 있는 특정소방대상물의 연면적(이하 "점검한도 면적"이라 한다)은 다음 각 목과 같다.
   가. 종합점검: [8,000]㎡
   나. 작동점검: [10,000]㎡

3. 점검인력 1단위에 보조 점검인력을 1명씩 추가할 때마다 종합점검의 경우에는 [2,000]㎡, 작동점검의 경우에는 [2,500]㎡씩을 점검한도 면적에 더한다. 다만, 하루에 2개 이상의 특정소방대상물을 배치할 경우 1일 점검한도 면적은 특정소방대상물별로 투입된 점검인력에 따른 점검한도 면적의 평균값으로 적용하여 계산한다.

4. 점검인력은 하루에 [5]개의 특정소방대상물에 한하여 배치할 수 있다. 다만 2개 이상의 특정소방대상물을 2일 이상 연속하여 점검하는 경우에는 배치기한을 초과해서는 안 된다.

5. 제3호부터 제6호까지의 규정에도 불구하고 아파트등을 점검할 때에는 다음 각 목의 기준에 따른다.
   가. 점검인력 1단위가 하루 동안 점검할 수 있는 아파트등의 세대수(이하 "점검한도 세대수"라 한다)는 종합점검 및 작동점검에 관계없이 [250]세대로 한다.
   나. 점검인력 1단위에 보조 점검인력을 1명씩 추가할 때마다 [60]세대씩을 점검한도 세대수에 더한다.

[시행규칙] 제23조 (소방시설등의 자체점검 결과의 조치 등)

① 관리업자 또는 소방안전관리자로 선임된 소방시설관리사 및 소방기술사(이하 "관리업자등"이라 한다)는 자체점검을 실시한 경우에는 그 점검이 끝난 날부터 [10]일 이내에 별지 제9호서식의 소방시설등 자체점검 실시결과 보고서를 관계인에게 제출해야 한다.

② 제1항에 따른 자체점검 실시결과 보고서를 제출받거나 스스로 자체점검을 실시한 관계인은 자체점검이 끝난 날부터 [15]일 이내에 소방시설등 자체점검 실시결과 보고서에 규정된 서류를 첨부하여 소방본부장 또는 소방서장에게 서면이나 소방청장이 지정하는 전산망을 통하여 보고해야 한다.

③ 소방본부장 또는 소방서장에게 자체점검 실시결과 보고를 마친 관계인은 소방시설등 자체점검 실시 결과 보고서(소방시설등점검표를 포함한다)를 점검이 끝난 날부터 [2]년간 자체 보관해야 한다.

④ 소방시설등의 자체점검 결과 이행계획서를 보고받은 소방본부장 또는 소방서장은 다음 각 호의 구분에 따라 이행계획의 완료 기간을 정하여 관계인에게 통보해야 한다. 다만, 소방시설등에 대한 수리·교체·정비의 규모 또는 절차가 복잡하여 다음 각 호의 기간 내에 이행을 완료하기가 어려운 경우에는 그 기간을 달리 정할 수 있다.

  1. 소방시설등을 구성하고 있는 기계·기구를 수리하거나 정비하는 경우: 보고일로부터 [10]일 이내

  2. 소방시설등을 전부 또는 일부를 철거하고 새로 교체하는 경우: 보고일로부터 [20]일 이내

⑤ 완료기간 내에 이행계획을 완료한 관계인은 이행을 완료한 날로부터 [10]일 이내에 별지 제11호서식의 소방시설등의 자체점검결과 이행완료 보고서에 규정된 서류를 첨부하여 소방본부장 또는 소방서장에게 보고해야 한다.

[시행규칙] 제24조 (이행계획 완료의 연기 신청 등)

① 영 제35조제2항에 따라 이행계획의 연기를 신청하려는 관계인은 완료기간 만료일 [3]일 전까지 별지 제12호서식의 소방시설등의 자체점검 결과 이행계획 완료 연기신청서에 기간 내에 이행계획을 완료하기 곤란함을 증명할 수 있는 서류(전자문서를 포함한다)를 첨부하여 소방본부장 또는 소방서장에게 제출해야 한다.

② 제1항에 따른 이행계획 완료의 연기 신청서를 제출받은 소방본부장 또는 소방서장은 연기 신청을 받은 날부터 [3]일 이내에 완료기간의 연기 여부를 결정하여 소방시설등의 자체점검 결과 이행계획 완료 연기신청 결과 통지서를 연기 신청을 한 자에게 통보해야 한다.

CHAPTER 04 · 소방시설관리사 및 소방시설관리업

제1절 소방시설관리사

제25조 (소방시설관리사)

① 소방시설관리사가 되려는 사람은 시·도지사가 실시하는 관리사시험에 합격하여야 한다. [X]

→ 소방시설관리사가 되려는 사람은 소방청장이 실시하는 관리사시험에 합격하여야 한다.

② 소방공무원으로 1년 이상 근무한 경력이 있는 사람은 소방시설관리사 시험에 응시할 수 있다. [X]

→ 소방공무원으로 5년 이상 근무한 경력이 있는 사람은 소방시설관리사 시험에 응시할 수 있다.

③ 소방안전 관련 학과의 학사학위를 취득한 후 3년 이상 소방실무경력이 있는 사람은 소방시설관리사 시험에 응시할 수 있다. [O]

④ 소방설비기사를 가지고 있는 사람은 소방시설관리사 시험에 응시할 수 있다. [X]

→ 소방설비기사 자격을 취득한 후 2년 이상 소방청장이 정하여 고시하는 소방에 관한 실무경력이 있는 사람은 소방시설관리사 시험에 응시할 수 있다.

⑤ 관리사시험은 제1차시험과 제2차시험으로 구분하여 시행하고, 제1차시험은 선택형을 원칙으로 하고, 제2차시험은 논문형을 원칙으로 하되, 제2차시험의 경우에는 기입형을 포함할 수 있다. [O]

⑥ 제2차 시험과목은 소방시설의 점검실무행정(점검절차 및 점검기구 사용법을 포함한다), 소방시설의 설계 및 시공이다. [O]

⑦ 관리사시험은 2년마다 1회 시행하는 것을 원칙으로 하되, 소방청장이 필요하다고 인정하는 경우에는 그 횟수를 늘리거나 줄일 수 있다. [X]

→ 관리사시험은 매년 1회 시행하는 것을 원칙으로 한다.

⑧ 대학에서 소방안전 관련 학과 조교수 이상으로 2년 이상 재직한 사람은 시험위원으로 임명하거나 위촉할 수 있다. [O]

제26조 (부정행위자에 대한 제재)

소방청장은 시험에서 부정한 행위를 한 응시자에 대하여는 그 시험을 정지 또는 무효로 하고, 그 처분이 있은 날부터 [2년]간 시험 응시자격을 정지한다.

제27조 (관리사의 결격사유)

다음 중 소방시설관리사의 결격사유에 해당하는 것은? ④

① 피한정후견인
② 「소방기본법」에 따른 금고 이상의 실형을 선고받고 그 집행이 끝나거나(집행이 끝난 것으로 보는 경우를 포함한다) 집행이 면제된 날부터 2년이 지난 사람
③ 「위험물안전관리법」에 따른 금고 이상의 형의 집행유예를 선고받고 그 유예기간이 끝난 사람
④ 관리사 자격이 취소된 날부터 2년이 지나지 아니한 사람

제28조 (자격의 취소·정지)

다음 중 관리사 자격의 1차 취소 사유에 해당하지 않은 것은? ②

① 거짓이나 그 밖의 부정한 방법으로 시험에 합격한 경우
② 소방안전관리 업무를 하지 아니하거나 거짓으로 한 경우
③ 소방시설관리사증을 다른 자에게 빌려준 경우
④ 동시에 둘 이상의 업체에 취업한 경우

제29조 (소방시설관리업의 등록 등)

① 소방시설등의 점검 및 관리를 업으로 하려는 자 또는 「화재의 예방 및 안전관리에 관한 법률」 제25조에 따른 소방안전관리업무의 대행을 하려는 자는 대통령령으로 정하는 업종별로 [시·도지사]에게 소방시설관리업(이하 "관리업"이라 한다) 등록을 하여야 한다.
② 제1항에 따른 업종별 기술인력 등 관리업의 등록기준 및 영업범위 등에 필요한 사항은 [대통령령]으로 정한다.

시행령 [별표 9]

소방시설관리업의 업종별 등록기준 및 영업범위

	기술인력	영업범위
전문 소방시설관리업	가. 주된 기술인력 1) 소방시설관리사 자격을 취득한 후 소방 관련 실무경력이 [5]년 이상인 사람 1명 이상 2) 소방시설관리사 자격을 취득한 후 소방 관련 실무경력이 [3]년 이상인 사람 1명 이상 나. 보조 기술인력 1) [고급]점검자 이상의 기술인력	모든 특정소방대상물

	: [2]명 이상 2) [중급]점검자 이상의 기술인력 　: [2]명 이상 3) [초급]점검자 이상의 기술인력 　: [2]명 이상	
일반 소방시설관리업	가. 주된 기술인력: 소방시설관리사 자격을 취득한 후 소방 관련 실무경력이 [1]년 이상인 사람 1명 이상 나. 보조 기술인력 　1) [중급]점검자 이상의 기술인력 　　: [1]명 이상 　2) [초급]점검자 이상의 기술인력 　　: [1]명 이상	특정소방대상물 중 「화재의 예방 및 안전관리에 관한 법률 시행령」 별표 4에 따른 [1급, 2급, 3급] 소방안전관리대상물

[시행규칙] 제31조 (소방시설관리업의 등록증 및 등록수첩 발급 등)

시·도지사는 제출된 서류를 심사한 결과 첨부서류가 미비되어 있거나 신청서 및 첨부서류의 기재내용이 명확하지 않은 경우에는 [10]일 이내의 기간을 정하여 이를 보완하게 할 수 있다.

제31조 (등록사항의 변경신고)

관리업자는 제29조에 따라 등록한 사항 중 행정안전부령으로 정하는 중요 사항이 변경되었을 때에는 행정안전부령으로 정하는 바에 따라 [시·도지사]에게 변경사항을 신고하여야 한다.

[시행규칙] 제33조 (등록사항의 변경신고 사항)

소방시설관리업의 등록사항의 변경신고 사항에 해당하지 않은 것은? ④
① 명칭·상호 또는 영업소 소재지
② 대표자
③ 기술인력
④ 자본금

[시행규칙] 제34조 (등록사항의 변경신고 등)

관리업자는 등록사항 중 제33조 각 호의 사항이 변경됐을 때에는 법 제31조에 따라 변경일부터 [30]일 이내에 별지 제26호서식의 소방시설관리업 등록사항 변경신고서에 그 변경사항별로 다음 각 호의 구분에 따른 서류를 첨부하여 시·도지사에게 제출하여야 한다.

제33조 (관리업의 운영)

① 관리업자가 「화재의 예방 및 안전관리에 관한 법률」 제25조에 따라 소방안전관리업무를 대행하게 하거나 제22조제1항에 따라 소방시설등의 점검업무를 수행하게 한 특정소방대상물의 관계인에게 지체 없이 그 사실을 알려야 하는 사유로 옳지 않은 것은? ㉢
  ㉠ 관리업자의 지위를 승계한 경우
  ㉡ 관리업의 등록취소 또는 영업정지 처분을 받은 경우
  ㉢ 관리업의 경고처분을 받은 경우
  ㉣ 휴업 또는 폐업을 한 경우

② 등록취소 또는 영업정지 처분을 받은 관리업자는 원칙적으로 그 날부터 소방안전관리업무를 대행하거나 소방시설등에 대한 점검을 하여서는 아니 된다. [O]

제34조 (점검능력 평가 및 공시 등)

[소방청장](은)는 특정소방대상물의 관계인이 적정한 관리업자를 선정할 수 있도록 하기 위하여 관리업자의 신청이 있는 경우 해당 관리업자의 점검능력을 종합적으로 평가하여 공시하여야 한다.

제36조 (과징금처분)

[시·도지사](은)는 관리업자에게 영업정지를 명하는 경우로서 그 영업정지가 이용자에게 불편을 주거나 그 밖에 공익을 해칠 우려가 있을 때에는 영업정지처분을 갈음하여 [3천만]원 이하의 과징금을 부과할 수 있다.

CHAPTER 05 · 소방용품의 품질관리

제37조 (소방용품의 형식승인 등)

① 연구개발 목적으로 제조하거나 수입하는 소방용품은 소방청장의 형식승인을 받아야 한다. [X]
  → 연구개발 목적으로 제조하거나 수입하는 소방용품은 그러하지 아니하다.

② 형식승인을 받지 아니한 소방용품을 [판매]하거나 [판매] 목적으로 [진열]하거나 소방시설공사에 [사용] 할 수 없다.

③ 소방용품을 판매하거나 판매 목적으로 진열하거나 소방시설공사에 사용할 수 있는 경우는? ⓒ
  ㉠ 형식승인을 받지 아니한 것
  ㉡ 성능인증을 받지 아니한 것
  ㉢ 형상등을 임의로 변경한 것
  ㉣ 합격표시를 하지 아니한 것

제43조 (우수품질 제품에 대한 인증)

[소방청장](은)는 제37조에 따른 형식승인의 대상이 되는 소방용품 중 품질이 우수하다고 인정하는 소방용품에 대하여 인증을 할 수 있다.

제45조 (소방용품의 제품검사 후 수집검사 등)

[소방청장](은)는 소방용품의 품질관리를 위하여 필요하다고 인정할 때에는 유통 중인 소방용품을 수집하여 검사할 수 있다.

제49조 (청문)

「소방시설 설치 및 관리에 관한 법률」상 소방청장 또는 시·도지사가 청문을 하여야 하는 처분으로 옳지 않은 것은? ⓒ
㉠ 관리사 자격의 취소 및 정지
㉡ 소방용품의 형식승인 취소 및 제품검사 중지
㉢ 우수품질인증의 취소 및 제품검사 중지
㉣ 전문기관의 지정취소 및 업무정지

제50조 (권한 또는 업무의 위임·위탁 등)

① 소방청장은 법 제50조제1항에 따라 화재안전기준 중 기술기준에 대한 법 제19조 각 호에 따른 관리·운영 권한을 [국립소방연구원장]에(게) 위임한다.
② 소방청장은 성능인증의 취소의 업무를 [한국소방산업기술원]에(게) 위탁할 수 있다.
③ 소방청장은 형식승인 및 성능인증에 따른 제품검사 업무를 [기술원] 또는 [전문기관]에 위탁할 수 있다.

CHAPTER 07 · 벌칙

제56조 (벌칙), 제57조 (벌칙), 제58조 (벌칙), 제59조 (벌칙), 제61조 (과태료)

① 제품검사에 합격하지 아니한 소방용품에 성능인증을 받았다는 표시 또는 제품검사에 합격하였다는 표시를 하거나 성능인증을 받았다는 표시 또는 제품검사에 합격하였다는 표시를 위조 또는 변조하여 사용한 자는 1년 이하의 징역 또는 1천만원 이하의 벌금에 처한다. [O]
② 피난시설, 방화구획 또는 방화시설의 폐쇄·훼손·변경 등의 행위를 한 자는 200만원 이하의 과태료를 부과한다. [X]
   → 300만원 이하의 과태료를 부과한다.
③ 소방시설등의 점검결과를 보고하지 아니한 자 또는 거짓으로 보고한 자는 200만원 이하의 과태료를 부과한다. [X]
   → 300만원 이하의 과태료를 부과한다.
④ 관리업의 등록을 하지 아니하고 영업을 한 자는 3년 이하의 징역 또는 3천만원 이하의 벌금에 처한다. [O]
⑤ 소방시설에 폐쇄·차단 등의 행위를 한 자는 5년 이하의 징역 또는 5천만원 이하의 벌금에 처한다. [O]

| MEMO |

정태성 말랑말랑 소방관계법규
www.modoofire.com

합격률 76%로 검증된 소방합격을 위한 당연한 선택

PART 6

화재의 예방 및 안전관리에 관한 법률

PART 06 · 화재의 예방 및 안전관리에 관한 법률

약칭: 화재예방법

CHAPTER 01 · 총칙

제1조 (목적)

이 법은 화재의 [예방]과 [안전관리]에 필요한 사항을 규정함으로써 화재로부터 국민의 생명·신체 및 재산을 보호하고 공공의 [안전]과 [복리 증진]에 이바지함을 목적으로 한다.

제2조 (정의)

1. "[예방]"이란 화재의 위험으로부터 사람의 생명·신체 및 재산을 보호하기 위하여 화재발생을 사전에 제거하거나 방지하기 위한 모든 활동을 말한다.
2. "[안전관리]"란 화재로 인한 피해를 최소화하기 위한 예방, 대비, 대응 등의 활동을 말한다.
3. "[화재안전조사]"란 소방청장, 소방본부장 또는 소방서장(이하 "소방관서장"이라 한다)이 [소방대상물], 관계지역 또는 관계인에 대하여 소방시설등(「소방시설 설치 및 관리에 관한 법률」 제2조제1항제2호에 따른 소방시설등을 말한다. 이하 같다)이 소방 관계 법령에 적합하게 설치·관리되고 있는지, [소방대상물]에 화재의 발생 위험이 있는지 등을 확인하기 위하여 실시하는 현장조사·문서열람·보고요구 등을 하는 활동을 말한다.
4. "[화재예방강화지구]"란 특별시장·광역시장·특별자치시장·도지사 또는 특별자치도지사(이하 "시·도지사"라 한다)가 화재발생 우려가 크거나 화재가 발생할 경우 피해가 클 것으로 예상되는 지역에 대하여 화재의 예방 및 안전관리를 강화하기 위해 지정·관리하는 지역을 말한다.
5. "[화재예방안전진단]"이란 화재가 발생할 경우 사회·경제적으로 피해 규모가 클 것으로 예상되는 소방대상물에 대하여 화재위험요인을 조사하고 그 위험성을 평가하여 개선대책을 수립하는 것을 말한다.

CHAPTER 02 · 화재의 예방 및 안전관리 기본계획의 수립·시행

제4조 (화재의 예방 및 안전관리 기본계획 등의 수립·시행)

① [소방청장]은 화재예방정책을 체계적·효율적으로 추진하고 이에 필요한 기반 확충을 위하여 화재의 예방 및 안전관리에 관한 기본계획(이하 "기본계획"이라 한다)을 [5년마다] 수립·시행하여야 한다.

② 기본계획은 대통령령으로 정하는 바에 따라 소방청장이 [관계 중앙행정기관의 장](과)와 협의하여 수립한다.

> **[시행령] 제2조 (화재의 예방 및 안전관리 기본계획의 협의 및 수립)**
>
> 소방청장은 「화재의 예방 및 안전관리에 관한 법률」(이하 "법"이라 한다) 제4조에 따른 화재의 예방 및 안전관리에 관한 기본계획(이하 "기본계획"이라 한다)을 계획 시행 전년도 [8월 31일]까지 관계 중앙행정기관의 장과 협의한 후 계획 시행 전년도 [9월 30일]까지 수립해야 한다.

③ 기본계획에 포함되어야 하는 사항으로 옳지 않은 것은?(2개) ㉢, ㉤
  ㉠ 소방대상물의 환경 및 화재위험특성 변화 추세 등 화재예방정책의 여건 변화에 관한 사항
  ㉡ 화재의 예방과 안전관리를 위한 법령·제도의 마련 등 기반 조성
  ㉢ 소방업무의 교육 및 홍보(소방자동차의 우선 통행 등에 관한 홍보를 포함)
    → ㉢은 「소방기본법」에 있는 소방업무에 관한 종합계획의 내용이다.
  ㉣ 화재의 예방과 안전관리 관련 기술의 개발·보급
  ㉤ 주요 사업별 세부시행계획
    → ㉤은 세부시행계획의 내용입니다.

④ [소방청장](은)는 기본계획을 시행하기 위하여 [매년] 시행계획을 수립·시행하여야 한다.

> **[시행령] 제4조 (시행계획의 수립·시행)**
>
> ① 소방청장은 법 제4조제4항에 따라 기본계획을 시행하기 위한 계획(이하 "시행계획"이라 한다)을 계획 시행 전년도 [10월 31일]까지 수립하여야 한다.

⑤ 소방청장은 제1항 및 제4항에 따라 수립된 기본계획과 시행계획을 관계 중앙행정기관의 장과 시·도지사에게 통보하여야 한다.   [O]

⑥ 제5항에 따라 기본계획과 시행계획을 통보받은 [관계 중앙행정기관의 장]과 [시·도지사]는 소관 사무의 특성을 반영한 세부시행계획을 수립·시행하고 그 결과를 소방청장에게 통보하여야 한다.

⑦ ①부터 ⑥까지에서 규정한 사항 외에 기본계획, 시행계획 및 세부시행계획의 수립·시행에 필요한 사항은 [대통령령]으로 정한다.

> **[시행령] 제5조 (세부시행계획의 수립·시행)**
>
> ① 소방청장은 법 제4조제5항에 따라 관계 중앙행정기관의 장과 시·도지사에게 기본계획 및 시행계획을 각각 계획 시행 전년도 [10월 31일]까지 통보하여야 한다.
> ② 관계 중앙행정기관의 장 및 시·도지사는 법 제4조제6항에 따라 소관 사무의 특성을 반영한 세부시행계획(이하 "세부시행계획"이라 한다)을 수립하여 계획 시행 전년도 [12월 31일]까지 소방청장에게 통보해야 한다.

제5조 (실태조사)

① [소방청장](은)는 기본계획 및 시행계획의 수립·시행에 필요한 기초자료를 확보하기 위하여 다음 각 호의 사항에 대하여 실태조사를 할 수 있다. 이 경우 관계 중앙행정기관의 장의 요청이 있는 때에는 합동으로 실태조사를 할 수 있다.

1. 소방대상물의 용도별·규모별 현황
2. 소방대상물의 화재의 예방 및 안전관리 현황
3. 소방대상물의 소방시설등 설치·관리 현황
4. 그 밖에 기본계획 및 시행계획의 수립·시행을 위하여 필요한 사항

② 제1항에 따른 실태조사의 방법 및 절차 등에 필요한 사항은 [행정안전부령]으로 정한다.

제6조 (통계의 작성 및 관리)

① 소방청장은 화재의 예방 및 안전관리에 관한 통계를 [매년] 작성·관리하여야 한다.

CHAPTER 03 · 화재안전조사

제7조 (화재안전조사)

① 소방관서장은 개인의 주거(실제 주거용도로 사용되는 경우에 한정한다)에 대한 화재안전조사는 관계인의 승낙이 있거나 화재안전조사의 실시를 사전에 통지하거나 공개하면 조사목적을 달성할 수 없다고 인정되는 경우에 한정한다. [X]

→ ① 소방관서장은 개인의 주거(실제 주거용도로 사용되는 경우에 한정한다)에 대한 화재안전조사는 관계인의 승낙이 있거나 화재발생의 우려가 뚜렷하여 긴급한 필요가 있는 때에 한정한다.

② 다음 중 화재안전조사를 실시하는 사유로 옳지 않은 것은? ㉣

㉠ 화재예방안전진단이 불성실하거나 불완전하다고 인정되는 경우

㉡ 국가적 행사 등 주요 행사가 개최되는 장소 및 그 주변의 관계 지역에 대하여 소방안전관리 실태를 조사할 필요가 있는 경우

㉢ 「소방시설 설치 및 관리에 관한 법률」 제22조에 따른 자체점검이 불성실하거나 불완전하다고 인정되는 경우

㉣ 관계인이 질병, 사고, 장기출장 등으로 화재안전조사에 참여할 수 없는 경우

→ ㉣ 관계인이 질병, 사고, 장기출장 등으로 화재안전조사에 참여할 수 없는 경우는 연기신청사유이다.

제8조 (화재안전조사의 방법·절차 등)

① 소방관서장은 화재안전조사를 조사의 목적에 따라 제7조제2항에 따른 화재안전조사의 항목 전체 중 특정 항목에 한정하여 실시할 수는 없다. [X]

→ 특정 항목에 한정하여 실시할 수는 있다.

② 소방관서장은 화재안전조사를 실시하려는 경우 사전에 관계인에게 조사대상, 조사기간 및 조사사유 등을 우편, 전화, 전자메일 또는 문자전송을 통하여 통지할 수 없다. [X]

→ 소방관서장은 화재안전조사를 실시하려는 경우 사전에 관계인에게 조사대상, 조사기간 및 조사사유 등을 우편, 전화, 전자메일 또는 문자전송 등을 통하여 통지한다.

③ 통지를 받은 관계인은 천재지변이나 그 밖에 대통령령으로 정하는 사유로 화재안전조사를 받기 곤란한 경우에는 화재안전조사를 통지한 소방관서장에게 대통령령으로 정하는 바에 따라 화재안전조사를 연기하여 줄 것을 신청할 수 있다. 이 경우 소방관서장은 연기신청 승인 여부를 결정하고 그 결과를 [조사 시작 전]까지 관계인에게 알려 주어야 한다.

[시행령] 제8조 (화재안전조사의 방법·절차 등)

① 소방관서장은 화재안전조사를 실시하려는 경우 사전에 법 제8조제2항 각 호 외의 부분 본문에 따라 조사대상, 조사기간 및 조사사유 등 조사계획을 소방청, 소방본부 또는 소방서(이하 "소방관서"라 한다)의 인터넷 홈페이지나 법 제16조제3항에 따른 전산시스템을 통해 [7]일 이상 공개해야 한다.

[시행령] 제9조 (화재안전조사의 연기)

① 화재안전조사를 연기하여 줄 것을 신청할 수 있는 사유에 해당하는 것은?(2개) ㉠, ㉣
  ㉠ 「재난 및 안전관리 기본법」 제3조제1호에 해당하는 재난이 발생한 경우
  ㉡ 경매 등의 사유로 소유권이 변동 중이거나 변동되어서 화재안전조사 실시가 어려운 경우
  ㉢ 화재가 자주 발생하였거나 발생할 우려가 뚜렷한 곳에 대한 조사가 필요한 경우
  ㉣ 권한 있는 기관에 자체점검기록부, 교육·훈련일지 등 화재안전조사에 필요한 장부·서류 등이 압수되거나 영치(領置)되어 있는 경우

제9조 (화재안전조사단 편성·운영)

① [소방관서장]은 화재안전조사를 효율적으로 수행하기 위하여 대통령령으로 정하는 바에 따라 소방청에는 중앙화재안전조사단을, 소방본부 및 소방서에는 지방화재안전조사단을 편성하여 운영할 수 있다.

[시행령] 제10조 (화재안전조사단 편성·운영)

① 법 제9조제1항에 따른 중앙화재안전조사단 및 지방화재안전조사단(이하 "조사단"이라 한다)은 각각 단장을 포함하여 [50]명 이내의 단원으로 성별을 고려하여 구성한다.
② 조사단의 단원은 다음 각 호의 어느 하나에 해당하는 사람 중에서 [소방관서장]이 임명하거나 위촉하고, 단장은 단원 중에서 [소방관서장]이 임명하거나 위촉한다.
  1. 소방공무원
  2. 소방업무와 관련된 단체 또는 연구기관 등의 임직원
  3. 소방 관련 분야에서 전문적인 지식이나 경험이 풍부한 사람

제10조 (화재안전조사위원회 구성·운영)

① [소방관서장]은 화재안전조사의 대상을 객관적이고 공정하게 선정하기 위하여 필요한 경우 화재안전조사위원회를 구성하여 화재안전조사의 대상을 선정할 수 있다.
② 화재안전조사위원회의 구성·운영 등에 필요한 사항은 [대통령령]으로 정한다.

[시행령] 제11조 (화재안전조사위원회의 구성·운영 등)

① 법 제10조제1항에 따른 화재안전조사위원회(이하 "위원회"라 한다)는 위원장 1명을 포함하여 [7]명 이내의 위원으로 성별을 고려하여 구성하고, 위원장은 [소방관서장]이 된다.
② 위원회의 위원은 다음 각 호의 어느 하나에 해당하는 사람 중에서 소방관서장이 임명하거나 위촉한다.
   1. [과장급] 직위 이상의 소방공무원
   2. 소방기술사
   3. 소방시설관리사
   4. 소방 관련 분야의 [석사]학위 이상을 취득한 사람
   5. 소방 관련 법인 또는 단체에서 소방 관련 업무에 [5]년 이상 종사한 사람
   6. 「소방공무원 교육훈련규정」 제3조제2항에 따른 소방공무원 교육훈련기관, 「고등교육법」 제2조의 학교 또는 연구소에서 소방과 관련한 교육 또는 연구에 [5]년 이상 종사한 사람
③ 위촉위원의 임기는 [2]년으로 하고, [한]차례만 연임할 수 있다.

제13조 (화재안전조사 결과 통보)

소방관서장은 화재안전조사를 마친 때에는 그 조사 결과를 관계인에게 원칙적으로 구두로 통지하여야 한다. [X]
→ 소방관서장은 화재안전조사를 마친 때에는 그 조사 결과를 관계인에게 서면으로 통지하여야 한다.

제14조 (화재안전조사 결과에 따른 조치명령)

① 소방특별조사 결과에 따른 조치명령 사항으로 옳지 않은 것은? ㉣
   ㉠ 소방대상물의 개수(改修)
   ㉡ 소방대상물의 사용의 금지 또는 제한
   ㉢ 소방대상물의 공사의 정지 또는 중지
   ㉣ 소방대상물의 용도변경

제15조 (손실보상)

[소방청장, 시·도지사](는)은 제14조제1항에 따른 명령으로 인하여 손실을 입은 자가 있는 경우에는 대통령령으로 정하는 바에 따라 보상하여야 한다.

> **[시행령] 제14조 (손실보상)**
>
> ① 법 제15조에 따라 소방청장 또는 시·도지사가 손실을 보상하는 경우에는 [시가](으)로 보상해야 한다.
> ② 보상금의 지급 또는 공탁의 통지에 불복하는 자는 지급 또는 공탁의 통지를 받은 날부터 [30]일 이내에 「공익사업을 위한 토지 등의 취득 및 보상에 관한 법률」 제49조에 따라 설치된 [중앙토지수용위원회] 또는 [관할 지방토지수용위원회]에 재결(裁決)을 신청할 수 있다.

[시행령] 제15조 (화재안전조사 결과 공개)

① 소방관서장은 법 제16조제1항에 따라 화재안전조사 결과를 공개하는 경우 [30]일 이상 해당 소방관서 인터넷 홈페이지나 전산시스템을 통해 공개해야 한다.
② 소방대상물의 관계인은 공개 내용 등을 통보받은 날부터 [10]일 이내에 소방관서장에게 이의신청을 할 수 있다.
③ 소방관서장은 ②에 따라 이의신청을 받은 날부터 [10]일 이내에 심사·결정하여 그 결과를 지체 없이 신청인에게 알려야 한다.

CHAPTER 04 · 화재의 예방조치 등

제17조 (화재의 예방조치 등)

① 소방차량의 통행이나 소화 활동에 지장을 줄 수 있는 물건의 이동을 명령할 수 있는 물건의 소유자, 관리자 또는 점유자를 알 수 없는 경우 관계자로 하여금 그 물건을 옮기거나 보관하는 등 필요한 조치를 하게 할 수 있다. [X]
  → 관계자가 아닌 소속 공무원이다.

② ①에 따라 옮긴 물건 등에 대한 보관기간 및 보관기간 경과 후 처리 등에 필요한 사항은 [대통령령](으)로 정한다.

③ 보일러, 난로, 건조설비, 가스·전기시설, 그 밖에 화재 발생 우려가 있는 [대통령령](으)로 정하는 설비 또는 기구 등의 위치·구조 및 관리와 화재 예방을 위하여 불을 사용할 때 지켜야 하는 사항은 [대통령령](으)로 정한다.

④ 화재가 발생하는 경우 불길이 빠르게 번지는 고무류·플라스틱류·석탄 및 목탄 등 [대통령령](으)로 정하는 특수가연물(特殊可燃物)의 저장 및 취급 기준은 [대통령령](으)로 정한다.

[시행령] 제17조 (옮긴 물건 등의 보관기간 및 보관기간 경과 후 처리)

① 소방관서장은 법 제17조제2항에 각 호 외의 부분 단서에 따라 옮긴 물건 등을 보관하는 경우에는 그 날부터 7일 동안 소방관서의 인터넷 홈페이지에 그 사실을 공고하여야 한다. [X]
  → 소방관서장은 법 제17조제2항 각 호 외의 부분단서에 따라 옮긴 물건 등을 보관하는 경우에는 그 날부터 14일 동안 소방관서의 인터넷 홈페이지에 그 사실을 공고하여야 한다.

② 옮긴물건등의 보관기간은 ①에 따른 공고기간의 종료일부터 7일까지로 한다. [X]
  → 옮긴물건등의 보관기간은 소방관서 홈페이지에 공고하는 기간의 종료일 다음날부터 7일로 한다.

③ 소방관서장은 보관기간이 종료되는 때에는 보관하고 있는 옮긴물건등을 매각해야 한다. 다만, 보관하고 있는 옮긴물건등이 부패·파손 또는 이와 유사한 사유로 정해진 용도에 계속 사용할 수 없는 경우에는 폐기할 수 있다. [O]

④ [소방관서장](는)은 ③에 따라 매각되거나 폐기된 옮긴물건등의 소유자가 보상을 요구하는 경우에는 보상금액에 대하여 소유자와 협의를 거쳐 이를 보상해야 한다.

시행령 [별표 1]

보일러 등의 설비 또는 기구 등의 위치 · 구조 및 관리와
화재예방을 위하여 불을 사용할 때 지켜야 하는 사항

(제18조제2항 관련)

1. 보일러

    가. 가연성 벽·바닥 또는 천장과 접촉하는 증기기관 또는 연통의 부분은 규조토 등 [난연성, 불연성] 단열재로 덮어씌워야 한다.

    나. 경유·등유 등 [액체연료]를 사용할 때에는 다음 사항을 지켜야 한다.

    1) 연료탱크는 보일러 본체로부터 수평거리 [1]미터 이상의 간격을 두어 설치할 것

    2) 연료탱크에는 화재 등 긴급상황이 발생하는 경우 연료를 차단할 수 있는 개폐밸브를 연료탱크로부터 [0.5]미터 이내에 설치할 것

    3) 연료탱크 또는 보일러 등에 연료를 공급하는 배관에는 [여과장치]를 설치할 것

    4) 연료탱크가 넘어지지 않도록 받침대를 설치하고, 연료탱크 및 연료탱크 받침대는 [불연재료]로 할 것

    다. [기체연료]를 사용할 때에는 다음 사항을 지켜야 한다.

    1) 보일러를 설치하는 장소에는 [환기구]를 설치하는 등 가연성 가스가 머무르지 않도록 할 것

    2) 연료를 공급하는 배관은 [금속관]으로 할 것

    3) 화재 등 긴급 시 연료를 차단할 수 있는 개폐밸브를 연료용기 등으로부터 [0.5]미터 이내에 설치할 것

    4) 보일러가 설치된 장소에는 [가스누설경보기]를 설치할 것

    라. 화목(火木) 등 [고체연료]를 사용할 때에는 다음 사항을 지켜야 한다.

    1) 고체연료는 보일러 본체와 수평거리 [2]미터 이상 간격을 두어 보관하거나 [불연재료]로 된 별도의 구획된 공간에 보관할 것

    2) 연통은 천장으로부터 [0.6]미터 떨어지고, 연통의 배출구는 건물 밖으로 [0.6]미터 이상 나오도록 설치할 것

    3) 연통의 배출구는 보일러 본체보다 [2]미터 이상 높게 설치할 것

    4) 연통이 관통하는 벽면, 지붕 등은 [불연재료]로 처리할 것

    5) 연통재질은 불연재료로 사용하고 연결부에 [청소구]를 설치할 것

    마. 보일러 본체와 벽·천장 사이의 거리는 [0.6]미터 이상이어야 한다.

    바. 보일러를 실내에 설치하는 경우에는 [콘크리트바닥] 또는 금속 외의 불연재료로 된 바닥 위에 설치해야 한다.

2. 난로
   가. 연통은 천장으로부터 [0.6]미터 이상 떨어지고, 연통의 배출구는 건물 밖으로 [0.6]미터 이상 나오게 설치해야 한다.
   나. 가연성 벽·바닥 또는 천장과 접촉하는 연통의 부분은 규조토 등 [난연성, 불연성]의 단열재로 덮어씌워야 한다.

3. 건조설비
   가. 건조설비와 벽·천장 사이의 거리는 [0.5]미터 이상이어야 한다.
   나. 실내에 설치하는 경우에 벽·천장 및 바닥은 [불연재료]로 해야 한다.

4. 가스·전기시설
   가. 가스시설의 경우 「고압가스 안전관리법」, 「도시가스사업법」 및 「액화석유가스의 안전관리 및 사업법」에서 정하는 바에 따른다.
   나. 전기시설의 경우 「전기사업법」 및 「전기안전관리법」에서 정하는 바에 따른다.

5. 불꽃을 사용하는 용접·용단 기구
   용접 또는 용단 작업장에서는 다음 각 목의 사항을 지켜야 한다. 다만, 「산업안전보건법」 제38조의 적용을 받는 사업장에는 적용하지 않는다.
   가. 용접 또는 용단 작업장 주변 [반경] [5]미터 이내에 소화기를 갖추어 둘 것
   나. 용접 또는 용단 작업장 주변 [반경] [10]미터 이내에는 가연물을 쌓아두거나 놓아두지 말 것. 다만, 가연물의 제거가 곤란하여 방화포 등으로 방호조치를 한 경우는 제외한다.

6. 노·화덕설비
   가. 실내에 설치하는 경우에는 [흙바닥] 또는 금속 외의 불연재료로 된 바닥에 설치해야 한다.
   나. 노 또는 화덕을 설치하는 장소의 벽·천장은 [불연재료]로 된 것이어야 한다.
   다. 노 또는 화덕의 주위에는 녹는 물질이 확산되지 않도록 높이 [0.1]미터 이상의 턱을 설치해야 한다.
   라. 시간당 열량이 30만킬로칼로리 이상인 노를 설치하는 경우에는 다음의 사항을 지켜야 한다.
      1) 「건축법」 제2조제1항제7호에 따른 주요구조부(이하 "주요구조부"라 한다)는 [불연재료] 이상으로 할 것
      2) 창문과 출입구는 「건축법 시행령」 제64조에 따른 [60분+] 방화문 또는 [60분] 방화문으로 설치할 것
      3) 노 주위에는 [1]미터 이상 공간을 확보할 것

7. 음식조리를 위하여 설치하는 설비

「식품위생법 시행령」 제21조제8호에 따른 식품접객업 중 일반음식점 주방에서 조리를 위하여 불을 사용하는 설비를 설치하는 경우에는 다음 각 목의 사항을 지켜야 한다.

  가. 주방설비에 부속된 배출덕트(공기 배출통로)는 [0.5]밀리미터 이상의 아연도금강판 또는 이와 같거나 그 이상의 내식성 불연재료로 설치할 것

  나. 주방시설에는 동물 또는 식물의 기름을 제거할 수 있는 필터 등을 설치할 것

  다. 열을 발생하는 조리기구는 반자 또는 선반으로부터 [0.6]미터 이상 떨어지게 할 것

  라. 열을 발생하는 조리기구로부터 [0.15]미터 이내의 거리에 있는 가연성 주요구조부는 단열성이 있는 [불연재료]로 덮어 씌울 것

시행령 [별표 2]

특수가연물

품명		수량
면화류		[200] kg 이상
나무껍질 및 대팻밥		[400] kg 이상
넝마 및 종이부스러기		[1,000] kg 이상
사류(絲類)		[1,000] kg 이상
볏짚류		[1,000] kg 이상
가연성고체류		[3,000] kg 이상
석탄·목탄류		[10,000] kg 이상
가연성액체류		[2] ㎥ 이상
목재가공품 및 나무부스러기		[10] ㎥ 이상
고무류·플라스틱류	발포시킨 것	[20] ㎥ 이상
	그 밖의 것	[3,000] kg 이상

비고

1. "면화류"란 불연성 또는 난연성인 면상 또는 팽이모양의 섬유와 마사(麻絲) 원료를 말한다. [X]
   → "면화류"란 불연성 또는 난연성이 <u>아닌</u>

2. 넝마 및 종이부스러기는 불연성 또는 난연성이 아닌 것(동물 또는 식물의 기름이 깊이 스며들어 있는 옷감·종이 및 이들의 제품을 포함한다)에 한한다. [O]

3. "사류"란 불연성 또는 난연성이 아닌 실(실부스러기와 솜털을 제외한다)과 누에고치를 말한다. [X]
   → "사류"란 불연성 또는 난연성이 아닌 실(실부스러기와 솜털을 <u>포함한다</u>)과 누에고치를 말한다.

4. "볏짚류"란 젖은 볏짚·북데기와 이들의 제품 및 건초를 말한다. 다만, 축산용도로 사용하는 것은 제외한다. [X]
   → "볏짚류"란 <u>마른</u> 볏짚·북데기와 이들의 제품 및 건초를 말한다.

5. 석탄·목탄류에는 코크스, 석탄가루를 물에 갠 것, 마세크탄(조개탄), 연탄, 석유코크스, 활성탄 및 이와 유사한 것을 포함한다. [O]

시행령 [별표 3]

특수가연물의 저장 및 취급 기준

(제19조제2항 관련)

1. 특수가연물의 저장·취급 기준

특수가연물은 다음 각 목의 기준에 따라 쌓아 저장해야 한다. 다만, 석탄·목탄류를 발전용(發電用)으로 저장하는 경우는 제외한다.

가. [품명별]로 구분하여 쌓을 것

나. 다음의 기준에 맞게 쌓을 것

구분	살수설비를 설치하거나 방사능력 범위에 해당 특수가연물이 포함되도록 대형수동식소화기를 설치하는 경우	그 밖의 경우
높이	[15]미터 이하	[10]미터 이하
쌓는 부분의 바닥면적	[200]제곱미터(석탄·목탄류의 경우에는 [300]제곱미터) 이하	[50]제곱미터(석탄·목탄류의 경우에는 [200]제곱미터) 이하

다. 실외에 쌓아 저장하는 경우 쌓는 부분이 대지경계선, 도로 및 인접 건축물과 최소 [6]미터 이상 간격을 둘 것. 다만, 쌓는 높이보다 [0.9]미터 이상 높은「건축법 시행령」제2조제7호에 따른 내화구조(이하 "내화구조"라 한다) 벽체를 설치한 경우는 그렇지 않다.

라. 실내에 쌓아 저장하는 경우 주요구조부는 내화구조이면서 불연재료여야 하고, 다른 종류의 특수가연물과 같은 공간에 보관하지 않을 것. 다만, 내화구조의 벽으로 분리하는 경우는 그렇지 않다.

마. 쌓는 부분 바닥면적의 사이는 실내의 경우 [1.2]미터 또는 쌓는 높이의 [1/2] 중 큰 값 이상으로 간격을 두어야 하며, 실외의 경우 [3]미터 또는 쌓는 높이 중 큰 값 이상으로 간격을 둘 것

2. 특수가연물 표지

가. 특수가연물을 저장 또는 취급하는 장소에는 품명, 최대저장수량, 단위부피당 질량 또는 단위체적당 질량, 관리책임자 성명·직책, 연락처 및 화기취급의 금지표시가 포함된 특수가연물 표지를 설치해야 한다. [O]

나. 특수가연물 표지의 규격은 다음과 같다.

1) 특수가연물 표지는 한 변의 길이가 [0.3]미터 이상, 다른 한 변의 길이가 [0.6]미터 이상인 직사각형으로 할 것

2) 특수가연물 표지의 바탕은 [흰색]으로, 문자는 [검은색]으로 할 것. 다만, "화기엄금" 표시 부분은 제외한다.

3) 특수가연물 표지 중 화기엄금 표시 부분의 바탕은 [붉은색]으로, 문자는 [백색]으로 할 것

제18조 (화재예방강화지구의 지정 등)

① 시·도지사는 공장·창고가 있는 지역을 화재예방강화지구로 지정하여 관리할 수 있다. [X]
  → 공장·창고가 밀집한 지역이다.

② 시·도지사는 노후·불량건축물이 밀집한 지역을 화재예방강화지구로 지정하여 관리할 수 있다. [O]

③ 소방관서장은 석유화학제품을 생산하는 공장이 있는 지역을 화재예방강화지구로 지정하여 관리할 수 있다. [X]
  → 소방관서장이 아닌 시·도지사가 화재예방강화지구로 지정하여 관리할 수 있다.

④ 소방관서장은 시장지역을 화재예방강화지구로 지정하여 관리할 수 있다. [X]
  → 소방관서장이 아닌 시·도지사가 화재예방강화지구로 지정하여 관리할 수 있다.

⑤ 시·도지사는 소방시설·소방용수시설 또는 소방출동로가 없는 지역을 화재예방강화지구로 지정하여 관리할 수 있다. [O]

⑥ [시·도지사](는)은 대통령령으로 정하는 바에 따라 화재예방강화지구의 지정 현황, 화재안전조사의 결과, 소방설비등의 설치 명령 현황, 소방훈련 및 교육 현황 등이 포함된 화재예방강화지구에서의 화재예방에 필요한 자료를 [매년] 작성·관리하여야 한다.

⑦ 시·도지사가 화재예방강화지구로 지정할 필요가 있는 지역을 화재예방강화지구로 지정하지 아니하는 경우 소방청장은 해당 지역을 화재예방강화지구로 지정하여 관리할 수 있다. [X]
  → 소방청장은 해당 시·도지사에게 해당 지역의 화재예방강화지구 지정을 요청할 수 있다.

⑧ 시·도지사는 물류단지가 있는 지역을 화재예방강화지구로 지정하여 관리할 수 있다. [O]

[시행령] 제20조 (화재예방강화지구의 관리)

① 소방관서장은 법 제18조제3항에 따라 화재예방강화지구 안의 소방대상물의 위치·구조 및 설비 등에 대한 화재안전조사를 연 1회 이상 실시해야 한다. [O]

② 소방관서장은 법 제18조제5항에 따라 화재예방강화지구 안의 관계인에 대하여 소방에 필요한 훈련 및 교육을 연 1회 이상 실시할 수 있다. [O]

③ 소방관서장은 제2항에 따라 소방에 필요한 훈련 및 교육을 실시하려는 경우에는 화재예방강화지구 안의 관계인에게 훈련 또는 교육 30일 전까지 그 사실을 통보하여야 한다. [X]
  → 교육 10일 전까지 그 사실을 통보하여야 한다.

제19조 (화재의 예방 등에 대한 지원)

① [소방청장](는)은 제18조제4항에 따라 소방설비등의 설치를 명하는 경우 해당 관계인에게 소방설비등의 설치에 필요한 지원을 할 수 있다.

② [소방청장](는)은 관계 중앙행정기관의 장 및 시·도지사에게 제1항에 따른 지원에 필요한 협조를 요청할 수 있다.

③ 시·도지사는 제2항에 따라 소방청장의 요청이 있거나 화재예방강화지구 안의 소방대상물의 화재안전성능 향상을 위하여 필요한 경우 [시·도의 조례](으)로 정하는 바에 따라 소방설비등의 설치에 필요한 비용을 지원할 수 있다.

제20조 (화재 위험경보)

[소방관서장](는)은 「기상법」 제13조, 제13조의2, 및 제13조의4에 따른 기상현상 및 기상영향에 대한 예보·특보·태풍예보에 따라 화재의 발생 위험이 높다고 분석·판단되는 경우에는 [행정안전부령](으)로 정하는 바에 따라 화재에 관한 위험경보를 발령하고 그에 따른 필요한 조치를 할 수 있다.

제21조 (화재안전영향평가)

① [소방청장](는)은 화재발생 원인 및 연소과정을 조사·분석하는 등의 과정에서 법령이나 정책의 개선이 필요하다고 인정되는 경우 그 법령이나 정책에 대한 화재 위험성의 유발요인 및 완화 방안에 대한 평가(이하 "화재안전영향평가"라 한다)를 실시할 수 있다.
② [소방청장](는)은 제1항에 따라 화재안전영향평가를 실시한 경우 그 결과를 해당 법령이나 정책의 소관 기관의 장에게 통보하여야 한다.
③ 화재안전영향평가의 방법·절차·기준 등에 필요한 사항은 [대통령령](으)로 정한다.

제22조 (화재안전영향평가심의회)

① [소방청장](는)은 화재안전영향평가에 관한 업무를 수행하기 위하여 화재안전영향평가심의회(이하 "심의회"라 한다)를 구성·운영할 수 있다.
② 심의회는 위원장 1명을 포함한 [12]명 이내의 위원으로 구성한다.
③ 위원장은 위원 중에서 [호선]하고, 위원은 다음 각 호의 사람으로 한다.
  1. 화재안전과 관련되는 법령이나 정책을 담당하는 관계 기관의 소속 직원으로서 대통령령으로 정하는 사람
  2. 소방기술사 등 대통령령으로 정하는 화재안전과 관련된 분야의 학식과 경험이 풍부한 전문가로서 소방청장이 위촉한 사람
④ 제2항 및 제3항에서 규정한 사항 외에 심의회의 구성·운영 등에 필요한 사항은 [대통령령](으)로 으로 정한다.

제23조 (화재안전취약자에 대한 지원)

① [소방관서장](는)은 어린이, 노인, 장애인 등 화재의 예방 및 안전관리에 취약한 자(이하 "화재안전취약자"라 한다)의 안전한 생활환경을 조성하기 위하여 소방용품의 제공 및 소방시설의 개선 등 필요한 사항을 지원하기 위하여 노력하여야 한다.
② 제1항에 따른 화재안전취약자에 대한 지원의 대상·범위·방법 및 절차 등에 필요한 사항은 [대통령령](으)로 정한다.

CHAPTER 05 · 소방대상물의 소방안전관리

제24조 (특정소방대상물의 소방안전관리)

① 다른 안전관리자(다른 법령에 따라 전기·가스·위험물 등의 안전관리 업무에 종사하는 자를 말한다.)는 소방안전관리대상물 중 2급 소방안전관리대상물의 소방안전관리자를 겸할 수 없다. [X]

→ 다른 안전관리자(다른 법령에 따라 전기 · 가스 · 위험물 등의 안전관리 업무에 종사하는 자를 말한다.)는 소방안전관리대상물 중 특급과 1급 소방안전관리대상물의 소방안전관리자를 겸할 수 없다.

② 아래의 내용을 보고 물음에 답하시오.

1. 제36조에 따른 피난계획에 관한 사항과 대통령령으로 정하는 사항이 포함된 소방계획서의 작성 및 시행
2. 자위소방대(自衛消防隊) 및 초기대응체계의 구성, 운영 및 교육
3. 「소방시설 설치 및 관리에 관한 법률」 제16조에 따른 피난시설, 방화구획 및 방화시설의 관리
4. 소방시설이나 그 밖의 소방 관련 시설의 관리
5. 제37조에 따른 소방훈련 및 교육
6. 화기(火氣) 취급의 감독
7. 행정안전부령으로 정하는 바에 따른 소방안전관리에 관한 업무수행에 관한 기록·유지(제3호·제4호 및 제6호의 업무를 말한다)
8. 화재발생 시 초기대응
9. 그 밖에 소방안전관리에 필요한 업무

㉠ 소방안전관리대상물의 경우에만 해당하는 소방안전관리 업무를 모두 고르면? 1, 2, 5, 7
㉡ 층수가 11층 이상인 1급 소방안전관리대상물에서 관리업자로 하여금 소방안전관리업무 중 대행하게 할 수 있는 업무를 고르면? 3, 4

시행령 [별표 4]

소방안전관리자를 선임해야 하는 소방안전관리대상물의 범위와 소방안전관리자의 선임 대상별 자격 및 인원기준(제25조제1항 관련)

1. 특급 소방안전관리대상물

가. 범위	「소방시설 설치 및 관리에 관한 법률 시행령」 별표 2의 특정소방대상물 중 다음의 어느 하나에 해당하는 것 1) [50]층 이상(지하층은 [제외]한다)이거나 지상으로부터 높이가 [200]미터 이상인 아파트 2) [30]층 이상(지하층을 [포함]한다)이거나 지상으로부터 높이가 [120]미터 이상인 특정소방대상물(아파트는 제외한다) 3) 2)에 해당하지 않는 특정소방대상물로서 연면적이 [10만]제곱미터 이상인 특정소방대상물(아파트는 제외한다)	
나. 선임자격	다음 각 호의 어느 하나에 해당하는 사람으로서 특급 소방안전관리자 자격증을 받은 사람 1) 소방기술사 또는 소방시설관리사의 자격이 있는 사람 2) 소방설비기사의 자격을 취득한 후 [5]년 이상 1급 소방안전관리대상물의 소방안전관리자로 근무한 실무경력(법 제24조제3항에 따라 소방안전관리자로 선임되어 근무한 경력은 제외한다. 이하 이 표에서 같다)이 있는 사람 3) 소방설비산업기사의 자격을 취득한 후 [7]년 이상 1급 소방안전관리대상물의 소방안전관리자로 근무한 실무경력이 있는 사람 4) 소방공무원으로 [20]년 이상 근무한 경력이 있는 사람 5) 소방청장이 실시하는 특급 소방안전관리대상물의 소방안전관리에 관한 시험에 합격한 사람	
다. 선임인원	1명 이상	

2. 1급 소방안전관리대상물

가. 범위	「소방시설 설치 및 관리에 관한 법률 시행령」별표 2의 특정소방대상물 중 제1호의 특급 소방안전관리대상물을 제외하고 다음의 어느 하나에 해당하는 것 1) [30]층 이상(지하층은 [제외]한다)이거나 지상으로부터 높이가 [120]미터 이상인 아파트 2) 연면적 [1만5천]제곱미터 이상인 특정소방대상물(아파트 및 연립주택은 제외한다) 3) 2)에 해당하지 않는 특정소방대상물로서 층수가 [11]층 이상인 특정소방대상물(아파트는 제외한다) 4) 가연성 가스를 [1천]톤 이상 저장·취급하는 시설

나. 선임자격	다음 각 호의 어느 하나에 해당하는 사람으로서 1급 소방안전관리자 자격증을 받은 사람 또는 제1호에 따른 특급 소방안전관리대상물의 소방안전관리자 자격증을 발급받은 사람 1) 소방설비기사 또는 소방설비산업기사의 자격이 있는 사람 2) 소방공무원으로 [7]년 이상 근무한 경력이 있는 사람 3) 소방청장이 실시하는 1급 소방안전관리대상물의 소방안전관리에 관한 시험에 합격한 사람
다. 선임인원	1명 이상

3. 2급, 3급 소방안전관리대상물

가. 범위	1) 간이스프링클러설비를 설치하여야 하는 특정소방대상물은 [3]급 소방안전관리대상물에 해당한다. 2) 「문화유산의 보존 및 활용에 관한 법률」제23조에 따라 보물 또는 국보로 지정된 목조건축물은 [2]급 소방안전관리대상물에 해당한다. 3) 물분무등 소화설비를 설치해야 하는 특정소방대상물[호스릴(Hose Reel) 방식의 물분무등 소화설비만을 설치한 경우는 [제외] 한다]은 [2]급 소방안전관리대상물에 해당한다. 4) 가스 제조설비를 갖추고 도시가스사업의 허가를 받아야 하는 시설 또는 가연성 가스를 [100]톤 이상 1천톤 미만 저장·취급하는 시설은 2급 소방안전관리대상물에 해당한다.
나. 선임자격	다음 각 호의 어느 하나에 해당하는 사람으로서 2급 소방안전관리자 자격증을 받은 사람 1) 위험물기능장·위험물산업기사 또는 위험물기능사 자격을 가진 사람은 2급 소방안전관리자가 될 수 있다. [O] 2) 소방공무원으로 [3]년 이상 근무한 경력이 있는 사람은 2급 소방안전관리자가 될 수 있다.
다. 선임인원	1명 이상

[비고]
1. 동·식물원, 철강 등 불연성 물품을 저장·취급하는 창고, 위험물 저장 및 처리 시설 중 제조소등과 지하구는 [특급, 1급] 소방안전관리대상물에서 제외한다.

시행령 [별표 5]

소방안전관리보조자를 선임해야 하는
소방안전관리대상물의 범위와 선임 대상별 자격 및 인원기준

(제26조제2항 관련)

① 아파트 및 연립주택을 제외한 연면적이 [1만5천]제곱미터 이상인 특정소방대상물은 소방안전관리보조자를 선임해야 하는 특정소방대상물이다.
② [300]세대 이상인 아파트는 소방안전관리보조자를 선임해야 하는 특정소방대상물이다.
③ 노유자시설은 소방안전관리보조자를 선임해야 하는 특정소방대상물이다. [O]
④ 문화 및 집회시설은 소방안전관리보조자를 선임해야 하는 특정소방대상물이다. [X]
   → 문화 및 집회시설은 소방안전관리보조자를 선임해야 하는 특정소방대상물에 해당하지 않는다.
   → 공동주택 중 기숙사, 의료시설, 노유자시설, 수련시설, 숙박시설(바닥면적 합계가 1천500제곱미터 미만이고 관계인이 24시간 상시 근무하고 있는 숙박시설은 제외)은 소방안전관리보조자를 선임해야 하는 특정소방대상물이다.
⑤ 숙박시설로 사용되는 바닥면적의 합계가 1천500제곱미터 미만이고 관계인이 24시간 상시 근무하고 있는 숙박시설은 소방안전관리보조자를 선임해야 하는 특정소방대상물이다. [X]
   → 숙박시설로 사용되는 바닥면적 합계가 1천500제곱미터 미만이고 관계인이 24시간 상시 근무하고 있는 숙박시설은 제외한다.
⑥ 운동시설은 소방안전관리보조자를 선임해야 하는 특정소방대상물이다. [X]
   → 운동시설은 소방안전관리보조자를 선임해야 하는 특정소방대상물에 해당하지 않는다.
⑦ 위락시설은 소방안전관리보조자를 선임해야 하는 특정소방대상물이다. [X]
   → 위락시설은 소방안전관리보조자를 선임해야 하는 특정소방대상물에 해당하지 않는다.
⑧ 소방안전관리보조자는 초과되는 연면적 [1만5천]제곱미터(특정소방대상물의 종합방재실에 자위소방대가 24시간 상시 근무하고 「소방장비관리법 시행령」 별표 1 제1호가목에 따른 소방자동차 중 소방펌프차, 소방물탱크차, 소방화학차 또는 무인방수차를 운용하는 경우에는 [3만]제곱미터로 한다)마다 1명 이상을 추가로 선임해야 한다.

[시행규칙] 제10조 (소방안전관리업무 수행에 관한 기록·유지)

① 영 제25조제1항의 소방안전관리대상물(이하 "소방안전관리대상물"이라 한다)의 소방안전관리자는 법 제24조제5항제7호에 따른 소방안전관리 업무수행에 관한 기록을 별지 제12호 서식에 따라 [월 1회] 이상 작성·관리해야 한다.

② 소방안전관리자는 소방안전관리업무 수행 중 보수 또는 정비가 필요한 사항을 발견한 경우에는 이를 지체 없이 관계인에게 알리고, 별지 제12호서식에 기록해야 한다. [O]

③ 소방안전관리자는 제1항에 따른 업무수행에 관한 기록을 작성한 날부터 [2년]간 보관해야 한다.

제26조 (소방안전관리자 선임신고 등)

① 소방안전관리대상물의 관계인이 제24조에 따라 소방안전관리자 또는 소방안전관리보조자를 선임한 경우에는 행정안전부령으로 정하는 바에 따라 선임한 날부터 [14]일 이내에 [소방본부장 또는 소방서장]에게 신고하고, 소방안전관리대상물의 출입자가 쉽게 알 수 있도록 소방안전관리자의 성명과 그 밖에 행정안전부령으로 정하는 사항을 게시하여야 한다.

제29조 (건설현장 소방안전관리)

① 「소방시설 설치 및 관리에 관한 법률」제15조제1항에 따른 공사시공자가 화재발생 및 화재피해의 우려가 큰 대통령령으로 정하는 특정소방대상물(이하 "건설현장 소방안전관리대상물"이라 한다)을 신축·증축·개축·재축·이전·용도변경 또는 대수선 하는 경우에는 제24조제1항에 따른 소방안전관리자로서 제34조에 따른 교육을 받은 사람을 소방시설공사 착공 신고일부터 건축물 사용승인일(「건축법」제22조에 따라 건축물을 사용할 수 있게 된 날을 말한다)까지 소방안전관리자로 선임하고 행정안전부령으로 정하는 바에 따라 [소방본부장 또는 소방서장]에게 신고하여야 한다.

> ### [시행령] 제29조 (건설현장 소방안전관리대상물)
>
> 법 제29조제1항에 따른 "화재발생 및 화재피해의 우려가 큰 대통령령으로 정하는 특정소방대상물"이란 다음 각 호의 어느 하나에 해당하는 특정소방대상물을 말한다.
> 1. 신축·증축·개축·재축·이전·용도변경 또는 대수선을 하려는 부분의 연면적의 합계가 [1만5천] 제곱미터 이상인 것
> 2. 신축·증축·개축·재축·이전·용도변경 또는 대수선을 하려는 부분의 연면적이 [5천]제곱미터 이상인 것으로서 다음 각 목의 어느 하나에 해당하는 것
>   가. 지하층의 층수가 [2개] 층 이상인 것
>   나. 지상층의 층수가 [11층] 이상인 것

제31조 (소방안전관리자 자격의 정지 및 취소)

① 소방청장은 소방안전관리자 자격증을 발급받은 사람의 그 자격을 반드시 취소(1차 취소)하여야 하는 경우로 옳은 것을 모두 고르면? ㉠, ㉢
  ㉠ 거짓이나 그 밖의 부정한 방법으로 소방안전관리자 자격증을 발급받은 경우
  ㉡ 제24조제5항에 따른 소방안전관리업무를 게을리한 경우
  ㉢ 제30조제4항을 위반하여 소방안전관리자 자격증을 다른 사람에게 빌려준 경우
  ㉣ 제34조에 따른 실무교육을 받지 아니한 경우
  ㉤ 이 법 또는 이 법에 따른 명령을 위반한 경우
② 제1항에 따라 소방안전관리자 자격이 취소된 사람은 취소된 날부터 [2년]간 소방안전관리자 자격증을 발급받을 수 없다.

[시행규칙] 제20조 (소방안전관리자 자격시험의 방법)

① 소방청장은 소방안전관리자 자격시험을 다음 각 호와 같이 실시한다.
  1. 특급 소방안전관리자 자격시험: [연 2]회 이상
  2. 1급·2급·3급 소방안전관리자 자격시험: [월 1]회 이상

[시행규칙] 제25조 (강습교육의 실시)

① 소방청장은 법 제34조제1항제1호에 따른 강습교육의 대상·일정·횟수 등을 포함한 강습교육의 실시계획을 [매년] 수립·시행해야 한다.
② 소방청장은 강습교육을 실시하려는 경우에는 강습교육 실시 [20]일 전까지 일시·장소 그 밖의 강습교육 실시에 필요한 사항을 인터넷 홈페이지에 공고해야 한다.

[시행규칙] 제29조 (실무교육의 실시)

① 소방청장은 실무교육을 실시하려는 경우에는 실무교육 실시 [30]일 전까지 일시·장소, 그 밖에 실무교육 실시에 필요한 사항을 인터넷 홈페이지에 공고하고 교육대상자에게 통보해야 한다.
② 소방안전관리자는 소방안전관리자로 선임된 날부터 [6개월] 이내에 실무교육을 받아야 하며, 그 이후에는 [2년마다] 1회 이상 실무교육을 받아야 한다. 다만, 소방안전관리 강습교육 또는 실무교육을 받은 후 1년 이내에 소방안전관리자로 선임된 사람은 해당 강습교육 또는 실무교육을 수료한 날을 실무교육을 받은 날로 본다.

제35조 (관리의 권원이 분리된 특정소방대상물의 소방안전관리)

① 다음 각 호의 어느 하나에 해당하는 특정소방대상물로서 그 관리의 권원(權原)이 분리되어 있는 특정소방대상물의 경우 그 관리의 권원별 관계인은 대통령령으로 정하는 바에 따라 제24조제1항에 따른 소방안전관리자를 선임하여야 한다. 다만, 소방본부장 또는 소방서장은 관리의 권원이 많아 효율적인 소방안전관리가 이루어지지 아니한다고 판단되는 경우 대통령령으로 정하는 바에 따라 관리의 권원을 조정하여 소방안전관리자를 선임하도록 할 수 있다.
  1. 복합건축물(지하층을 [제외]한 층수가 [11]층 이상 또는 연면적 [3만]제곱미터 이상인 건축물)
  2. [지하가]
  3. 판매시설 중 [도매시장], [소매시장] 및 [전통시장]을 말한다.

제36조 (피난계획의 수립 및 시행)

① [소방안전관리대상물의 관계인]은 그 장소에 근무하거나 거주 또는 출입하는 사람들이 화재가 발생한 경우에 안전하게 피난할 수 있도록 피난계획을 수립·시행하여야 한다.
② [소방안전관리대상물의 관계인]은 피난시설의 위치, 피난경로 또는 대피요령이 포함된 피난유도 안내정보를 근무자 또는 거주자에게 정기적으로 제공하여야 한다.
③ 제1항에 따른 피난계획의 수립·시행, 제3항에 따른 피난유도 안내정보 제공에 필요한 사항은 [행정안전부령]으로 정한다.

[시행규칙] 제35조 (피난유도 안내정보의 제공)

① 법 제36조제3항에 따른 피난유도 안내정보는 다음 각 호의 어느 하나의 방법으로 제공한다.
  1. 연 [2회] 피난안내 교육을 실시하는 방법
  2. [분기별] 1회 이상 피난안내방송을 실시하는 방법
  3. 피난안내도를 층마다 보기 쉬운 위치에 게시하는 방법
  4. 엘리베이터, 출입구 등 시청이 용이한 장소에 피난안내영상을 제공하는 방법

CHAPTER 06 · 특별관리시설물의 소방안전관리

제40조 (소방안전 특별관리시설물의 안전관리)

① 영화상영관 중 수용인원 100명 이상인 영화상영관은 소방안전 특별관리시설물이다. [X]
→ 수용인원 100명이 아닌 1000명 이상인 영화상영관이다.
② 점포가 [500]개 이상인 전통시장은 소방안전 특별관리시설물이다.
③ [시·도지사](는)은 소방안전 특별관리기본계획에 저촉되지 아니하는 범위에서 관할 구역에 있는 소방안전 특별관리시설물의 안전관리에 적합한 소방안전 특별관리시행계획을 제4조제6항에 따른 세부시행계획에 포함하여 수립 및 시행하여야 한다.
④ 물류창고로서 연면적 [10만]제곱미터 이상인 것은 소방안전 특별관리시설물이다.
⑤ 소방청장은 소방안전 특별관리기본계획을 [5년마다] 수립하여 시·도에 통보하여야 한다.

제41조 (화재예방안전진단)

① 대통령령으로 정하는 소방안전 특별관리시설물의 관계인은 화재의 예방 및 안전관리를 체계적·효율적으로 수행하기 위하여 대통령령으로 정하는 바에 따라 [한국소방안전원] 또는 소방청장이 지정하는 화재예방안전진단기관(이하 "진단기관"이라 한다)으로부터 정기적으로 화재예방안전진단을 받아야 한다.
② 화재예방안전진단 대상으로 옳지 않은 것은? ⓒ
   ㉠ 전력용 및 통신용 지하구 중 「국토의 계획 및 이용에 관한 법률」 제2조제9호에 따른 공동구
   ㉡ 발전소 중 연면적이 5천제곱미터 이상인 발전소
   ㉢ 「영화 및 비디오물의 진흥에 관한 법률」 제2조제10호의 영화상영관 중 수용인원 1천명 이상인 영화상영관
   ㉣ 도시철도시설 중 역사 및 역 시설의 연면적이 5천제곱미터 이상인 도시철도시설

[시행령] 제44조 (화재예방안전진단의 실시 절차 등)

① 화재예방안전진단을 받은 소방안전 특별관리시설물의 관계인은 안전등급에 따라 정기적으로 다음 각 호의 기한에 따라 화재예방안전진단을 받아야 한다.
   1. 안전등급이 우수인 경우 : 안전등급을 통보받은 날부터 [6년]이 경과한 날이 속하는 해
   2. 안전등급이 양호·보통인 경우 : 안전등급을 통보받은 날부터 [5년]이 경과한 날이 속하는 해
   3. 안전등급이 미흡·불량인 경우 : 안전등급을 통보받은 날부터 [4년]이 경과한 날이 속하는 해
② 화재예방안전진단 실시 결과 문제점이 다수 발견되었으나 대상물의 전반적인 화재안전에는 이상이 없으며 대상물에 대한 다수의 조치명령이 필요한 상태의 안전등급은 [보통(C)]등급이다.
③ 화재예방안전진단 실시 결과 광범위한 문제점이 발견되어 대상물의 화재안전을 위해 조치명령의 즉각적인 이행이 필요하고 대상물의 사용 제한을 권고할 필요가 있는 상태의 안전등급은 [미흡(D)]등급이다.

제42조 (진단기관의 지정 및 취소)

① 소방청장이 진단기관으로 지정받은 자의 지정을 반드시 취소(1차 취소)하여야 하는 사유로 옳은 것을 모두 고르면? ㉠, ㉣

　㉠ 거짓이나 그 밖의 부정한 방법으로 지정을 받은 경우

　㉡ 화재예방안전진단 결과를 소방본부장 또는 소방서장, 관계인에게 제출하지 아니한 경우

　㉢ 지정기준에 미달하게 된 경우

　㉣ 업무정지기간에 화재예방안전진단 업무를 한 경우

CHAPTER 07 · 보칙

제44조 (우수 소방대상물 관계인에 대한 포상 등)

① [소방청장]은 소방대상물의 자율적인 안전관리를 유도하기 위하여 안전관리 상태가 우수한 소방대상물을 선정하여 우수 소방대상물 표지를 발급하고, 소방대상물의 관계인을 포상할 수 있다.

② 제1항에 따른 우수 소방대상물의 선정 방법, 평가 대상물의 범위 및 평가 절차 등에 필요한 사항은 [행정안전부령]으로 정한다.

제46조 (청문)

소방청장 또는 시·도지사가 청문을 하여야 하는 처분 대상으로 옳은 것을 모두 고르면? ㉠, ㉢

㉠ 소방안전관리자의 자격 취소

㉡ 소방안전관리자의 자격 정지

㉢ 진단기관의 지정 취소

㉣ 진단기관의 업무 정지

[시행령] 제48조 (권한의 위임·위탁 등)

① 소방청장은 소방안전관리자 자격의 정지 및 취소에 관한 업무를 [소방서장]에(게) 위임한다.

CHAPTER 08 · 벌칙

제50조 (벌칙) 제52조 (과태료)

① (소방안전관리자) 자격증을 다른 사람에게 빌려 주거나 빌리거나 이를 알선한 자는 1년 이하의 징역 또는 1천만원 이하의 벌금에 처한다. [O]

② 진단기관으로부터 화재예방안전진단을 받지 아니한 자는 3년 이하의 징역 또는 3천만원 이하의 벌금에 처한다. [X]
   → 진단기관으로부터 화재예방안전진단을 받지 아니한 자는 <u>1년 이하의 징역 또는 1천만원 이하의 벌금</u>에 처한다.

③ (화재예방조치 명령 등) 각 호의 어느 하나에 따른 명령을 정당한 사유 없이 따르지 아니하거나 방해한 자는 300만원 이하의 벌금에 처한다. [O]

④ 화재안전조사 결과에 따른 조치명령을 정당한 사유 없이 위반한 자는 1년 이하의 징역 또는 1천만원 이하의 벌금에 처한다. [X]
   → 화재안전조사 결과에 따른 조치명령을 정당한 사유 없이 위반한 자는 3년 이하의 징역 또는 3천만원 이하의 벌금에 처한다.

⑤ 실무교육을 받지 아니한 소방안전관리자 및 소방안전관리보조자에게는 200만원 이하의 과태료를 부과한다. [X]
   → 실무교육을 받지 아니한 소방안전관리자 및 소방안전관리보조자에게는 <u>100만원 이하의 과태료</u>를 부과한다.

⑥ 피난유도 안내정보를 제공하지 아니한 자는 300만원 이하의 과태료를 부과한다. [O]

말랑말랑
소방관계법규

끝장회독
빈칸/OX
정답 및 해설

🔍 모두소 ▼

지금 검색창에 '모두소'를 검색해보세요.

동영상강의 · 무료강의 · 해설강의 · 다양한 학습 자료 제공
모두소   www.modoofire.com

아직도 핵심을 못짚는 강의,
불완전한 교재때문에 불안하신가요?

*위 글은 실제 소방 커뮤니티에서 발췌한 내용입니다

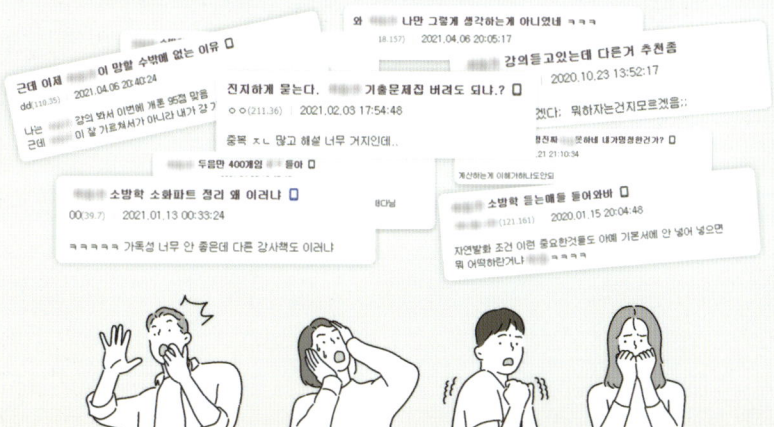

그렇다면 여러분께 지금 필요한 것은 바로 정태성입니다
이미 수많은 합격생들이 인정했습니다
압도적 소방 1위, 지금은 정태성 시대라고
실제 합격생들의 100% 리얼한 후기

이보다 더 완벽한 전략과 커리큘럼은 없습니다
소방학/관계법규가 불안한 수험생을 구원할 합격전략과 함께
2026년 소방시험은 정태성만 믿고 따라만 오세요

5~6월	7~8월	9~10월	11~12월	1~2월	3월
노베이스 조시생이라면	시험 빈출 및 핵심 개념 학습	고득점을 위한 필수심화 개념	출제경향 완벽 분석	출제 유형 정복 및 약점보완	시험직전 실전감각완성
반드시 알아야 할 기초특강	기본이론	심화이론	기출문제풀이	유형별 문제풀이	동형모의고사+ 파이널특강

"정태성 커리큘럼은 변화되는 시험, 새로운 유형에도 완벽하게 준비되어 있습니다"

지난 1년간 최종합격생 **273.5% 증가**
수험 시작 1년 만에, 충남·대전 **수석 2명 합격**

0원 용자패스

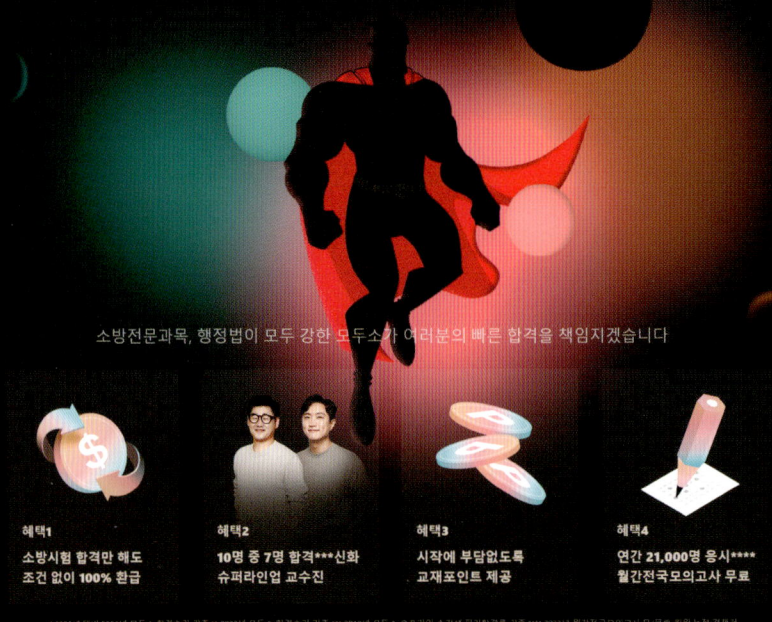

소방전문과목, 행정법이 모두 강한 모두소가 여러분의 빠른 합격을 책임지겠습니다

혜택1
소방시험 합격만 해도
조건 없이 100% 환급

혜택2
10명 중 7명 합격***신화
슈퍼라인업 교수진

혜택3
시작에 부담없도록
교재포인트 제공

혜택4
연간 21,000명 응시****
월간전국모의고사 무료

* 2020년 대비 2021년 모두소 합격수기 기준 ** 2022년 모두소 합격수기 기준 *** 2019년 모두소 오프라인 수강생 필기합격률 기준 **** 2022년 월간전국모의고사 유/무료 회원 누적 결제건

합격을 위해
소방학개론, 관계법규가
확실한 패스를 선택하세요

소방학개론/관계법규
정태성 교수님

합격으로 검증되지 않은 전문성 떨어지는 교수님,
핵심을 못짚고 책만 읽는 강의,
불완전한 퀄리티의 교재 속에서
소방학개론, 소방관계법규 과목이 불안하신가요?

10명 중 7명 합격*으로 검증된
정태성 교수님이 있는 모두소패스로 시작하세요
여러분이 노베이스이든, 문과생이든
확실한 합격으로 이끌어드리겠습니다

*2019년 모두소 오프라인 수강생 필기합격률 기준